Zuwachssteuergesetz

vom 14. Februar 1911.

Kommentar

von

Professor Dr. Stier-Somlo in Bonn.

Nürnberg und Leipzig.
Verlag von U. E. Sebald.
1911.

Druck von U. E. Sebald, Kgl. Bayer. Hofbuchdruckerei, Nürnberg.

Inhaltsverzeichnis.

Abkürzungen.

AG. = Ausführungsgesetz.
ALR. = Allgemeines Landrecht.
Begr. = Begründung.
DJZ. = Deutsche Juristenzeitung.
Drucks. = Drucksachen des Reichstags.
EG. = Einführungsgesetz.
E. / Entsch. } = Entscheidung.
Entw. = Entwurf.
ErbschStG. = Erbschaftssteuergesetz vom 3. Juni 1906.
HGB. = Handelsgesetzbuch.
Johow = Jahrbuch für Entscheidungen des Kammergerichts von Johow und Ring.
JW. = Juristische Wochenschrift.
KG. = Kammergericht.
KommBer. I = Bericht der 15. Kommission über die 1. und 2. Lesung des Entwurfes eines Zuwachssteuergesetzes. Nr. 515 der Drucksachen des Reichstages 12. Legislaturperiode II. Session 1909/1910.
KommBer. II = Bericht der 15. Kommission über die dritte Lesung des Entwurfes eines Zuwachssteuergesetzes. Nr. 596 der Drucksachen des Reichstages 12. Legislaturperiode II. Session 1909/1911.
Komm.-Les. = Kommissionslesung.
ME. = Ministerialentscheidung.
OVG. = Oberverwaltungsgericht.
PrStempStG. = Preußisches Stempelsteuergesetz vom 30. Juni 1909.
PrVerwBl. = Preußisches Verwaltungsblatt.
RG. = Reichsgericht.
RGBl. = Reichsgesetzblatt.
RStempG. = Reichsstempelgesetz vom 15. Juli 1909.
StGB. = Strafgesetzbuch.
StPO. = Strafprozeßordnung.
StenBer. = Stenographische Berichte des Reichstages.
VO. = Verordnung.
ZStG. = Zuwachssteuergesetz.
ZPO. = Zivilprozeßordnung.
ZS. = Zivilsenat.

Literatur und Quellen.

(Grundsätzlich nach der Zeitfolge geordnet.)

v. Frankenberg, Die Wertzuwachssteuer. Annalen des Deutschen Reiches 1906 S. 721—734.

Jäger, Zur Rechtfertigung der Zuwachssteuer. Jahrb. für Bodenreform Bd. 2, 1906.

Köppe, Ist die Wertzuwachssteuer überwälzbar? Finanz-Archiv 1906 Seite 1.

Derselbe, Über die zeitliche Begrenzung des steuerpflichtigen Wertzuwachses an Grund und Boden. Jahrbuch für Bodenreform 1906 Seite 233.

Derselbe, Wertzuwachssteuer. Ebenda Seite 2.

Derselbe, Das Schicksal der Reichszuwachssteuer. Annalen des Deutschen Reiches 1910 Seite 670.

Derselbe, Reichszuwachssteuer und neuere Bodenreform. Conrads Jahrbücher 1911 Seite 95.

Keller, Die Besteuerung der Gebäude und Baustellen. Berlin 1907 Seite 187 ff.

Kumpmann, Die Wertzuwachssteuer. Ergänzungsheft 24 der Zeitschrift für die gesamte Staatswissenschaft. Tübingen 1907.

v. Schenk, Zur Frage der kommunalen Wertzuwachssteuer mit besonderer Beziehung auf Riga. Riga 1907.

v. Mangoldt, Die städtische Bodenfrage. Vortrag 1904, und Die städtische Bodenfrage. Eine Untersuchung über Tatsachen, Ursachen und Abhilfe 1907.

Bredt, Der Wertzuwachs an Grundstücken und seine Bedeutung in Preußen. Berlin 1907.

Dieske, Die Wertzuwachssteuer. Im Auftrage des Verbandes der deutschen Terraininteressenten. Berlin 1908.

Freudenberg, Friedr. Karl, Die Wertzuwachssteuer in Baden. Karlsruhe 1908.

Weber, Boden und Wohnung, 1908.

Wilms, Die Reichswertzuwachssteuer. Berlin 1908. Verlag der Bodenreform.

Boldt, Die Wertzuwachssteuer. Ihre bisherige Gestaltung in der Praxis als Gemeindesteuer und ihre Bedeutung als Reichssteuer unter Beteiligung der Gemeinden. Dortmund 1909, Crüwell.

Derselbe, Das Reichszuwachssteuergesetz in der von der Reichstagskommission beschlossenen Fassung. Mit Erläuterungen, Steuerberechnungen, Abänderungsvorschlägen und Darstellung seiner Wirkung auf Mieter, seßhafte Hausbesitzer, Landwirte, Bauunternehmer, großstädtische Terraininteressenten und Gemeinden. Dortmund 1910, Crüwell.

Stier-Somlo, Grundsätzliches und Tatsächliches zur Wertzuwachssteuer. Conrads Jahrbücher 1909 Seite 1—50.

Biermer, Die indirekte und die direkte Wertzuwachssteuer. Gießen 1910, Roth.

Haberland, Die Wertzuwachssteuer. Kritische Betrachtungen. Berlin 1910, Unger.

Jaeger, Das Reichsgesetz über die Wertzuwachssteuer. München 1910, Reinhardt.

Kausen, Die Reichswertzuwachssteuer. Cöln 1910, Neubner.

Lifschitz, Wertzuwachssteuer. Theorie und Praxis. Bern 1910, Drechsel.

Lorentzen, Das neueste Ausnahmegesetz, genannt Reichswertzuwachssteuer. Ein Protest gegen die Lahmlegung des Grundstückshandels und die Erdrosselung des Baugewerbes. Kiel und Leipzig 1910, Lipsius und Tischer.

Neumann, Vermögenssteuern und Wertzuwachssteuern als Ergänzung der Einkommensteuern, insbesondere in Württemberg. Tübingen 1910, Laupp'sche Buchhandlung.

Steiger, Die Wertzuwachssteuer (Besteuerung der Liegenschaftsgewinne) in Deutschland und in der Schweiz. Zürich 1910, Artistisches Institut Orell Füßli.

Strutz, Betrachtungen zur Reichszuwachssteuer. Berlin 1910, Heymann.

Derselbe, Von „Steuertöpfen" und anderem. PrVerwBl. vom 7. und 14. Januar 1911.

Derselbe, Die Reichswertzuwachssteuer im Reichstage. DJZ. 1910 Seite 31.

Weyermann, Die Überwälzungsfrage bei der Wertzuwachssteuer. Annalen des Deutschen Reiches 1910 Seite 881.

Derselbe, Welcher Einfluß ist von der Einführung der schwebenden Reichswertzuwachssteuer auf den Kleinwohnungsbau zu erwarten? Bericht über die VIII. Generalversammlung des Verbandes rheinischer Baugenossenschaften am 5. November 1910 im Sitzungssaale des Ständehauses zu Düsseldorf. Düsseldorf 1910, Selbstverlag des Rheinischen Vereins für Kleinwohnungswesen.

Derselbe, Die Protestversammlung gegen die Reichszuwachssteuer am 26. November 1910 im Zirkus Schumann zu Berlin. Spandau 1910.

Jacobi, Ein letztes Wort zur Wertzuwachssteuer. DJZ. 1911, Seite 113.

Freiherr Leuckart von Weißdorf, Entwicklung und Ergebnisse der Wertzuwachsbesteuerung im Königreich Sachsen. Leipzig 1911, Röder und Schunke.

Weißenborn, Die Besteuerung nach dem Wertzuwachs, insbesondere die direkte Wertzuwachssteuer. Berlin 1911, Springer.

Entwurf eines Zuwachssteuergesetzes nebst Begründung. Drucksachen des Reichstages 12. Legislaturperiode II. Session 1909/1910 Nr. 374.

Stenographische Berichte über die Verhandlungen des Reichstages vom 15. April 1910. Drucksachen 12. Legislaturperiode II. Session 1909/1910 Seite 2381—2419 (erste Beratung des Entwurfs).

Bericht der 15. Kommission über den Entwurf eines Zuwachssteuergesetzes. Drucksachen 12. Legislaturperiode II. Session 1909/1910 Nr. 515 (erste und zweite Lesung).

Bericht der 15. Kommission über die dritte Lesung des Entwurfs eines Zuwachssteuergesetzes. Drucksachen 12. Legislaturperiode II. Session 1909/1911 Nr. 596.

Stenographische Berichte über die Verhandlungen des Reichstages vom 16.—20. und 25. Januar (Drucksachen 12. Legislaturperiode II. Session 1910/1911 Seite 3891—3919. 3924 bis 3955. 3998—4031. 4034—4079. 4082—4113. 4114 bis 4155); vom 31. Januar und 1. Februar 1911 (Drucksachen 12. Legislaturperiode II. Session 1909/1911 Seite 4282 bis 4318 und 4322—4338.

Einleitung.

A. Geschichtliches.

Zwei grundverschiedene Strömungen haben auf die Entstehung des Zuwachssteuergesetzes eingewirkt: eine sozialpolitische, die sich in erheblichem Maße aber nicht ausschließlich in der Richtung bodenreformerischer Pläne bewegte, und eine finanzpolitische, die auf Sicherung und Erhöhung der Reichseinnahmen ausging. Nachdem die Idee der Besteuerung des sogenannten unverdienten Zuwachses in Deutschland durch die Einführung der Zuwachssteuer in Frankfurt a/M. im Jahre 1904 konkrete Gestalt gewonnen hatte, sind immer mehr Gemeinden, deren Zahl immerhin das Tausend noch nicht erreicht hat, dazu übergegangen, durch Erhebung dieser neuen Abgabe sich bisher unbekannte Einnahmequellen zu eröffnen. In Preußen war insbesondere auf Grund des Kommunalabgabengesetzes vom 14. Juli 1903 diese Entwicklung begünstigt[1]), erhielt auch durch das Kreis- und Provinzialabgabengesetz vom 23. April 1906 neue Anregung, da dieses die Möglichkeit der Einführung einer Wertzuwachssteuer jedenfalls gewährleistete[2]). In den einzelnen Bundesstaaten sind besondere Gesetze erlassen worden: im Großherzogtum Hessen vom 14. Dezember 1907, Hamburg vom 12. Oktober 1908, Lübeck 24. Februar 1909, und im Fürstentum Lippe am 8. Januar 1910. In Bayern war seit 1907 ein ZStG. in Vorbereitung, in Baden ist eines durch die Thronrede vom 26. November 1907 verheißen worden. Durch G. vom 27. Dezember 1907, betr. Abänderung der Gemeindeordnung, ist für das Großherzogtum Oldenburg die Einführung der Wertzuwachssteuer zugelassen worden. Ungeachtet der großen grundsätzlichen meist noch ungelösten Probleme, die die neue Besteuerungsart zeitigte, war ihr Siegeszug vorauszusehen. Die Zahl der Gemeinden, die sich ihre Vorteile zu sichern bemühte, mehrte sich täglich

1) Als besonders wichtig sind die Zuwachssteuerordnungen von Berlin vom 4. März 1910, in Geltung seit dem 7. März 1910, von Köln vom 23. Februar und 6. April 1905, von Frankfurt a/M. vom 11. September 1906 (Währschaftsgeld), von Dortmund vom 5. Februar 1908 hervorzuheben.

2) Bemerkenswert ist die Steuerordnung für den Landkreis Blumenthal vom 2. Februar 1907 und für den Kreis Randow vom 27. September 1909.

und auch die einzelstaatlichen Regierungen und Vertretungen stellten sich zu ihr offensichtlich immer günstiger, beeinflußt durch die sozialethische Tendenz der Abgabe und den finanziellen, steigenden Bedarf der Gemeinwesen. Die Bedeutung des letzteren Momentes kann gewiß nicht unterschätzt werden; aber der wichtigste Hebel der Bewegung war doch die immer mehr durchdringende Überzeugung, daß das Wachstum der Bodenwerte, die Steigerung der Bodenpreise Deutschlands seit Errichtung des Reiches ebenso unzweifelhaft ist, wie das in demselben Maße der allgemeinen Entwicklung zu verdankende Entstehen eines Wertzuwachses, der nicht auf den Bemühungen des Grundeigentümers, weder unmittelbar seiner geistigen Spannkraft, seiner Überlegung, seiner Spekulation, noch auch mittelbar auf einer zweckmäßigen Verwendung seines Kapitals beruht. Hieraus folgerte man das Recht der wertschaffenden Faktoren, vor allem der Gemeinde, sich einen Teil des Zuwachses in der Form einer steuerlichen Abgabe zuzuführen [3]).

Im Jahre 1909 trat für die Wertzuwachssteuer eine neue Wendung ein. Die finanzpolitische Seite trat immer stärker in den Vordergrund und wußte sich immer mehr Geltung zu verschaffen. Für die Entwicklung der Steuerart in Deutschland war die 19. Hauptversammlung des Bundes deutscher Bodenreformer vom 12. bis 14. April in Nürnberg nicht ohne Bedeutung. Es ist für den Verfasser eine wertvolle Erinnerung, daß er auch zu einem bescheidenen Teile zur Klärung der Fragen beitragen konnte. Ohne die weitgehenden Hoffnungen dieser sozialpolitisch hochstehenden, von ihrem verdienstvollen Begründer Damaschke geführten Vereinigung und ohne die Auffassung extremer Bodenreformer zu teilen, daß die Wertzuwachssteuer ein ohne weiteres gerechtfertigt erscheinendes Allheilmittel sei, hatte Verfasser seine Meinung über „Grundsätzliches und Tatsächliches zur Wertzuwachssteuer" in Conrads Jahrbüchern 1909 S. 1—50 ausgesprochen und wurde daraufhin von dem

3) Über die geschichtliche Entwicklung, die volkswirtschaftliche und ethische Rechtfertigung, die Abwälzbarkeit der Steuer, über den Anspruch auf Verlustentschädigung, über die bisherigen und die voraussichtlichen finanziellen Wirkungen wird in einem in demselben Verlage ungefähr gleichzeitig erscheinenden Werke des Verfassers „Die Wertzuwachssteuer in Reich, Staat und Gemeinde" gehandelt. Dort ist auch das Zuwachssteuergesetz in systematischem Aufbau dargestellt, wobei Auseinandersetzungen grundsätzlicher und steuertechnischer Art, die den Rahmen eines Kommentars überschreiten würden, geboten werden. Beide Schriften sollen sich gegenseitig ergänzen.

Bunde der Bodenreformer ersucht, über die „Haupteinwände gegen die Zuwachssteuer" in jener Hauptversammlung zu sprechen[4]). An diesen Vortrag schloß sich eine Aussprache über die Frage, ob die Wertzuwachssteuer den Gemeinden belassen oder ob sie zu einer Reichs- oder Landessteuer ausgebildet werden sollte. Der Vertreter des bayerischen Ministers des Innern, Ministerialrat von Henle, München, teilte die Auffassung des Vortragenden, daß die Steuer möglichst den Gemeinden verbleiben solle. Dies war um so bedeutsamer, als die bayerische Regierung dem Landtage gerade den Entwurf eines Staatsgesetzes über den Wertzuwachs vorgelegt hatte. Der Redner erhob gegen eine Reichswertzuwachssteuer Bedenken, von denen die materiellen sowie diejenigen, die sich auf die Teilung der Finanzgewalten beziehen, hervorgehoben seien. In ersterer Beziehung machte er geltend, daß nur die Gemeinden in der Lage seien, die Steuer den örtlichen Verhältnissen anzupassen. Fehler, die in einer Gemeinde gemacht würden, stifteten keinen großen Schaden, der nicht durch Verbesserung, Änderung der ortsstatutarischen Bestimmungen wieder wett gemacht werden könnte. Dagegen sei dies bei gesetzlicher Regelung sehr schwierig. Die Klinke der Gesetzgebung sei außerordentlich weniger beweglich und handsam als die Klinke der Regelung durch Gemeindesatzung. Die Selbstverwaltung sei der Zauberstab, mit dem allein es möglich sei, den immer weiter sich verzweigenden und immer mehr verwickelnden Mechanismus unseres öffentlichen Lebens in Gang zu halten und zum Fortschritt zu bewegen. Man könne nicht alles von der Zentrale aus machen. Die lebendigen Kräfte müßten zur Mitwirkung berufen werden. Man muß ihnen Zeit gönnen, sich zu entwickeln und zu betätigen, man darf nicht ungeduldig werden. Der Vater des Gedankens einer Reichswertzuwachssteuer sei aber die Ungeduld und die Mutter das Mißtrauen in die Gemeindeverwaltungen, daß sie ihre wahren Interessen nicht zur rechten Zeit erkennen. Das seien nicht die besten Eltern, die der Gedanke habe. Gegenüber dem beklagten Mangel an Tatkraft der Gemeinden greife man zu einem falschen Mittel, wenn man an Stelle der Gemeindesteuer eine Reichssteuer vorschlage. Was die Teilung der Finanzgewalten angeht, so sei die Wertzuwachssteuer für die Gemeinden geeignet, und wurde diesen bisher auch zugedacht. Ihr Bedarf ist außerordentlich groß und

4) Der dort gehaltene Vortrag ist nicht veröffentlicht, jetzt aber in das bei Anm. 3 erwähnte Buch, soweit die Ausführungen nicht durch die Ereignisse überholt sind, eingearbeitet worden.

wachse überall viel mehr als der Bedarf der Staaten und des Reichs. Die Einnahmen der Gemeinden würden überdies vom 1. April 1910 ab infolge des unglückseligen § 13 des Zolltarifgesetzes vom 25. Dezember 1902 eine ganz besonders schwere und empfindliche Minderung durch den Wegfall der Lebensmittelaufschläge erfahren.

Der Stein war aber schon ins Rollen gekommen. Auf dem Bodenreformertag 1908 zu Stuttgart hatte Adolf Wagner zu einer Reichswertzuwachssteuer aufgerufen. Ende desselben Jahres machten die Bodenreformer klar zum Gefecht für diese Steuer, um ihr in Verbindung mit der geplanten Reichsfinanzreform zum Durchbruch zu verhelfen. Am 18. März 1909 hielten sie eine große Reichsfinanzreformversammlung in Berlin ab, um die Frage der Reichszuwachssteuer mit aller ihrer Kraft in die öffentliche Diskussion hineinzuarbeiten. Wirkungsvoll war das Auftreten des Oberbürgermeisters Dr. Wilms, Posen, der schriftlich („Die Wertzuwachssteuer" 1908) und mündlich die Ideen verfocht, daß durch ein Reichsgesetz, welches den Ertrag der Wertzuwachssteuer zwischen Reich, Staat und Gemeinde zu teilen hätte, den Gemeinden schwere Erschütterungen erspart würden, daß sich die Steuer zu einer gesetzlichen Regelung mehr, zu einer gemeindestatutarischen Behandlung weniger eigne; die kleine, aber mächtige Partei der Terraininteressenten mache gerade in den Gemeinden eine wirklich durchgreifende Zuwachssteuer oft unmöglich und lasse in jedem Falle die ganze Frage dauernd zum Gegenstande der erbittertsten Kämpfe in den Gemeinden werden, wenn ein Reichsgesetz nicht ein für allemal regelnd eingreife. Auf der Nürnberger Tagung hatten außer dem bayerischen Vertreter auch der Hessens (Bürgermeister und Abgeordneter Gläßing, Darmstadt) und Badens (Stadtsyndikus Landmann, Mannheim) die Steuer für die Gemeinden in Anspruch genommen, während der Reichstagsabgeordnete Behrens, Essen, hauptsächlich wegen der finanziellen Bedrängnis des Reichs und Damaschke wiederholt für die Reichswertzuwachssteuer eintraten, letzterer auch einen Gesetzentwurf in Heft 2 des Jahrbuchs der Bodenreform 1909 vorlegte. A. Pohlmann trat dafür ein, daß Reich, Staat und Gemeinde sich in den Reichswertzuwachs teilen. Am 23. April 1909 brachte die konservative Partei in der zur Beratung der Finanzreformgesetze betrauten Reichstagskommission einen Antrag ein auf Einführung eines RWZStG. auf den Boden und auf Wertpapiere, dem als dringlich der Vorrang vor allen anderen Anträgen eingeräumt wurde. Dieser Antrag der Abgeordneten Dietrich, Rehbel, Dr. Rösicke und

Graf von Schwerin-Löwitz hat dann bei allen Parteien wärmsten Anklang und nachdrücklichste Unterstützung gefunden. Erinnert sei an die Anträge der Reichspartei — Fürst von Hatzfeldt, Freiherr von Gamp (Nr. 173 der Komm.-Drucks.) —, der nationalliberalen Partei — Dr. Weber, Dr. Paasche, Sieg, Fuhrmann (Nr. 170 daselbst) —, der freisinnigen Partei — Dr. Wiemer, Dr. Müller-Meiningen und Mommsen (Nr. 171 daselbst) —, der Sozialdemokratie — Geyer, Stücklen, Dr. Südekum (Nr. 172 daselbst) — und der Wirtschaftlichen Vereinigung — Raab, Graef (Nr. 174 und 175 daselbst). In mündlichen Erklärungen schloß sich das Zentrum diesen Anträgen durch Dr. Spahn an, ebenso die polnische Fraktion durch Erklärung des Abgeordneten Skarzenski. Am 1. Mai 1909 hat die Finanzkommission des Reichstags einstimmig beschlossen, die verbündeten Regierungen zu ersuchen, „ohne Verzug eine Gesetzesvorlage auszuarbeiten, die eine Besteuerung des Wertzuwachses an Grund und Boden vorsieht". Diesem Ersuchen gemäß ist die Reichsfinanzverwaltung unter Zuziehung von Sachverständigen in Erwägungen über die Gestaltung einer solchen Gesetzesvorlage eingetreten. Hierbei hat sich ergeben, „daß die reichsgesetzliche Regelung der Besteuerung des Wertzuwachses bei Grundstücken zum mindesten zur Zeit und für die Zwecke der gegenwärtigen Finanzreform nicht durchführbar erscheint". Dies hat eine Denkschrift, betreffend die reichsgesetzliche Einführung einer Wertzuwachssteuer für Immobilien, die der Reichsschatzsekretär Sydow ausarbeiten ließ, im einzelnen begründet (Anlage 2 des Entw. eines Gesetzes wegen Änderung des RStempG., Drucks. des Reichstags 12. Legislaturperiode I. Sess. 1907/09 Nr. 1456). Die Konservativen haben aber in der Finanzkommission des Reichstags einen eigenen Gesetzentwurf vorgelegt, der am 21. Mai 1909 von dieser Kommission in erster, am 29. Mai auch in zweiter und dritter Lesung angenommen wurde. Am 24. Mai hatte noch der Deutsche Städtetag unter dem Vorsitz des Oberbürgermeisters von Borscht, München, beschlossen, eine Eingabe an Bundesrat und Reichstag zu richten, worin nachdrücklich gegen die Einführung einer Reichszuwachssteuer protestiert wird unter Hinweis auf die außerordentliche Gefährdung der Finanzsysteme nicht nur der Städte, sondern auch der einzelnen Bundesstaaten, die in der Einführung einer solchen Steuer erblickt werden müsse. Am 10. Juni haben sich die deutschen Finanzminister in Berlin etwas nachgiebiger gezeigt. Das Ergebnis ihrer Beratungen ging dahin: „Die verbündeten Regierungen erachten die Einführung einer Wertzuwachssteuer von Grundstücken für das Reich wenigstens zur Zeit nicht für angängig. Mittels einer mäßigen Abgabe von den Grundstücksübertragungen läßt sich indessen der Wertzuwachs doch immerhin in etwas auch den finanziellen Bedürfnissen des Reichs dienstbar machen. Der Wertstempel in einem Steuersatze von ein Drittel vom Hundert soll als Nr. 12 des Reichsstempeltarifs eingefügt werden und 20 Millionen erbringen." Am 23. Juni hat das Plenum des Reichstags bei der 2. Lesung der Reichszuwachssteuer zugestimmt. Der Staatssekretär des Reichsschatzamts Sydow näherte sich dem Standpunkte des Reichstags in einer wichtigen Erklärung: „Wenn die Denkschrift objektiv das Für und Wider einer Reichswertzuwachssteuer erörtert und die Bedenken dagegen nicht verschweigt, so bin ich in der Lage, hier auch im Namen der verbündeten Regierungen im großen und ganzen die prinzipiellen Bedenken mehr zurückzustellen und nur die Frage, ob augenblicklich schon der Zeitpunkt für die Vorlegung eines Gesetzes gekommen sei, etwas schärfer zu pointieren.

Die Schwierigkeiten einer einheitlichen Regelung sind nicht zuleugnen: aber prinzipiell stehen ich und stehen die verbündeten Regierungen auf dem Standpunkte, daß auch dem Reich ein Anteil an dem Immobilienwertzuwachs gewährt werden soll, während daneben nicht verkannt wird, daß auch den Gemeinden ihr Anteil gebührt. Das Reich hat — ich glaube, das kann nicht bestritten werden — durch den Schirm, den es während dreier Jahrzehnte und länger dem Frieden gewährt hat, durch die Zusammenfassung der wirtschaftlichen Kräfte der Nation viel dazu beigetragen, daß sich der Wohlstand im allgemeinen gehoben hat, daß insbesondere auch der Wert der Grundstücke an vielen Stellen gewachsen ist. Auf der anderen Seite haben aber auch die Gemeinden sehr erhebliche Einrichtungen getroffen, die unmittelbar eine wertsteigernde Wirkung auf die Grundstücke ihres Bezirks ausüben. Es kommt also darauf an, den Interessen beider gerecht zu werden.....

Wenn ich den Standpunkt der verbündeten Regierungen zusammenfassen darf, so sind sie der Sache durchaus sympathisch. Es ist nicht bloß — um meinen Ausdruck von neulich anzuwenden — eine Verbeugung, die ich hier vor der Strömung im Hause mache, sondern es ist unsere ernstliche Absicht, an die Frage heranzugehen. Wir würden auch nichts dagegen haben, wenn

Sie uns durch eine gesetzliche Klausel auferlegten, einen Entwurf innerhalb, sagen wir, dreier Jahre vorzulegen."

In der 3. Les. am 10. Juli wurde die Reichszuwachssteuer jedoch überraschenderweise einstimmig abgelehnt, dagegen unter ausdrücklicher Zustimmung der verbündeten Regierungen eine neue Bestimmung beschlossen, die als § 90 des RStempG. vom 15. Juli 1909 (RGBl. S. 833) eingeschaltet worden ist. Sie lautet: „Bis zum 1. April 1912 soll eine Reichsabgabe von der unverdienten Wertsteigerung bei Grundstücken (Zuwachssteuer) eingeführt werden, welche so zu bemessen ist, daß sie einen Jahresertrag von mindestens 20 Millionen Mk. erwarten läßt. Über diese ist durch besonderes G. mit der Maßgabe Bestimmung zu treffen, daß denjenigen Gemeinden und Gemeindeverbänden, in denen eine Zuwachssteuer am 1. April 1909 in Geltung war, der bis zu diesem Zeitpunkt erreichte jährliche Durchschnittsertrag dieser Abgabe für einen Zeitraum von mindestens 5 Jahren nach dem Inkrafttreten der Reichsabgabe belassen wird.

Dieses G. ist dem Reichstage bis zum 1. April 1911 vorzulegen.

Bis zum Inkrafttreten dieses G. wird zu der in Tarifnummer 11 vorgesehenen Abgabe ein Zuschlag von einhundert vom Hundert erhoben. Nach dem Inkrafttreten des G. wird der Steuersatz in Tarifnummer 11 von sechs zu sechs Jahren durch den Bundesrat einer Nachprüfung unterzogen. Übersteigt innerhalb des sechsjährigen Zeitraums der durchschnittliche Jahresertrag der Zuwachssteuer den Betrag von 20 Millionen, so ist der Steuersatz in Tarifnummer 11 mit Wirkung vom Beginne des der Feststellung folgenden Rechnungsjahrs für die folgenden sechs Jahre nach näherer Bestimmung des Bundesrats entsprechend herabzusetzen."

Nachdem die innere Berechtigung dieser Steuergattung und ihrer Gestaltung als Reichsabgabe durch die einstimmige Annahme des erwähnten Antrags der Finanzkommission am 1. Mai 1909 und späterhin in der Beratung der in Art. II Abschnitt III des Entw. eines G., betreffend Änderung im Finanzwesen, beschlossenen Umsatz- und Wertzuwachssteuer die ungeteilte Anerkennung des Reichstages gefunden hatte, haben die verbündeten Regierungen dem in der erwähnten Denkschrift und in den gedachten Beratungen beigepflichtet, daß unter Wahrung der berechtigten Interessen der Gemeinden eine Beteiligung des Reichs am Ertrage der Zuwachssteuer gerechtfertigt erscheinen kann. Sie haben zugleich darauf hingewiesen, daß der Ausführung insofern gewisse Bedenken entgegenstehen, als eine Rücksichtnahme auf die Gemeindeinteressen in dem wünschenswerten Umfange und eine gleichmäßige Heranziehung der verschiedenen Grundstücksarten schwer möglich ist. Zur Überwindung dieser Schwierigkeiten hätte es weiterer Vorarbeiten bedurft, wie sie hinsichtlich der für die Finanzreform zu Gebote stehenden Zeit nicht ausführbar waren. Aus diesen, mehr in der augenblicklichen Lage als in grundsätzlichen Rücksichten gelegenen Bedenken ist von den verbündeten Regierungen die Durchführung der Zuwachssteuer im Rahmen der Finanzreform widerraten und empfohlen worden, die Vorlegung eines Entw. für einen späteren Zeitpunkt in Aussicht zu nehmen (Verhandlungen des Reichstags 12. Legislaturperiode, I. Sess. StenB. Bd. 237 S. 8783a). Dem entsprach der § 90 des RStempG. vom 15. Juli 1909.

Der so geschaffene Zustand trug jedoch mannigfache Gefahren in sich, indem die Bodenspekulation bis zur Einbringung und Verabschiedung des G. voraussichtlich alles versuchen durfte, um sich gegen das G. zu schützen, während der reelle Grundstückshandel beunruhigt werden mußte und auch das Gemeindefinanzwesen unter der Unsicherheit darüber litt, auf welchen Anteil an dem Ertrage einer Reichszuwachssteuer es rechnen dürfe. Dieser Sachlage trug zunächst das Reichsschatzamt Rechnung, indem es 1909 eingehende Erhebungen über den unverdienten Wertzuwachs an deutschem Boden angeordnet hatte, deren Ergebnisse bis zum 31. Dezember d. J. eingereicht sein sollten. Frühere Erhebungen hatten nur unzureichendes Material geliefert. Die jetzt angeordneten Feststellungen sollten sich deshalb nicht bloß auf die schon geltenden Gemeindesteuerordnungen dieser Art erstrecken, sondern vor allem die Verhältnisse in den Orten zu erfassen suchen, wo der Wertzuwachs bisher noch nicht besteuert wurde. Demgemäß wurde bei den jetzigen Ermittlungen die Wertsteigerung von Grundstücken jeder Art und Lage herangezogen. Möglichst sollten solche Fälle zugrunde gelegt werden, in denen es sich um freihändige Verkäufe unter gewöhnlichen Verhältnissen handelt. Zeitlich werden die Ermittlungen im Interesse einer möglichst objektiven Feststellung auch auf solche Besitzübergänge zurückgreifen, die vor der Einführung einer Zuwachssteuer liegen.

Am 11. April 1910 ist dann dem Reichstage der Entw. eines ZStG. zugegangen, der dem § 90 des RStempG., aber auch den Umständen Rechnung tragen sollte, daß, seitdem die Vorlegung eines Entw. spätestens für den 1. April 1911 vorgesehen worden ist, die Gemeinden und Gemeindeverbände ebenso wie der Grundstücksmarkt in der Bewegungsfreiheit dadurch wesentlich beeinträchtigt wurden, daß sie sich über die künftige Gestaltung der Zuwachssteuer und dem näheren Zeitpunkte des Inkrafttretens im Unklaren befanden. Immerhin hielten die verbündeten Regierungen sich für verpflichtet, in der Begr. S. 18/19 festzustellen, daß die Bedenken, die der Einführung dieser Abgabe im Rahmen der Reichsfinanzreform entgegenstanden, durch die Vorarbeiten der Zwischenzeit nur zum Teil behoben sind, indem vor allem nahezu in gleichem Maße wie zur Zeit der Finanzreform für das finanzielle Erträgnis der Abgabe jeder sichere Anhalt fehlt. Die unverzüglich nach Verabschiedung der Finanzreform in die Wege geleiteten Erhebungen haben — bei dem zumeist gänzlichen Mangel an statistischen Unterlagen — in den einzelnen Verwaltungsbereichen auf eine Anzahl von Grundstücken der verschiedenen Arten und Lagegruppen und auf die Gewinnung von Durchschnittszahlen beschränkt bleiben müssen. Wie mißlich schon an sich die Verwertung von Durchschnittsergebnissen bei einer Abgabe sein muß, deren Gegenstand in gleichem Maße wie die Grundwertsteigerung von den örtlichen Verhältnissen und der Lage des Einzelfalls abhängig ist, bedarf keiner Darlegung. Um so nachteiliger fällt ins Gewicht, daß nicht einmal in diesem beschränkten Umfang die Ermittelungen in allen Bundesstaaten sich als durchführbar erwiesen haben und daß, selbst wo dies möglich war, die Erhebungen meist nur auf den rohen und nicht auf den nach der Absicht der gesetzgebenden Faktoren der Steuerpflicht zu unterwerfenden Zuwachs erstreckt werden konnten, der allein für die Ertragsveranschlagung die Grundlage bieten kann.

Für die Vorlegung des Entw. ist aber nicht der letzte, gesetzlich zulässige Zeitpunkt abgewartet worden, weil angenommen wurde, daß sich unter den damals vorliegenden Umständen die Beschaffung hinreichenden statistischen Materials auch für die Zukunft nicht ermöglichen lasse. Ebensowenig war zu erwarten, „daß die Fortbildung der Steuergattung und ihre praktische Erprobung bis dahin gegenüber dem jetzigen Stande wesentlich fortschreiten wird. Eine ganze Reihe der hierbei in Betracht kommenden Fragen ist theoretisch überhaupt nicht und an der Hand praktischer Erfahrung nur dann zu beantworten, wenn diese auf der lange Jahre hindurch fortgesetzten Anwendung für alle Teile des Reichs geltender Vorschriften beruht. Beim Hinausschieben der reichsgesetzlichen Regelung könnte zudem der finanzielle Ertrag dadurch nicht unwesentlich beeinträchtigt werden, daß Grundstücke zur Ersparung der Steuer noch vor dem Inkrafttreten des G. veräußert werden. Diese Veräußerungen im vollen Umfang nachträglich zu erfassen, erscheint nicht angängig, da die Rücksicht auf die im regelmäßigen Geschäftsverkehre vorgenommenen Umsätze verbietet, die Rückwirkung des G. im allgemeinen weiter als bis zu dessen Bekanntgabe zu erstrecken. Insbesondere aber ist zu besorgen, daß die auf den Gemeinden und auf dem Grundstücksmarkte lastende Beunruhigung der Entwicklung der Gemeindefinanzen und des Grundstückshandels ernstliche Hindernisse bereiten möchte. Das wird zumal in einer Zeit vermieden werden müssen, in welcher der Grundstückshandel — von den zur Vermeidung der Reichsabgabe vorgenommenen Veräußerungen abgesehen — nicht günstig liegt und die Gemeinden angesichts der bevorstehenden Beschränkung des städtischen Oktrois ohnehin einer Festigung ihrer Finanzgebarung dringend bedürfen."

Die erste Beratung des Entw. fand im Reichstag am 15. April 1910 statt[4a]). Hierbei haben die verbündeten Regierungen schon eine freundlichere Stellung zu dem Gedanken des Wertzuwachses und seiner gesetzgeberischen Durchführung eingenommen. Die früher in der Denkschrift sowie der Begründung des Entw. geäußerten Bedenken wurden nicht mehr oder nicht mehr in vollem Umfange aufrechterhalten. Die Vorlage wurde durch Reichstagsbeschluß vom letztgenannten Tage der 15. Komm., die mit 28 Mitgliedern besetzt wurde, zur Vorberatung überwiesen. Sie trat am 16. April unter dem Vorsitz des Abgeordneten Dr. Südekum zusammen und erledigte zwei Lesungen bis zum 10. Mai. Bevor die zweite Beratung im Plenum und die Verabschiedung hätte erfolgen können, wurde der Reichstag vertagt. Nach seinem Wiederzusammentritt beschloß die Kommission noch eine dritte Lesung, die am 25. November 1910 begann und am 11. Januar 1911 endigte. Die Berichte über die beiden ersten Lesungen finden sich in der Reichstagsdrucksache Nr. 515[5]), der Bericht über die dritte Lesung in der Drucksache Nr. 596[6]). Die Zeit zwischen der zweiten und der dritten Les. hatte die Reichsverwaltung benutzt, um festzustellen, welche neuen Gesichtspunkte für die Beschlußfassung des Reichstages sich gewinnen lassen möchten. Die Ergebnisse dieser Bemühungen, Verhandlungen und Nachforschungen sind zusammengefaßt in den Ausführungen des Staatssekretärs des Reichsschatzamtes Wermuth in der Komm. zur Vorberatung des Entw.

4a) Drucks. des Reichst. 12. Legislaturperiode II. Session 1909/1910 S. 2381—2419.

5) 12. Legislaturperiode II. Session 1909/1910.

6) 12. Legislaturperiode II. Session 1909/1911.

am 25. November 1910[7]) nach Vornahme einer „Schätzung des Ertrages einer Zuwachssteuer in Gemeinden mit mehr als 5000 Einwohnern nach den Beschlüssen der Reichstagskomm. zweiter Les." und Zusammenstellung der „Erfahrungen der Gemeinden (Gemeindeverbände) über die Veranlagung und die wirtschaftlichen Wirkungen der Zuwachssteuer"[7a]).

Die zweite Beratung im Plenum fand am 16.—20., 20. und 25. Januar 1911 statt[8]). Die verbündeten Regierungen haben den vom Reichstag „einhellig angeregten Gedanken nunmehr ihrerseits mit voller Überzeugung vertreten" (Staatssekretär Wermuth, Drucks. a. a. O. S. 3898 A). Die Verhandlungen brachten überaus eingehende grundsätzliche Ausführungen und Besprechungen der einzelnen Vorschriften. Die Beratungen bieten aber für die Auslegung des G. nicht annähernd so viele Anhaltspunkte wie die Kommissionsberichte. Die dritte Beratung des Reichstages fand am 31. Januar und 1. Februar 1911 statt[9]). Am 10. Februar erteilte der Bundesrat seine Zustimmung zu den Beschlüssen des Reichstages und am 18. Februar 1911 ist das G. im RGBl. S. 33 als „Zuwachssteuergesetz vom 14. Februar 1911" verkündigt worden. Am 1. April 1911 tritt es in Kraft.

B. Grundzüge des Gesetzes. Beurteilung.

Eine eingehende Kennzeichnung des G. würde den Rahmen dieser Einleitung um so mehr überschreiten, als die sehr vielseitige Frage der Wertzuwachsbesteuerung überhaupt aufgerollt werden müßte. Es würde eine Stellungnahme zu der in den Jahren 1910 und 1911 stark angewachsenen Literatur[10]) unerläßlich sein; jene erfolgt durch den Verfasser an anderer Stelle[11]). Nur die wesentlichsten Grundlinien des G. seien hier gezeichnet.

Der Gedanke der Besteuerung des unverdienten Wertzuwachses hat sich in den politischen Kreisen Deutschlands und in der großen Öffentlichkeit, auf Seiten der Regierungen, in den Parlamenten, in Wissenschaft und Praxis durchgerungen. Unbeschadet des Widerstandes eines verhältnismäßig kleinen Teiles der unmittelbar von der

7) Zweite Anlage der erwähnten Drucks. Nr. 596, S. 144—157.

7a) Daselbst S. 158—168.

8) Drucks. des Reichst. 12. Legislaturperiode II. Session 1910/1911, S. 3891—3919, 3924—3955, 3959—3995, 3998—4031, 4034—4079, 4082—4113, 4114—4155.

9) Drucks. 12. Legislaturperiode II. Session 1909/1911, S. 4282—4318 und 4322—4338.

10) Vgl. das dieser Schrift vorangestellte Literaturverzeichnis.

11) Vgl. oben Anm. 3 S. 2.

Steuer Betroffenen und derer, denen die neue Abgabenart den Beginn eines sozialistisch-kommunistischen Zeitalters bedeutet, kann bei größter Gewissenhaftigkeit ausgesprochen werden, daß die überwiegende Mehrheit des für sein Vaterland zu Opfern bereiten deutschen Volkes den Grundsatz anerkannt hat, es müsse ein Teil des durch die Allgemeinheit geschaffenen Mehrwertes von Grund und Boden in Gestalt einer steuerlichen Abgabe wieder an die Gemeinschaft zurückfließen. § 1 des ZStG. gibt diesem Gedanken deutlich Ausdruck, indem er feststellt, es werde von dem Wertzuwachs, *der ohne Zutun des Eigentümers entstanden ist*, eine Abgabe erhoben. Im übrigen ist der Zeitpunkt der Besteuerung der des Übergangs von Eigentum an inländischen Grundstücken und Berechtigungen, für welche die sich auf Grundstücke beziehenden Vorschriften des bürgerlichen Rechtes gelten (§§ 1, 2). Begründet wird die Steuerpflicht durch die Eintragung der Rechtsänderung in das Grundbuch oder, wenn es einer solchen zum Übergange des Eigentums nicht bedarf, durch den Vorgang, der die Rechtsänderung bewirkt. Sofern das Grundbuch noch nicht als angelegt anzusehen ist, tritt an die Stelle der Eintragung die Umschreibung in öffentlichen Büchern (§ 4).

Die Meinungsverschiedenheiten und Kämpfe begannen aber bei der Frage, in welcher Weise die Steuer, unter Vermeidung von Unbilligkeiten und Ungerechtigkeiten, rechtliche Form gewinnen sollte. Insbesondere erhob man von vielen Seiten den ebenso alten, wie unberechtigten Vorwurf, daß es überhaupt nicht möglich sei, den verdienten von dem unverdienten Wertzuwachs zu sondern, sodaß die Besteuerung, indem sie auch den auf eigene Arbeit und Tüchtigkeit zurückzuführenden Mehrwert trifft, auf jeden Fall ungerecht sei. Gewiß ist es schwer möglich, mit haarscharfer Genauigkeit die beiden Erwerbsgelegenheiten so zu trennen, daß niemals die geringste Unbilligkeit bei der Besteuerung eintritt. Für die allermeisten abgabepflichtigen Fälle jedoch konnten praktische Berechnungsarten gefunden werden, die eine Ungerechtigkeit zur größten Seltenheit machen; aber auch die letztere kann durch die dem Bundesrat gegebenen Befugnisse zum Erlaß oder zur Stundung (§§ 46 Abs. 2, 48, 66) wieder ausgeschaltet werden. Zunächst wird der Eigentumsübergang gänzlich von der Steuer frei gelassen, wenn der Veräußerungspreis bei bebauten Grundstücken nicht mehr als 20 000 Mk., bei unbebauten Grundstücken nicht mehr als 15 000 Mk. beträgt, sodaß der weniger Begüterte gar nicht getroffen wird (§ 1 Abs. 2). In vielen Fällen, so insbesondere denen des Erwerbes von Todes wegen im weitesten Sinne, bei Schenkungen, bei Begründung, Änderung, Fortsetzung und Aufhebung der ehelichen Gütergemeinschaft, bei gewissen Fragen anläßlich der Nachlaßteilung, bei der Flurbereinigung, Grenzregelung und Umlegung von Grundstücken, Bergwerkskonsolidationen usw. wird die Zuwachssteuer nicht erhoben (§ 7). Was sodann die Berechnung des steuerpflichtigen Wertzuwachses angeht, so ist als solcher zwar der Unterschied zwischen dem Erwerbspreis und dem Veräußerungspreis bezeichnet worden (§ 8 Abs. 1), es gilt dies aber nur nach Maßgabe der hierauf folgenden Bestimmungen. Beim Übergange im Wege der Zwangsversteigerung gilt als Preis der Betrag des Meistgebots, zu dem der Zuschlag erteilt wird, unter Hinzurechnung der vom Ersteher übernommenen Leistungen (§ 9 Satz 1). Ferner kommt von dem Preise in Abzug der Wert der vom Veräußerer übernommenen Lasten, der Maschinen, auch soweit sie zu den wesentlichen Bestandteilen des Grundstücks gehören, und der Erzeugnisse des Grundstückes, solange sie mit dem Boden zusammenhängen (§ 10). Vor allem aber sind dem Erwerbspreis eine ganze Reihe von Aufwendungen hinzuzurechnen, so als Kosten des Erwerbes 4 Proz. des Erwerbspreises, event. ein nachweisbarer höherer Betrag, Aufwendungen für Bauten, Umbauten und sonstige dauernde besondere Veranstaltungen, auch solche land- und forstwirtschaftlicher Art, sowie bergmännischer Versuchs- und Ausrichtungsarbeiten; Aufwendungen, Leistungen und Beiträge für Straßenbauten, andere Verkehrsanlagen, einschließlich der Kanalisierung, sowie ohne entsprechende Gegenleistung und Verzinsung geleistete Beiträge für sonstige öffentliche Einrichtungen usw. (§ 14). Bei Verbesserung von Flächen, die aus Moorland, Sumpfland, Öd- oder Haideland bestehen, ist unter Umständen dem Erwerbspreis die Höhe des Ertragswertes hinzuzurechnen (§ 15). Ferner werden dem Erwerbspreise für jedes Jahr des für die Steuerberechnung maßgebenden Zeitraumes unter genauer angegebenen Voraussetzungen 2½, 2 oder 1½ Proz. hinzugerechnet (§ 16). Außerdem sind vom Veräußerungspreise in Abzug zu bringen die dem bisherigen Eigentümer nachweislich zur Last fallenden Kosten der Veräußerung und Übertragung einschließlich der ortsüblichen Vermittelungsgebühr, ferner auf Antrag des Veräußerers der Betrag, um den nachweislich während des für die Steuerberechnung maßgebenden Zeitraumes, jedoch nicht länger als für 15 zusammenhängende Jahre, der aus dem Grundstück erzielte Ertrag hinter 3 Proz. des Erwerbspreises, zuzüglich gewisser zulässiger Anrechnungen, zurückbleibt (§ 22). Dem Veräußerungspreis sind außerdem hinzuzurechnen Entschädigungen für die Wertminderung des Grundstückes, soweit der Anspruch während des für die Steuerberechnung maßgebenden Zeitraumes nach dem 1. Januar 1911 entstanden und der Betrag nicht nachweislich zur Beseitigung des Schadens verwendet worden ist (§ 23). Selbstverständlich ist der zu versteuernde „unverdiente Wertzuwachs" um so geringer, je mehr Summen dem Erwerbspreis hinzuzurechnen und von dem Veräußerungspreis abzuziehen sind, da dann der Unterschied zwischen dem Erwerbspreise und dem Veräußerungspreise immer geringer wird. Der Gesetzgeber hat sich redlich bemüht, durch diese Maßnahmen möglichst jede Härte zu vermeiden.

Die Gestaltung der Steuersätze (§ 28) ist auch so erfolgt, daß die Fälle besonders entlastet werden, in denen der Wertzuwachs im Verhältnis zum Erwerbspreise besonders gering gewesen ist. Die festgestellten Steuerstufen steigen nicht so scharf an, wie dies der Entw. der konservativen Partei im Jahre 1909 vorgesehen hatte, die Staffelung ist gleichmäßiger und progressiv gestaltet.

Als Träger des Steueranspruches sind das Reich zu 50, die Gemeinden zu 40 und die Einzelstaaten zu 10 vom Hundert bestimmt worden (§ 58). Man kann natürlich darüber streiten, ob gerade diese Verteilung gerechtfertigt ist. Der den Bundesstaaten zugewiesene Anteil erscheint jedoch nicht zu hoch, da diese eine Reihe von Verwaltungskosten auch für die Rechtsmittelinstanzen aufzuwenden haben. Die Frage, ob die Gemeinden oder das Reich den größeren und welchen Anteil an der Wertsteigerung des Grund und Bodens haben, wird begreiflicherweise niemals eindeutig beantwortet werden können. Ein Durchschlagen des gordischen Knotens im Gesetz war daher praktisch das einzig Richtige. Bedenklich bleibt nur, daß keine Rücksicht auf die örtlichen Verhältnisse genommen werden kann. Anderseits besteht ein Vorteil der Gemeinden darin, daß sie sämtlich von dem Wertzuwachs einen Anteil erhalten, während nur ein verhältnismäßig kleiner Bruchteil die Wertzuwachssteuer eingeführt hatte, ein viel größerer Teil der Gemeinden sich hierzu infolge des großen Widerstandes der am Grund und Boden Interessierten außerstande sah.

Träger der Steuerpflicht ist der Regel nach der Veräußerer. Nur unter gewissen Umständen und auch dann nur bis zum Betrage von 2 Proz. des Veräußerungspreises haftet der Erwerber (§ 29). Das auftauchende Problem der Abwälzbarkeit der Steuer kann hier nicht weiter verfolgt werden.

Außerordentlich wichtig sowohl für den Ertrag der Steuer als auch für die Frage der gerechten Inanspruchnahme der

Steuerpflichtigen ist die Frage, wieweit zeitlich bei der Besteuerung zurückgegangen werden solle. Das Gesetz hat sich zu folgender Regelung entschlossen. Die Steuerpflicht erstreckt sich auch auf Rechtsvorgänge, die nach dem 31. Dezember 1910 bis zum Inkrafttreten des G., dem 1. April 1911, stattgefunden haben (§ 62 Abs. 1 Satz 1). Beruht der Erwerb des Grundstückes auf einem steuerfreien Rechtsvorgange, so ist für die Bemessung des Wertzuwachses von dem Preise zur Zeit des letzten steuerpflichtigen Rechtsvorganges auszugehen. Wenn der letzte steuerpflichtige Rechtsvorgang mehr als 40 Jahre vor dem Eintritt der Steuerpflicht liegt, so ist als Erwerbspreis der Wert anzusehen, den das Grundstück 40 Jahre vor dem Eintritt der Steuerpflicht hatte, sofern der Steuerpflichtige nicht nachweist, daß er oder sein Rechtsvorgänger vor jener Zeit bei einem steuerfreien oder steuerpflichtigen Erwerb einen höheren Erwerbspreis gezahlt hat. Liegt der für die Bewertung des Wertzuwachses maßgebende Erwerbsvorgang vor dem 1. Januar 1885, so tritt an die Stelle des Preises der Wert, den der Gegenstand an diesem Tage gehabt hat, wenn der Steuerpflichtige nicht nachweist, daß er oder sein Rechtsvorgänger vor jener Zeit bei einem steuerfreien oder steuerpflichtigen Erwerb einen höheren Preis gezahlt hat (§ 17 Abs. 1, 3 und 4). Ob gerade diese Regelung alle berechtigten Ansprüche erfüllt, kann hier dahingestellt bleiben.

Eine Schonung der Gemeinden ist insofern vorgesehen, als diesen unter gewissen Umständen bis zum 1. April 1915 der Unterschied aus dem auf das Reich entfallenden Anteil an dem in der Gemeinde aufkommenden Ertrage zuzuweisen ist (§ 60 Abs. 1 Satz 1). Im übrigen ist freilich eine Aufhebung der Landesgesetze und der Satzungen der Gemeinden grundsätzlich notwendig gewesen (§ 72 Abs. 2), was jedoch weder den Staat, noch die Kommune hindert, auf die Grundstücke solche Steuern zu legen, welche nicht beim Eigentumsübergang erhoben werden.

Unter den Zwecken des G. steht natürlich in erster Reihe der, Erträge bestimmter Höhe für die Bedürfnisse des Reiches zu bringen. Die Art der Verwendung der Steuern ist gesetzlich nicht festgelegt; weder ist die bessere Veteranenfürsorge, von der während der Beratungen viel gesprochen wurde, noch eine andere Art der Ausgabe vorgeschrieben worden. Nach Möglichkeit ist aber in der Ausgestaltung der Vorschriften darauf Bedacht genommen worden, daß auch die Ziele einer gesunden Boden- und Wohnungspolitik zu mindest nicht gehindert würden. Ob anderseits diese Ziele besonders gefördert worden sind, kann nur die Erfahrung lehren.

Eine Reihe von Vorschriften ist zur Vermeidung von Steuerumgehungen geschaffen (§§ 3, 5, 65, 66 Abs. 2 Ziff. 1). Das Verfahren bei der Steuerveranlagung, die Wahl und die Ausgestaltung der Rechtsmittel und Strafen ist im Anschluß an schon bestehende Gesetze, insbesondere das ErbschStG. vom 3. Juni 1906 geregelt. Auch hier würde der Hebel der Kritik eingesetzt werden können.

* * *

Unter allen großen Staaten der Welt hat Deutschland zum erstenmal den Mut gehabt, unter dem Einflusse ethischer Ideen eine Besteuerung des Wertzuwachses für sein ganzes Gebiet durchzuführen. Daß dieser erste Schritt mit mannigfachen Unvollkommenheiten — die freilich weder unnötig betont, noch willkürlich übertrieben werden dürfen — behaftet sein wird, dürfte kein Einsichtiger bezweifeln. Es ist aber das Schicksal jeder Pionierarbeit, daß sie von denen, die nach ihr am Werke sind, überholt und verbessert werden kann. So ist es unausbleiblich, daß die wechselvollen und nicht voraussehbaren Erscheinungen und Erfahrungen des wirtschaftlichen Lebens, insbesondere auf dem Gebiete des Grundstücksverkehrs, und die Maßnahmen der Verwaltungspraxis Fehlerquellen aufdecken werden, und daß man mancherorts auf Schwierigkeiten stoßen wird. Aber man wird ihrer in Deutschland, wie so mancher anderer Hindernisse, Herr werden. Stellt man aber die Frage so, ob es nicht besser gewesen wäre, dem Gedanken des unverdienten Wertzuwachses überhaupt keine gesetzliche Gestalt zu gewähren, so ist es eines vorurteilslosen Schriftstellers ernste Pflicht, zu erklären, daß der vorliegende Versuch, alles in allem genommen, ebenso kühn wie bedeutungsvoll und zukunftsreich ist und die Beschreitung eines Weges bedeutet, an dessen nur als Ziel vorschwebendem, aber nie erreichbarem Ende die Herstellung des größtmöglichsten gerechten Ausgleiches der wirtschaftlichen Ungleichheiten sowohl der einzelnen, wie der Verbände winkt. Mag man aber dieses Urteil und diese Hoffnung teilen oder nicht, so gilt es angesichts des gesetzgeberischen Werkes, nicht in störrischer grundsätzlicher Kritik und Verneinung, nicht in dem auf wirtschaftlichen Interessen beruhenden Widerstande und Kampfe zu beharren, sondern mitzuhelfen an der Ausführung der gegebenen Rechtssätze und an der Verwirklichung der Ziele, die in finanz- wie in sozialpolitischer Hinsicht von dem Gesetze vorgefaßt sind. Dieser Aufgabe hat sich auch der nachfolgende Kommentar gewidmet.

Zuwachssteuergesetz

vom 14. Februar 1911 (RGBl. S. 33).

Wir Wilhelm, von Gottes Gnaden Deutscher Kaiser, König von Preußen usw.

verordnen im Namen des Reichs, nach erfolgter Zustimmung des Bundesrats und des Reichstags, was folgt:

§ 1.

Beim Übergange des Eigentums an inländischen Grundstücken wird von dem Wertzuwachse, der ohne Zutun des Eigentümers entstanden ist, gemäß den Vorschriften dieses Gesetzes eine Abgabe (Zuwachssteuer) erhoben.

Beträgt der Veräußerungspreis, und im Falle einer Teilveräußerung der Wert des Gesamtgrundstücks, bei bebauten Grundstücken nicht mehr als 20 000 Mk., bei unbebauten Grundstücken nicht mehr als 5000 Mk., so bleibt der Eigentumsübergang von der Steuer frei. Als unbebaut gelten auch solche Grundstücke, auf denen sich Gartenhäuser, Schuppen, Lagerstätten und ähnliche zu vorübergehenden Zwecken dienende Baulichkeiten befinden. Die Steuerfreiheit tritt nur ein, wenn weder der Veräußerer und sein Ehegatte im letzten Jahre ein Einkommen von mehr als 2000 Mk. gehabt haben, noch einer von ihnen den Grundstückshandel gewerbsmäßig betreibt. Wird festgestellt, daß die Veräußerung für Rechnung eines Dritten erfolgt, so ist die Steuerfreiheit nur zu gewähren, wenn die Voraussetzungen für die Befreiung auch in der Person des Dritten vorliegen.

1. Entstehungsgeschichte A—E S. 18 ff. — 2. Begriff des Wertzuwachses S. 25 ff. — 3. Rechtliche Natur der Wertzuwachssteuer S. 27 ff. — 4. Erläuterungen zu Abs. 1 insbesondere, S. 29 ff. — A. „Grundstück" S. 29 ff. — B. „Inland" S. 31. — C. Übergang des Eigentums S. 31 ff.

1. Entstehungsgeschichte. A. § 1 Abs. 1 des Entw. lautete: „Beim Übergang des Eigentums an inländischen Grundstücken und beim Übergange von Berechtigungen, für welche die sich auf Grundstücke beziehenden Vorschriften gelten, wird von dem Wertzuwachs eine Abgabe (Zuwachssteuer) erhoben." In der 1. Lesung der Komm. wurde vorgeschlagen, vor dem Worte „Wertzuwachs" das Wort „unverdient" zu setzen, weil durch § 90 des RStempG. vom 15. Juli 1909 die Einführung einer Reichsabgabe von der „unverdienten" Wertsteigerung bei Grundstücken (Zuwachssteuer) in Aussicht genommen sei. Aus der Fortlassung des Wortes könnten die Behörden den Schluß ziehen, es solle jeder Zuwachs, nicht nur der unverdiente, herangezogen werden; es solle auch der auf der Herabminderung der Kaufkraft des Geldes beruhende und derjenige Zuwachs unberücksichtigt bleiben, der sich in ganz geringen Prozentsätzen bewege, weil hier die Vermutung dafür spreche, daß er auf der eigenen Arbeit beruhe. Ferner wurde die Einfügung der Worte „ohne Zutun des Eigentümers entstanden" beantragt, die sich anschließen sollen der auch von der Begr. S. 17 gegebenen Definition: „Der Abgabe von Wertzuwachs bei Grundstücken, wie sie in Theorie und Praxis unter dem Begriffe der Zuwachssteuer zusammengefaßt werde, liegt der Gedanke zugrunde, daß derjenige, der im wesentlichen ohne eigenes Zutun — infolge Maßnahmen der Ge-

meinschaft oder anderweit — an seinem Grundbesitze eine Werterhöhung erfahren hat, von dieser einen Teil an die Gemeinschaft in dem Augenblicke abführen soll, in welchem er den Zuwachs in Geld oder Geldeswert umgesetzt erhält." Der Vertreter des Reichsschatzamts sprach sich gegen beide Zusätze aus. Die für die Auslegung im einzelnen maßgebende Abgrenzung des unverdienten steuerpflichtigen von dem steuerfrei bleibenden Zuwachs kann nur in den einzelnen Bestimmungen erfolgen. Aus der Komm. selbst wurde geltend gemacht, daß die Grundlage der Besteuerung der Vergleich zwischen Erwerbs- und Veräußerungspreis sei. Außer diesen beiden Momenten sei lediglich dasjenige zu berücksichtigen, was sich zahlenmäßig feststellen lasse, wie die Kapitalaufwendungen und die Zinsen. Alle Versuche darüber hinaus, den auf die eigene Tätigkeit entfallenden Gewinnanteil zu ermitteln, führten auf das Gebiet uferloser Schätzungen und damit zur Willkür. Der Zusatz führe zu Auslegungsschwierigkeiten, da aus ihm der Schluß gezogen werden wird, daß die Veranlagungsbehörde nach eigenem Ermessen und über die Einzelvorschriften hinaus den auf die eigene Tätigkeit entfallenden Gewinnanteil festzustellen habe. Die Mehrheit der Komm. hat jedoch Gewicht darauf gelegt, das Prinzip zum Ausdrucke zu bringen, daß die Steuer nicht den durch die eigene Tätigkeit des Besitzers hervorgerufenen Zuwachs treffen solle. Ohne jenen Zusatz würden die Behörden gegenüber dem RStempG. Schlüsse ziehen, die auch noch die Wirkung der Einzelbestimmungen einschränken könnten. Besteuerung der Arbeit, insbesondere der körperlichen, von der namentlich die kleineren und kleinsten Landwirte betroffen werden würden, dürfe nicht erfolgen. In der Literatur hat Boldt S. 74 die Wiederherstellung der Regierungsvorlage verlangt. Um dem Wunsche der Reichstagskomm. gemäß klar zu legen, daß es sich nur um die Besteuerung des unverdienten Wertzuwachses handeln soll, könnte der Zusatz gemacht werden: „soweit der Wertzuwachs nicht nach Maßgabe dieses Gesetzes auf Aufwendungen oder eigene Arbeit des Grundeigentümers zurückzuführen ist". Die Wendung „ohne Zutun des Eigentümers" ist viel zu allgemein, sie würde sicher zu zahlreichen Zweifeln und Streitigkeiten Veranlassung geben. Ungeachtet dieser Bedenken ist aber schließlich der fragliche Zusatz in der Komm. angenommen und auch in der 2. und 3. Les. im Reichstage beibehalten worden. So kam er in das Gesetz (vgl. unten S. 25 zu 2).

B. Gegenüber dem Entwurfe neu sind auch die Worte „gemäß den Vorschriften dieses Gesetzes". Sie beruhen auf einem Antrage, der in der 2. Les. der Komm. gestellt wurde und den Zweck hatte, zur Bestätigung der Auffassung zu dienen, daß der Satz „der ohne Zutun des Eigentümers entstanden ist" für die praktische Anwendung des Gesetzes keine selbständige Bedeutung neben den einzelnen Vorschriften des Gesetzes haben soll, daß vielmehr das dadurch zum Ausdruck gebrachte allgemeine Prinzip nur in Zweifelsfällen zur Auslegung der Einzelbestimmungen benutzt werden dürfe.

C. Der Gesetzestext, wie er den Beschlüssen der Komm. nach der 3. Les. mit den redaktionellen Änderungen (Drucks. Nr. 596 S. 93) und den entsprechenden Beschlüssen des Reichstags 2. und 3. Les. entspricht, hat in den ersten Absatz nur den Fall des Eigentumüberganges aufgenommen, den Übergang der Berechtigungen, für welche die sich auf Grundstücke beziehenden Vorschriften des bürgerlichen Rechts gelten, in § 2 gestellt (vor jenen redaktionellen Änderungen § 1 Abs. 5 in 3. Les. der Komm.).

D. Die Abs. 2 und 3 des § 1 des Entw. (Abs. 4 und 5 nach der 3. Les. der Komm.) stehen als § 4 Abs. 1 und 2 im Gesetz (die Entstehungsgeschichte dieser zu C und D bezeichneten Vorschriften wird dort gebracht werden).

E. Ganz neu gegenüber dem Entwurf ist der jetzige Abs. 2 des Gesetzes. Schon in der 1. Les. der Komm. ist vom Abgeordneten Arendt der Antrag gestellt worden, die Zuwachssteuer nur zu erheben, „sobald der Wert 50000 Mk. übersteigt. Wird von dem Käufer oder dem Verkäufer innerhalb zweier Kalenderjahre mehr als eines der bezeichneten steuerfreien Geschäfte vollzogen, so unterliegt jedes von ihnen der Zuwachssteuer, wenn sie insgesamt den Wert von 50000 Mk. überschreiten". Zur Begründung wurde ausgeführt, daß in vielen Gegenden des Reichs ein ungemein umfangreicher Verkehr mit kleinen und kleinsten Grundstücken bestehe. Würden diese Veräußerungen sämtlich für steuerpflichtig erklärt, so würden dadurch in einer ungeheuren Zahl von Fällen mit ganz minimalen Beträgen die überaus schwierigen Ermittlungen, die das Gesetz erfordere, notwendig werden, und es würden große Kreise der kleinen und kleinsten Besitzer in der schärfsten Weise durch die mit der Veranlagung verknüpften Verhandlungen belästigt werden, ohne daß der Ertrag diesem Aufwande irgendwie entspräche. Die kleinen Leute dürfen nicht ungerecht belastet werden, wenn sie ihren, vielleicht Zeit ihres Lebens mit Mühe bearbeiteten Besitz mit Gewinn veräußern. — Der Staatssekretär des Reichsschatzamts befürchtete bei Annahme des Antrags eine erhebliche Herabminderung des erwarteten Steuerertrages, ferner Steuerumgehungen, weil die Kontrolle gar nicht möglich sei, ob Käufer oder Verkäufer in einem bestimmten Zeitraume mehrere derartige Geschäfte gemacht hätten. Es müßten, da diese Geschäfte doch in den verschiedensten Steuerbezirken vorkommen könnten, sämtliche Steuerbehörden alle vorkommenden Grundstücksumsätze sich mitteilen. Der Betrag von 50 000 Mk. sei zu hoch. Auch verschiedene Abgeordnete traten dem bei und betonten, daß namentlich in kleineren Städten fast alle Bauplätze steuerfrei bleiben würden. Auch könnte man durch Parzellierungen bei dieser Höhe des steuerfreien Betrages das Gesetz in wirkungsvollster Weise umgehen. In der Literatur wurde sogar angenommen, daß durch den Antrag Dr. Arendt die Veräußerung der meisten Bauplätze im Reiche steuerfrei werden würde, da insbesondere in Provinzialstädten Bauplätze in Wohnstraßen nur ausnahmsweise zu einem höheren Preise als 50 000 Mk. veräußert werden. Ebenso würden auch sehr zahlreiche gewinnbringende Veräußerungen von Hausgrundstücken, insbesondere in den Industriebezirken, vollkommen steuerfrei bleiben. Boldt S. 74 führt aus, daß dasselbe der Fall wäre bei Terrainspekulanten oder Urbesitzern, die alle zwei Jahre an einem Grundstücksverkaufe oder mehreren Grundstücksverkäufen den Gesamtveräußerungspreis von 50 000 Mk. erzielten, was in aufblühenden größeren Städten und Industriebezirken sehr häufig vorkommen kann. Wenn der Antrag den kleinen Mann vor den Härten der Wertzuwachssteuer schützen wolle, so hat er den Begriff des „kleinen Mannes" offenbar recht weit interpretiert. Auch in Groß-Berlin würde man sich um die Wertzuwachssteuer mit Leichtigkeit bei Veräußerung teurer Bauplätze durch Teilverträge und Schiebungen drücken können, wenn der Vorschlag der 50 000 Mk.-Grenze angenommen würde. — Der Antragsteller änderte seinen Antrag weiterhin dahin ab, in § 1 zu setzen: „Sobald der Wert 5000 Mk. für unbebaute und 20 000 Mk. für bebaute Grundstücke übersteigt"; von anderer Seite wurde angeregt, die Befreiung von denselben Voraussetzungen abhängig zu machen wie in der Tarifstelle 11 des RStempG., und diesem Gedanken wurde durch folgenden Antrag Ausdruck verliehen: Die Zuwachssteuer wird nicht erhoben, „wenn der Veräußerungspreis bei bebauten Grundstücken 20 000 Mk., bei unbebauten 5000 Mk. nicht übersteigt und der Veräußerer nach dem Durchschnitt der letzten 3 Jahre ein persönliches Jahreseinkommen von nicht mehr als 2000 Mk. hat und den Grundstückshandel nicht gewerbsmäßig betreibt". Die Regierung machte auf die Möglichkeit der Umgehungen auf dem Wege der Parzellenverkäufe und auf die Benutzung von Strohmännern auf dem Grundstücksmarkte aufmerksam. Wenn bei dem Umsatzstempel, wo der umgesetzte Wert ohne Rücksicht auf die Schulden und auf eine etwaige Erzielung von Gewinn veräußert wird, eine Berücksichtigung der kleinen Objekte und der leistungsunfähigeren Besitzer vielleicht noch am Platze gewesen wäre, so treffe das bei der Zuwachssteuer nicht zu. Auch beim kleinsten Objekte könnten verhältnismäßig hohe Gewinne erzielt werden, deren Freilassung nicht gerechtfertigt sei. Beim StempG. werde zur Umgehung häufig der Weg gewählt, daß ein Besitzer mit mehr als 2000 Mk. Einkommen seine Ehefrau vorschiebe, die ihrerseits zur Einkommensteuer nicht veranlagt sei und deshalb unter die Befreiungsvorschrift falle; diese Erfahrungen müßten bei der Fassung der Befreiungsvorschrift im ZStG. berücksichtigt werden. Auch müßten Vorkehrungen dagegen getroffen werden, daß bei Teilveräußerungen der Gesamtwert zugrunde gelegt wird. Von anderer Seite wurde das Beispiel gebraucht, daß der Preis infolge der Anlegung eines industriellen Unternehmens oder einer Verkehrsanlage bei einem unbebauten Grundstücke vielleicht von 1000 auf 4000 oder bei einem bebauten Grundstücke von 10 000 auf 18 000 Mk. gestiegen sei. Jedenfalls müsse man die Befreiung auf solche Fälle beschränken, bei denen der Gewinn einen bestimmten Prozentsatz des Erwerbspreises nicht übersteigt. Damit habe man der Vermutung genügend Rechnung getragen, daß bei diesen kleinen Objekten ein prozentual geringer Wertzuwachs auf der eigenen Tätigkeit des Besitzers beruhe. Auch soll Befreiung bei eigentlichem Bauland nicht zugelassen und sie deshalb da ausgeschlossen werden, wo der Preis des Grundstücks einen bestimmten Einheitssatz für den Quadratmeter übersteige. Deshalb wurde beantragt, dem § 1 hinzuzufügen: „Beträgt der Veräußerungspreis ohne die im § 15 zugelassenen Abzüge bei bebauten Grundstücken nicht mehr als 20 000 Mk., bei unbebauten Grundstücken nicht mehr als 5000 Mk., so bleibt ein nicht mehr als 50 Prozent des Erwerbspreises betragender Wertzuwachs von der Steuer frei, sofern der Veräußerer weder den Grundstückshandel gewerbsmäßig betreibt, noch ein Jahreseinkommen von mehr als 2000 Mk. hat, noch der Erwerbspreis des unbebauten Grundstückes 1 Mk. für den Quadratmeter überschreitet“. Bei dieser Fassung würde es freilich nötig gewesen sein, jeden einzelnen Fall der kleinen Objekte eingehend daraufhin zu untersuchen, ob die Steuerpflicht vorliege, so daß also auch bei dieser Fassung alle diejenigen, die an diesen kleinen Objekten beteiligt seien, den Belästigungen des Gesetzes ausgesetzt gewesen sein würden. Endlich wurde noch vorgeschlagen, die Zuwachssteuer nicht zu erheben, „wenn der Veräußerer nur ein Jahreseinkommen von nicht über 2000 Mk. besitzt und weder gewerbsmäßiger Güterhändler ist, noch im Auftrage eines solchen handelt". Gedacht war namentlich an die kleinen Weinbergbesitzer im Westen und Süden, die mit großer Mühe und Arbeit den Wert ihrer Weinberge vielleicht um ein Geringes gesteigert haben. Die Komm. beschloß schließlich in 1. Les. den letzterwähnten Antrag anzunehmen, mit Ausnahme der Bestimmung, daß, wenn der Erwerbspreis des unbebauten Grundstückes 1 Mk. für den Quadratmeter überschreitet, der Wertzuwachs nicht erhoben wird. In der 2. Les. machte ein Antragsteller geltend, daß dieser Beschluß den Zweck vereitle, die Veräußerer von in Frage stehenden kleinen Objekten, meist kleinen Leuten, von der Einschätzung und all den dazugehörigen Schwierigkeiten und Kosten zu befreien. Widersprochen wurde auch dem neuen Antrage, hinter die Worte „5000 Mk." zu setzen „so unterbleibt die Einschätzung zur Reichswertzuwachssteuer, sofern der Veräußerer den Grundstückshandel nicht gewerbsmäßig betreibt" statt 20 000 Mk. zu setzen 50 000 Mk., statt 5000 Mk. 10 000 Mk. Dieser Antrag würde nicht so sehr dem kleinen Manne zugute kommen, als vielmehr zu Umgehungsversuchen geradezu herausfordern. Große Gewinne auch an kleinen Objekten frei zu lassen, läge kein Anlaß vor. Der Ausschluß der gewerbsmäßigen Grundstückshändler sei ebenfalls kein durchgreifendes Mittel. Die Rechtsprechung habe sich auf den Standpunkt gestellt, daß jemand, der beispielsweise einmalig ein großes Terrain gekauft oder geerbt hat und dieses durch Bebauung erschließt, auch wenn er die bebauten Grundstücke verkauft, damit vielleicht das Gewerbe als Bauunternehmer, aber nicht dasjenige als Grundstückshändler betreibe. Schließlich kam in 2. Les. ein Beschluß zustande, dessen in Hinblick auf den jetzigen Abs. 2 des G. wichtiger Teil folgenden Wortlaut hat:

> „Beträgt der Veräußerungspreis ohne die im § 15 zugelassenen Abzüge, und im Falle einer Teilveräußerung der Wert des Gesamtgrundstücks, bei bebauten Grundstücken nicht mehr als 20 000 Mk., bei unbebauten Grundstücken nicht mehr als 5000 Mk., so bleibt ein nicht mehr als 50 Prozent des Erwerbspreises betragender Wertzuwachs von der Steuer frei. Die Steuerfreiheit tritt nur ein, wenn weder der Veräußerer und sein Ehegatte im Durchschnitt der letzten 3 Jahre ein Jahreseinkommen von mehr als 2000 Mk. gehabt haben, noch einer von ihnen den Grundstückshandel gewerbsmäßig betreibt. Bezieht der Veräußerer von einem anderen auf Grund gesetzlicher Vorschrift seinen Unterhalt, so ist die Steuer-

freiheit nur zu gewähren, wenn deren Voraussetzungen auch in der Person des anderen vorhanden sind.

Als unbebaut gelten auch solche Grundstücke, auf denen sich Gartenhäuser, Schuppen, Lagerstätten und ähnliche zu vorübergehenden Zwecken dienende Baulichkeiten befinden. Hausgärten und Hofräume, die ihrer Lage und Zweckbestimmung nach zu einem bebauten Grundstück gehören, sind als unbebaut nur anzusehen, wenn sie — einzeln oder in ihrer Gesamtheit — nach den örtlichen Verhältnissen als Bauplätze in Betracht kommen."

Gegen diese Formulierung richtete sich in der Literatur scharfer Widerspruch. Es wurde ausgeführt, die Freilassung bebauter Grundstücke im Werte bis 20 000 Mk. und der unbebauten Grundstücke im Werte bis zu 5000 Mk. kann dazu führen, daß große Gewinne, welche Urbesitzer in aufblühenden Mittelstädten, insbesondere in den Industriebezirken, erzielen, steuerfrei bleiben. In Preußen werde auch eine fortgesetzte Veräußerung von Grundstücken, die der Veräußerer oder seine Vorfahren zur landwirtschaftlichen Bewirtschaftung und nicht in spekulativer Absicht gekauft haben, nicht als gewerbsmäßiger Grundstückshandel angesehen. Wenn man berücksichtige, daß dem Veräußerer, der zu einem landwirtschaftlichen Werte Grundstücke erworben hat, nach § 21 des Entw. für jedes Jahr der Besitzdauer 2½ Prozent des Erwerbspreises als steuerfreie Quote angerechnet werden, kann ein Bauer oder Ackerbürger im Ruhrkohlenbezirk nach Hunderttausenden von Mark zählende Gewinne bei Veräußerungen von Bauplätzen im Laufe der Jahre erzielen, ohne daß diese Gewinne im einzelnen die im § 1 Abs. 1 vorgesehene Grenze von 50 Prozent des Erwerbspreises unter Berücksichtigung der im § 21 vorgesehenen Anrechnungen überschreiten. Es stehe mit dem Grundsatze der Besteuerung des Wertzuwachses durchaus im Widerspruch, daß derartige Gewinne, welche durch die Umwandlung von Ackerland in Bauplätze entstehen, infolge der Bestimmung des § 1, welcher nach den Absichten der Komm. den kleinen Mann schützen sollte, steuerfrei bleiben (Boldt S. 74 ff.). Dieser Verfasser schlug vor, die Bestimmung des § 20 des Entw., nach welcher eine Wertzuwachssteuer bis zu 1 Mk. nicht zur Erhebung gelangen soll, weiter auszudehnen. Steuerbeträge, die 20 oder 30 Mk. nicht überschreiten, könnte man vollständig außer Hebung setzen. — In der 3. Les. der Komm. ist schließlich der mit dem Gesetzestext gleiche Wortlaut des Abs. 2 zum Beschluß erhoben worden. Gegenüber der 2. Les. der Komm. ist die Bezugnahme auf

50 Prozent des Wertzuwachses fortgefallen, ferner statt der 3 Jahre, während welchen ein Einkommen von mehr als 2000 Mk. nicht in Frage kommt, 1 Jahr gesetzt worden. Im übrigen ist diese Einschränkung nachgebildet einer Bestimmung, welche für die vom Erwerber zu zahlende Besitzwechselabgabe nach dem RStempG. vom 15. Juli 1909 gilt. Die Motivierung dieser Freilassung mit der gleichartigen des letzterwähnten Gesetzes wird allgemein als verfehlt erachtet, weil der Wechselstempel ungleichmäßige Wirkungen herbeiführt, da er von dem Gesamtwerte des Grundstückes, dagegen die Zuwachssteuer nur von dem unverdienten Mehrwert berechnet wird. Köppe, Das Schicksal der Reichszuwachssteuer, Annalen des Deutschen Reichs 1910 S. 677 macht aber noch grundsätzliche Bedenken geltend. Auch für den kleinen Mann ist das Gerechtigkeitsmoment der Zuwachssteuer — die Bevorzugung der Besteuerung unverdienten Gewinnes vor der Besteuerung des sauer erarbeiteten Verdienstes — bei gleichartiger Behandlung aller gleichartigen Fälle fühlbar. Die Allgemeinheit der Besteuerung ist in der Forderung ihrer Gerechtigkeit unter allen Umständen einbeschlossen. Was der kleine Mann mit Recht fordern könne, sei erstens, daß seine Steuerleistung in Fällen der in Rede stehenden Art seiner ganzen wirtschaftlichen Lage entsprechend niedrig bemessen wird, im Verhältnis zu den größeren Gewinnen, die an Grundstücken gleichen oder höheren Wertes gemacht werden; zweitens, daß derjenige Wertzuwachs, der seiner und seiner Angehörigen eigenen Arbeitsleistung zu verdanken ist, auf alle Fälle ausgeschieden wird (678 a. a. O.). Diese und andere zweckmäßigen Vorschläge sind aber infolge der jetzigen Fassung des Gesetzes höchstens de lege ferenda von Nutzen.

2. Begriff des Wertzuwachses. Das Gesetz gibt eine Begriffsbestimmung der Steuer, indem es sie bezeichnet als eine Abgabe, die von dem Wertzuwachs erhoben wird, der ohne Zutun des Eigentümers entstanden ist. Was aber „Wertzuwachs" ist, bleibt hierbei offen. § 8 Abs. 1 erklärt: „Als steuerpflichtiger Wertzuwachs gilt der Unterschied zwischen dem Erwerbspreis und dem Veräußerungspreise". Aber auch hier ist nicht gesagt, was Wertzuwachs ist, sondern was steuerpflichtiger Wertzuwachs ist. Steuerpflichtig ist aber nach § 1 Abs. 1 derjenige Wertzuwachs, der ohne Zutun des Eigentümers entstanden ist. Danach würde man im Sinne des Gesetzes notwendigerweise zu dem Ergebnisse kommen, daß als ohne Zutun des Eigentümers entstandener Wertzuwachs gilt der Unterschied zwischen dem Erwerbspreis und dem Ver-

äußerungspreise. Dies widerspricht aber der einfachsten Logik, da aus dieser Preisdifferenz nicht unter allen Umständen das Verdienst des Eigentümers ausgeschaltet werden kann; es widerspricht der Auffassung der verbündeten Regierungen, da in der Begr. (S. 20) nur ein Teil des Zuwachses, eben der, der ohne Zutun des Eigentümers entstanden ist, der Steuer unterworfen sein sollte. Diesen Teil des Zuwachses mit aller Genauigkeit zu erfassen und im Gesetz zu umgrenzen hindern die Mannigfaltigkeit der Einwirkungen des Eigentümers auf den Grundstückswert und die Undurchsichtigkeit des Zusammenhanges zwischen der Wertsteigerung und ihren Ursachen, die nicht selten in Maßnahmen des Eigentümers und in solchen der Gemeinschaft zugleich zu finden seien. Auch der Staatssekretär des Reichsschatzamts hat in seiner Rede in der Sitzung des Reichstags vom 15. April 1910 (S. 2383) erklärt: „Gegenstand der Steuerpflicht ist der Wertzuwachs, d. h. der Unterschied zwischen den Erwerbskosten und dem Veräußerungsergebnis, wobei von letzterem die durch besondere Maßnahmen des Eigentümers geschaffene Werterhöhung abgesetzt wird." Es widerspricht aber auch jenes Ergebnis dem ZStG. selbst, da es eine Reihe von Bestimmungen enthält, die die Wirkungen der Maßnahmen des Eigentümers anerkennen, vielfach auch den gemeinen Wert zugrunde legen (§§ 8, 14 ff., 22). Man wird deshalb eine Lösung der Schwierigkeit, die sich aus dem Zusammenhange von § 1 Abs. 1 und § 8 Abs. 1 ergibt und aus dem Hineinflicken der in dem Entw. nicht enthaltenen Worte des ersterwähnten Abs. entstanden ist, zu versuchen haben. Sie dürfte darin liegen, daß steuerpflichtiger Wertzuwachs der Unterschied zwischen Erwerbspreis und Veräußerungspreis nicht *ist*, sondern als solcher *gilt*; daß er dies nur ist im Sinne des unverdienten Wertzuwachses („ohne Zutun des Eigentümers"). Von der als Wertzuwachs *geltenden* Preisdifferenz ist erst mit Hilfe der *nach* § 8 folgenden Bestimmungen klarzustellen, was nun wirklich unverdienter Wertzuwachs sein soll. Man kann aus dem Zusatz „ohne Zutun des Eigentümers" gegenüber den Einzelbestimmungen selbständige Folgerungen nicht ziehen. Er bietet keine Norm für Veranlagungsbehörden und den Richter, die sonst nach unsicheren und jedenfalls subjektiven theoretischen Auffassungen entscheiden müßten, bringt vielmehr nur den Grundgedanken des Gesetzes zum Ausdruck. Den verdienten von dem unverdienten Wertzuwachs in einer alle Fälle unbedingt zuverlässig treffenden Weise nach einer allgemeinen Formel zu sondern, ist, wie praktische Erfahrungen gelehrt haben, nicht möglich, so daß nur mit gewissen gesetzlichen Sonderbestimmungen, die einen bestimmten Prozentsatz des Zuwachses frei lassen, einen anderen dagegen zur Abgabe heranziehen, ein Erfolg zu erzielen ist. Immerhin wird der beschlossene Zusatz als Ausdruck des leitenden Prinzips im Zweifelsfalle zur Auslegung der Einzelbestimmungen benutzt werden können. Unter Wertzuwachs i. S. des G. ist daher der Unterschied zu verstehen zwischen dem Erwerbspreis und dem Veräußerungspreise, aber mit der Maßgabe, daß jene Differenz nicht den steuerpflichtigen Betrag ergibt, sondern sie auf Grund von speziellen Vorschriften dieses Gesetzes um diejenigen Summen zu kürzen ist, deren Abzug gesetzlich gestattet ist und die **deshalb** als „verdient“ gelten. Danach ist nicht irgend ein ethischer Maßstab des „Unverdienten“, sondern lediglich der tatsächliche Gesichtspunkt maßgebend, ob im Sinne des Gesetzes ohne Zutun des Eigentümers ein Wertzuwachs entstanden ist, was lediglich an der Hand der Einzelvorschriften des ZStG. festzustellen ist. Auf die Schwierigkeiten, die sich aus der Feststellung des Unverdienten oder Verdienten im volks- oder privatwirtschaftlichen Sinne ergeben würden, läßt sich das Gesetz nicht ein; es legt durch seine Berechnungsarten klar, was es als ohne Zutun des Eigentümers entstanden ansieht, mag dieses so gewonnene Ergebnis ökonomisch richtig sein oder nicht. Immerhin ist festzustellen, daß die vielfach gehörte Behauptung unrichtig ist, es sei erst durch den mehrerwähnten Zusatz der unverdiente Wertzuwachs zum Gegenstande der Steuer an Stelle des gesamten Wertzuwachses gemacht worden. Vielmehr stand der Grundgedanke schon im Entwurfe fest. Vgl. § 82.

3. Rechtliche Natur der Wertzuwachssteuer. Sie ist eine Besitzwechselabgabe, eine Steuer vom Grunderwerb. Das ZStG. spricht genauer vom „Eigentumsübergang“. Sie hat den Charakter einer indirekten Steuer. Der Begriff der direkten und indirekten Steuer ist freilich bestritten. Adolf Wagner (Lehrbuch der politischen Ökonomie, 2. Aufl. Bd. 2, §§ 97—100) unterscheidet zwei verschiedene Einteilungsarten. Die eine ist die „beabsichtigte oder gemutmaßte Einwirkung der Steuern auf die Steuerzahler“. Dann sind direkte Steuern solche, bei denen sich die Steuerforderung geradezu an die Person richtet, die man belasten will. Hier ist der Steuerzahler zugleich der Besteuerte, der Steuerträger. Wenn die Steuern aber von Personen erfordert werden, „die sie nach der Absicht der Staatsgewalt nicht selbst tragen,

sondern von den Besteuerten sich ersetzen lassen sollen, so sind sie vorgeschossene oder indirekte Steuern". Eine andere Einteilungsart aber bietet das administrativ-technische Verfahren der Verwaltung und Erhebung. Danach sind diejenigen Steuern direkte, „welche nach feststehenden oder als feststehend geltenden und regelmäßig auch wirklich einigermaßen feststehenden und deshalb im voraus ermittelbaren Tatsachen — der Persönlichkeit, des Standes, des Gewerbes, des Vermögens, des Besitzes, des Einkommens usw. — daher vornehmlich nach Katastern veranlagt und erhoben werden". Indirekte Steuern sind solche, „die nach einzelnen prinzipiellen Voraussetzungen mehr oder weniger zufällig — als Folge von Vorgängen, Ereignissen, Handlungen — und hier alsdann im Falle des Eintritts nach Tarifen veranlagt und erhoben werden". Danach ist die Wertzuwachssteuer nach dem ersten Einteilungsmodus eine direkte, nach dem zweiten eine indirekte Steuer. Tatsächlich trifft für das vorliegende Gesetz der letztere Fall zu, da die Abgabe bei Eintritt eines Ereignisses, beim Eigentumsübergang, entrichtet wird. Soweit die Wertzuwachssteuer bisher in den deutschen Einzelstaaten, sei es auf Grund von Staatsgesetzen, sei es von kommunalen Steuerordnungen beim Besitzwechsel erhoben worden ist, ist ihr in der Literatur stets der Charakter einer indirekten Steuer beigelegt worden. Auch in der Rechtsprechung der Verwaltungsgerichte ist eine andere Auffassung nicht zutage getreten. Dasselbe gilt für die gesetzgebenden Versammlungen bei Beratung von Besitzwechselabgaben. Speziell im preußischen Staatshaushalt werden diejenigen Steuern, welche nach Katastern veranlagt werden, als direkte, die nach einem Tarif bei Eintritt eines Ereignisses zur Hebung gelangen, als indirekte bezeichnet. Etwas anderes ist es, daß an sich auch der Wertzuwachs, den ein Grundstück während einer bestimmten Veranlagungsperiode erhalten hat, versteuert werden kann und daß dann eine direkte Wertzuwachssteuer vorliegt (vgl. Weißenborn, PrVerwBl. Bd. 30 S. 517 ff. und die besondere Schrift desselben Verf.: Die Besteuerung nach dem Wertzuwachs, insbesondere die indirekte Wertzuwachssteuer, Berlin 1910). Jedenfalls ist dem vorliegenden WZStG. die Erhebung einer Abgabe während einer bestimmten Veranlagungsperiode fern geblieben, m. E. mit Recht, da die periodische Ermittlung des unverdienten Mehrwertes aller Grundstücke notwendig sein und außerordentlich schwierig werden würde. — Umsatz- und Wertzuwachssteuer bilden die wichtigsten Besitzwechselabgaben; der Unterschied zwischen beiden besteht darin, daß die Umsatzsteuer beim Erwerb von Grundstücken nach dessen Wert erhoben wird, dagegen die Zuwachssteuer nicht von dem ganzen Wert, sondern nur von dem sogenannten unverdienten Mehrwert, den das Grundstück gegenüber dem letzten Besitzwechsel aufweist. Diese belastet daher nicht so sehr wie die Umsatzsteuer den durch Arbeit und Aufwendungen entstandenen Wert des Grundstückes; aus diesem Grund ist sie auch dem steuertechnisch rohen Stempel (PrStempStG. vom 30. Juni 1909, Tarifstelle 8 (1), 32, R.-StempG. vom 15. Juli 1909 Tarifstelle 8 (1), 33) überlegen.

4. Erläuterungen zu Abs. 1 insbesondere. Anlaß der Wertzuwachsbesteuerung ist der „Übergang des Eigentums an inländischen Grundstücken". Es ist eine rechtliche Analyse erforderlich.

A. „Grundstück" ist hier jeder im Eigentum einer physischen oder juristischen Person befindliche Teil der Erdoberfläche, soweit er sich im Inlande befindet, ohne Rücksicht darauf, ob er bebaut oder unbebaut ist, ob er in der Stadt oder auf dem Lande liegt. Die Begr. S. 20 spricht etwas ungenau von jedem „im Inland belegenen Grund besitz". Das maßgebende Merkmal eines „Grundstückes" ist die wirtschaftliche Einheit, also nicht die rechtliche Einheit, auch nicht die Eintragung im Grundsteuerkataster- oder Lagerbuch auf einem oder mehreren Grundbuchblättern (KommBer. Nr. 596 S. 8). Wenn hierbei auf die Rechtsprechung zum preußischen KAG. verwiesen wird, die diesen Begriff des „Grundstückes" als eines auf der wirtschaftlichen Einheit beruhenden Ganzen durchgebildet habe, so ist wohl daran gedacht, daß die Umlegung besonderer Steuern vom Grundbesitz nach dem gemeinen Werte erfolgen kann (§ 25 KAG.). Wenn auch keineswegs ohne Schwankungen (siehe E. vom 30. Oktober 1900 PrVerwBl. Bd. 22 S. 345), hat das preußische OVG. die Folgerungen aus dem Grundsatze gezogen, daß jedes eine wirtschaftliche Einheit bildende Grundstück nur als Ganzes geschätzt werden darf. Die Einheit bestimmt sich nicht wie bei der Ergänzungssteuer hauptsächlich nach den für die Nutzung getroffenen Einrichtungen, insbesondere nicht nach der vom Besitzer für seine Zwecke vorgenommenen Zusammenfassung der Grundstücke, sondern nach dem objektiven Zustande (E. vom 29. März 1904 PrVerwBl. Bd. 46 S. 63 und vom 15. Mai 1906 PrVerwBl. Bd. 28 S. 632). Die von dem Eigentümer für die Nutzung seines Besitzes getroffenen Einrichtungen sind allerdings entscheidend da, wo es sich darum handelt, eine Person nach dem Werte, den ihr Grundbesitz als Bestandteil ihres Vermögens hat, zu besteuern, aber sie verlieren an Bedeutung, wo es sich um die „Steuern vom Grundbesitz" des KAG. — und jetzt des Zuwachssteuergesetzes — handelt. Diese Steuern haben im Gegensatze zu der Ergänzungssteuer mit der Person der Grundbesitzer nur einen geringen Zusammenhang, stellen vielmehr, ähnlich wie die staatliche Grund- und Gebäudesteuer, eine ziemlich rein ausgebildete Objektsteuer dar, und deshalb muß für die Frage, was als Grundstück, als Besteuerungseinheit, in Betracht zu ziehen ist, der Regel nach wie bei jenen Staatssteuern im wesentlichen „der objektive Zustand entscheidend sein und nicht die Rücksicht auf den erst durch die Zugehörigkeit zu einem Vermögensganzen hergestellten wirtschaftlichen Zusammenhang mit anderen Grundstücken". Daraus folgert das OVG., daß als Wert des einzelnen Grundstückes nicht derjenige einzustellen ist, den es als Gegenstand der augenblicklichen Nutzung hat, sondern derjenige Preis, der für das Grundstück in seinem jetzigen Zustande (insbesondere als Ganzes), aber doch mit Rücksicht auf die Möglichkeit einer vorteilhafteren Verwertung erzielt werden kann. Auch ist eine Berücksichtigung derjenigen Erhöhung des Gesamtpreises nicht ausgeschlossen, die notwendig dann entsteht, wenn die einzelnen Teile nach ihrer objektiven Lage und Beschaffenheit sich zu einem besonderen, ihren Wert erhöhenden Gebrauche eignen (E. vom 3. Juli 1900 PrVerwBl. Bd. 22 S. 623); ob eine oder mehrere wirtschaftliche Einheiten vorliegen, bedarf im Zweifelsfalle besonderer Feststellung und Begründung, wobei der gegenwärtige Zustand maßgebend ist, die Möglichkeit künftiger Trennung außer acht bleibt (E. vom 23. Dezember 1902 PrVerwBl. Bd. 24 S. 466). Bildet eine Mehrheit von Grundstücken keine wirtschaftliche Einheit, so ist der Wert jedes einzelnen Grundstückes, ohne Rücksicht auf den des anderen besonders zu ermitteln und danach die zu entrichtende Grundsteuer festzusetzen (E. vom 20. Januar 1903 PrVerwBl. Bd. 24 S. 466). Der Begriff des Grundstücks als einer wirtschaftlichen Einheit hat auch bei Handhabung des RStempG. Anwendung gefunden und ist auch in einem Rundschreiben des Reichsschatzamtes an die Bundesregierungen als maßgebend zugrunde gelegt worden. In der Komm. wurde geltend gemacht, daß der Begriff des Grundstückes als einer wirtschaftlichen Einheit in Süddeutschland wenig geläufig sei; man verstehe dort unter einem Grundstücke eine einzelne Parzelle, die einzelne Lagerbuch- oder Katasternummer. Der Vertreter des preußischen Justizministers bat aber dringend, die inzwischen herausgebildete Praxis nicht durch Wahl eines neuen Ausdrucks zu durchbrechen und in Frage zu stellen. Da hierauf kein weiterer Widerspruch in der Komm.

erfolgte und auch die Praxis bei der Handhabung des preußischen KAG. und des RStempG. als maßgebend erklärt wurde, wird man als Willen des Gesetzgebers die Anwendung dieses Begriffs eines Grundstückes als einer wirtschaftlichen Einheit anzunehmen haben. Die bei der Anwendung entstehenden Schwierigkeiten werden nicht größer sein, als die bei Feststellung des gemeinen Wertes i. S. des § 25 KAG.

Das Bergwerkseigentum ist ebenso zu behandeln wie das an Grundstücken oder sonstigen Berechtigungen (vgl. die Erläuterungen zu § 2).

B. Das Grundstück muß im Inlande belegen sein. Von Bedeutung kann dies insbesondere werden, wenn an der deutschen Grenze sich eine Parzelle befindet, die mit einem jenseits der Grenze befindlichen Areal eine wirtschaftliche Einheit bildet (vgl. oben zu A.), so daß in diesem Falle eine Steuerveranlagung nicht eintreten dürfte.

C. Die Steuerpflicht tritt ein „beim Übergang des Eigentums". Es ist daher nicht ganz genau, wenn die Begr. S. 22 als Zeitpunkt des Eintritts der Steuerpflicht den Augenblick bezeichnet, in welchem der Grundeigentümer den Wertzuwachs in Geld oder Geldeswert umgesetzt erhält. Vielmehr tritt die Steuerpflicht mit der Erfüllung der rechtlichen Voraussetzungen für den Eigentumsübergang ein, während die Realisierung des Wertzuwachses sowohl vor wie nach Vornahme der rechtsförmlichen Akte stattfinden kann. Wenn ohne solche Akte durch einen Rechtsänderung bewirkenden Vorgang der Eigentumsübergang stattfindet, braucht jedenfalls der Zeitpunkt des letzteren nicht notwendig mit dem Wertzuwachserwerb zusammenzufallen. Da in dem § 1 nur der Eigentumsübergang an Grundstücken als Steueranlaß gegeben ist, scheidet an dieser Stelle die Frage aus, wie weit nicht nur der dingliche Rechtsvorgang der Übereignung, sondern auch das obligatorische Veräußerungsgeschäft die Steuerpflicht begründet. Hiervon ist bei der Erläuterung des § 2 zu handeln. Sicher ist jedenfalls, daß der Übergang des Eigentums, insbesondere beim gesetzlichen Regelfalle des freiwilligen Güterumsatzes durch die Auflassung und Eintragung, mehr als die obligatorischen Veräußerungsverträge in die Erscheinung tritt, und sich daher für die steuerliche Erfassung in besonderem Maße eignet. Unvollständig ist es aber, wenn die Begründung, welche dies (S. 22) feststellt, nur den dinglichen Rechtsvorgang der Übereignung und das obligatorische Veräußerungsgeschäft einander gegenüberstellt. Vielmehr sind auch alle anderen, Auflassung und Eintragung nicht erfordernden Eigentumsübergänge wesentlich. In Frage steht demnach Eigentumsübergang und nicht nur Übertragung des Eigentums. Deshalb ist auch Eigentumsübergang kraft Gesetzes steuerpflichtig. Ferner fällt unter den Begriff des Eigentumsüberganges der freiwillige und der zwangsweise, der reichsrechtliche wie der landesrechtliche, jedoch ist im einzelnen zu untersuchen, ob nicht kraft ausdrücklicher Gesetzbestimmung gewisse Arten des Eigentumsüberganges steuerfrei bleiben. Dies ist in der Tat in manchen Beziehungen der Fall. In folgendem sollen zunächst die Fälle des Eigentumsüberganges überhaupt geprüft werden und zwar im allgemeinen (I), hierauf die besonderen von nichtphysischen Personen usw. oder auf sie erfolgenden Eigentumsübergänge (II). Es kommen dann auch verschiedene Gesellschaftsformen in Frage.

I. Der Eigentumsübergang im allgemeinen.

Hier wird ein Unterschied zwischen physischen oder juristischen Personen, ob sie Erwerber oder Veräußerer sind, nicht gemacht.

A. Reichsrechtliche Formen des Eigentumsüberganges.

a) In erster Reihe steht der Normalfall der Eigentumsübertragung an einem Grundstücke durch Einigung des Berechtigten und des anderen Teils über den Eintritt der Rechtsänderung und deren Eintragung im Grundbuch (§§ 873, 925 BGB.). Erforderlich ist daher 1. Einigung, welche in Ansehung der dinglichen Rechtsänderung hier den Namen Auflassung führt. Sie ist ein sog. dinglicher Vertrag, ein von dem zugrunde liegenden materiellen Rechtsverhältnisse, dem Kausalgeschäfte, losgelöster abstrakter Rechtsakt. 2. Eintragung im Grundbuch. Eine Wertzuwachsbesteuerung findet also nur statt, wenn Einigung und Eintragung erfolgt sind. Regelmäßig folgt diese jener nach, sie kann aber auch vorangehen (§§ 879 Abs. 2, 892 Abs. 2 BGB.), z. B. bei Nichtigkeit der scheinbaren Einigung, die nach der Eintragung nachgeholt wird. Einigung ohne Eintragung bewirkt daher keinen Eigentumsübergang und keine Steuerpflicht, ebenso nicht Eintragung ohne Einigung (ev. findet Berichtigung des Grundbuches statt § 894 BGB.). Für den steuerrechtlichen Standpunkt ist die aus dem Grundbuche sich ergebende Rechtslage infolge der Vermutung der Richtigkeit des Grundbuchinhalts (Crome, System des bürgerlichen Rechts Bd. 3 S. 144) zunächst maßgebend. Jedoch muß sich der Steuerberechtigte gegenüber der Veranlagung alle Einwendungen gefallen lassen, die sich darauf beziehen, daß die Eintragung der wahren Sachlage nicht entspricht, daß demnach wahres Recht und Buchrecht nicht übereinstimmen. So, wenn eine Eintragung in Erwartung der demnächstigen Begründung des Rechts nachgesucht wird, während das betreffende Recht nachher nicht zustande kommt; oder das Rechtsgeschäft, in dessen Ausführung die Eintragung stattfand, sich als nichtig erweist oder durch Anfechtung zusammenfällt, odes er handelt sich um eine versehentliche Eintragung oder um die unterlassene Löschung des Eigentums (a. a. O. S. 109 Anm. 10). Meines Erachtens ist scharf zu unterscheiden, ob die Einigung (Auflassung), also das sachenrechtliche Geschäft oder das dieser Einigung zugrunde liegende obligatorische Geschäft, die Kausa, fehlerhaft, nichtig oder anfechtbar, ist.

aa) Was den letzteren Fall anbetrifft, so ist Gegenstand der Einigung der Eigentumsübergang. Die Kausa ist gleichgültig. Deshalb ist grundsätzlich die Frage nach dieser — Kauf, Tausch, Vergleich, Vermächtnis, Schenkung — gleichgültig. Von dieser bürgerrechtlichen Regel ist aber steuerrechtlich insofern eine Ausnahme zu machen, als das zugrunde liegende materiellrechtliche Verhältnis nach positiver Rechtsvorschrift von maßgebender Bedeutung sein kann, sodaß insbesondere Steuerfreiheit eintritt, wenn der Rechtsgrund der Auflassung Schenkung unter Lebenden ist, oder ein Rechtsgeschäft, das dem Erwerbe von Todes wegen im Sinne des ErbschStG. vom 3. Juni 1906 gleichsteht. Somit ist zwar bei der steuerlichen Heranziehung der gute Glaube des Grundbuches maßgebend, soweit ein Eigentumsübergang in Frage steht, der durch Auflassung und Eintragung erfolgen muß; wird jedoch die Steuerpflicht bestritten, so ist unter Umständen auf den möglicherweise Steuerfreiheit herbeiführenden Rechtsgrund der Einigung einzugehen. Da die Einigung durch rechtsgeschäftliche Willenserklärungen zustande kommt, unterliegt sie den allgemeinen Vorschriften dieser letzteren; lediglich nach BGB. sind deshalb die Fragen nach der Geschäftsfähigkeit, Wirkung von Betrug, Drohung, Schein, Handeln gegen die guten Sitten usw. zu beurteilen. Immerhin wird aus dem Grundsatze, daß die Einigung ein abstrakter Rechtsakt ist, als Regel folgen, daß der Eigentumsübergang, wenn die Einigung zustande gekommen ist, nicht berührt wird.

bb) Eine andere Frage ist die, ob die Einigung (Auflassung), d. h. der dingliche abstrakte Vertrag selbst kraft Gesetz oder kraft Anfechtung nichtig ist (bewußte oder unbewußte Willensmängel: geheimer Vorbehalt, Schein, Mangel an Ernstlichkeit, Irrtum, unrichtige Übermittlung, Täuschung und Drohung (§§ 116 ff., 139, 142 BGB.).

M. E. muß man unterscheiden zwischen den Fällen der Anfechtbarkeit und der Nichtigkeit. Die Anfechtbarkeit der Auflassung berührt die Steuerpflicht zunächst nicht. Der Steuerberechtigte hat sich lediglich an den äußeren Rechtszustand zu halten. Erst der infolge der Anfechtung rechtswirksam geschaffene neue Rechtszustand kann Anlaß zu einer Änderung oder Zurücknahme der Steuerveranlagung geben. Denn die rechtsgeschäftliche Sachveräußerung ist an sich schon der Eigentumsübergang und erfolgt durch die Auflassung. Bevor also z. B. infolge des Anfechtungsrechts eine Berichtigung des Grundbuchs gemäß § 894 BGB. stattgefunden hat, ist dessen Inhalt für den Steuergläubiger maßgebend. Die durch Täuschung oder Drohung erlangte Auflassung bewirkt ebenfalls Eigentumsübergang, an den allein sich der Steuerberechtigte halten muß, zumal die Anfechtung ja auch unterbleiben kann. Ebenso ist der Fall des Irrtums zu behandeln (vgl. übrigens E. des preußischen OVG. vom 5. Mai 1899; E. des Reichsgerichts i. Z. Bd. 63 S. 179, Bd. 66 S. 21). Eine Anfechtung wegen unrichtiger Übermittlung (§ 120 BGB.) dürfte hier wegen der Rolle, die die notarielle und gerichtliche Form spielt, kaum in Frage kommen.

Fraglich ist ferner, ob eine von Gesetzes wegen eintretende Nichtigkeit des dinglichen Vertrages bei der Steuerveranlagung oder deren Rückgängigmachung berücksichtigt werden muß, also insbesondere bei bewußten Willensmängeln, wie geheimem Vorbehalt, Schein, Mangel an Ernstlichkeit (§§ 116 bis 118), Formwidrigkeit (§ 125), Verbotswidrigkeit (§ 134), Sittenwiderlichkeit (§ 138), Geschäftsunfähigkeit (§§ 104 ff. BGB.) oder ob die Vermutung der Richtigkeit des Grundbuches Platz greift. Für die letztere Alternative spricht, daß bei der Steuererhebung ohne erhebliche Weiterungen nicht auf diese materiellen Rechtsverhältnisse zurückgegangen werden kann und daß die, die Nichtigkeit der Einigung begründenden rechtlichen Tatsachen dem Steuergläubiger in der Regel nicht bekannt sein dürften, ihm aber eine Nachforschung in dieser Hinsicht nicht zugemutet oder auferlegt werden kann. Anderseits ist jedoch für die Steuerveranlagung lediglich zu fragen, ob ein Eigentumsübergang stattgefunden hat. Liegt demnach eine totale Nichtigkeit des dinglichen Vertrages kraft Gesetzes vor, dann hat ein Eigentumsübergang, selbst bei erfolgter Eintragung, nicht stattgefunden. Deshalb ist die Steuerfreiheit geboten. Es hat also schon von vornherein die Veranlagung zu unterbleiben, wenn Kenntnis dieser totalen Nichtigkeit bei den Veranlagungsbehörden vorliegt. Die totale Nichtigkeit ist anerkanntermaßen vom Zivilrichter von Amts wegen, d. h. ohne daß es der Geltendmachung durch die Partei bedarf, zu berücksichtigen, wenn der festgestellte Tatbestand ihre Voraussetzungen enthält. Dasselbe gilt aber auch nicht nur für die Veranlagungsbehörden, wenn sie gänzlich zweifellose Kenntnis von dieser totalen Nichtigkeit haben, während in Ermangelung solcher Kenntnis für sie das Buchrecht maßgebend ist, sondern auch für den Verwaltungsrichter bei Entscheidung auf die Rechtsmittel gegen die Steuerveranlagung. Denn auch er hat nur zu fragen, ob ein Eigentumsübergang stattgefunden hat, und bei totaler Nichtigkeit muß er von der Abgabe freistellen.

Zu beachten ist auch noch, daß „aus dem obligatorischen Vertrage unter Umständen auf Vornahme der dinglichen Rechtswirkung geklagt werden kann. Die Rechtskraft des Urteils ersetzt dann die Einigung (§ 894 ZPO.). Übrigens kann auch die Klage sofort auf Eintragungsbewilligung gerichtet werden" (Crome a. a. O. S. 115 Anm. 48). Für den Steuergläubiger kommt es aber nicht darauf an, wie, sondern daß die Einigung rechtswirksam stattgefunden hat.

Wegen des Zeitpunktes der Steuerbefreiung ist § 142 BGB. wesentlich. Danach ist, wenn ein anfechtbares Rechtsgeschäft angefochten wird, es von Anfang an als nichtig anzusehen. Es ist deshalb die auf Grund der Vermutung der Richtigkeit des Grundbuches erhobene Steuer zurückzuerstatten, da durch die Anfechtung klargestellt wird, daß eine Einigung überhaupt nicht zustande gekommen ist. Die Rückerstattungspflicht ist bei totaler Nichtigkeit natürlich ebenfalls geboten, wenn zunächst ohne deren Kenntnis eine Veranlagung erfolgt sein sollte.

Die Frage der teilweisen Nichtigkeit (§ 139 BGB.) scheidet praktisch bei der Auflassung wohl aus.

Die Eigentumsübertragung als eine Form des Eigentumswechsels muß aber unter den Voraussetzungen und in den Formen der §§ 873, 925 BGB. erfolgen. Ausgeschlossen ist daher und begründet keine Steuerpflicht ein Vertragsantrag, der abgegeben ist unter der Bedingung einer sofortigen Zahlung einer bestimmten Summe, auch nicht einseitige notarielle Erklärungen, welche das Anerbieten, ein Grundstück zu verkaufen, darstellen und einem Dritten nur die rechtlich geschützte Möglichkeit gewähren, durch Annahme des Anerbietens das Grundstück zu erwerben (E. des preußischen OVG. vom 13. Februar 1906, PrVerwBl. Bd. 27 S. 610; vgl. jedoch auch § 5 Abs. 3 Ziff. 2 ZStG.).

b) In Frage kommen kann ferner Tabularersitzung des § 900 BGB. Danach erwirbt, wer als Eigentümer eines Grundstückes im Grundbuch eingetragen ist, ohne daß er das Eigentum erlangt hat, das Eigentum, wenn die Eintragung 30 Jahre bestanden und er während dieser Zeit das Grundstück im Eigenbesitz gehabt hat (§ 872 BGB.). Zum Beispiel kann es an der Einigung fehlen, da die zur Zeit der Auflassung abgegebene Erklärung fehlerhaft war, ohne daß dies dem Grundbuchamte bekannt gewesen wäre, z. B. von einem entmündigten Geisteskranken abgegeben war. Die dreißigjährige Frist wird in derselben Weise berechnet, wie die Frist für die Ersetzung einer beweglichen Sache (§§ 939 ff., 943 BGB.). Der Ablauf der Frist ist gehemmt, solange ein Widerspruch gegen die Richtigkeit der Eintragung im Grundbuch eingetragen ist (§ 899 BGB.). Die Wirkung der Tabularersitzung ist Eigentumsübergang kraft Gesetzes, sodaß die Veranlagung zur Zuwachssteuer auf den Zeitpunkt zurückgreifen kann, in dem sich die Tabularersitzung vollendet hat.

c) Die sog. Kontratabularersitzung (§ 927 BGB.) stellt den entgegengesetzten Fall dar. Der Eigentümer eines Grundstückes kann, wenn das Grundstück seit 30 Jahren im Eigenbesitz eines anderen ist, im Wege des Aufgebotverfahrens mit seinem Rechte ausgeschlossen werden. Die Besitzzeit wird in gleicher Weise berechnet wie die Frist für die Ersitzung einer beweglichen Sache. Ist der Eigentümer im Grundbuch eingetragen, so ist das Aufgebotverfahren nur zulässig, wenn er gestorben oder verschollen ist und eine Eintragung in das Grundbuch, die der Zustimmung des Eigentümers bedürfte, seit 30 Jahren nicht erfolgt ist. Derjenige, der das Ausschlußurteil erwirkt hat, erlangt das Eigentum dadurch, daß er sich als Eigentümer in das Grundbuch eintragen läßt. Mit dieser Eintragung, nicht schon mit dem Ausschlußurteil, ist dann auch der Zeitpunkt der Steuerpflicht gegeben.

d) Der Fall der Aneignung eines aufgegebenen Grundstückes (§ 928 BGB.) kommt ferner in Frage. Das Recht steht dem Fiskus des Bundesstaates zu, in dessen Gebiete das Grundstück liegt. Der Fiskus erwirbt das Eigentum dadurch, daß er sich als Eigentümer in das Grundbuch eintragen läßt. Die Bundesstaaten sind jedoch von der Steuerpflicht befreit (§ 30 Ziff. 3 ZStG.).

e) Eigentumsübergang im Wege der Zwangsvollstreckung. Durch Zwangsversteigerung nach § 90 des RG. vom 24. März 1897 erwirbt der Ersteigerer das Eigentum des versteigerten Grundstückes ohne Grundbucheintragung durch gerichtlichen Zuschlag. Dieser Zeitpunkt ist daher auch für die Entstehung der Steuerpflicht maßgebend (vgl. jedoch §§ 7 Ziff. 3 und 14 Ziff. 2 ZStG.).

Bezüglich der durch Zuschlag im Zwangsversteigerungsverfahren fällig werdenden Steuer vgl. die E. des Pr. OVG. vom 29. November 1909 Bd. 55 S. 110 und vom 13. Dezember 1909 Bd. 56 S. 5.

f) Mit dem Anfall der Erbschaft, d. h. mit dem Tode des Erblassers, geht der Eigentumserwerb beim Erbgange vor sich. „Der Erbe ist als solcher Rechtsnachfolger in alle Rechte und Ansprüche, die im Nachlaß enthalten sind, einschließlich selbst des Besitzes. Sogar das Eigentum an Grundstücken und sonstige dingliche Rechte gehen auf ihn von Rechts wegen, ohne Eintragung in das Grundbuch über" (Landsberg, Recht des BGB. 1904 Bd. 2 S. 1138). Der Erwerb von Todes wegen und das, was ihm gleich gilt, ist jedoch nach § 7 ZStG. steuerfrei gelassen (siehe die dortigen Erläuterungen).

Die Fälligkeit der Wertzuwachssteuer tritt dort, wo der Eigentumsübergang sich von Rechts wegen vollzieht, mit diesem Momente ein, ohne daß es der Veranlagung oder Heranziehung bedarf. Dies trifft insbesondere zu beim Eigentumserwerb durch Erbgang. Einen ähnlichen Fall behandelt die E. des Pr. OVG. vom 18. Oktober 1909 Bd. 55 S. 120.

g) Bei Begründung der allgemeinen Gütergemeinschaft werden das Vermögen des Mannes und das der Frau gemeinschaftliches Vermögen beider Ehegatten. Die einzelnen Gegenstände werden gemeinschaftlich, ohne daß es einer Übertragung durch Rechtsgeschäft bedarf (§ 1438 Abs. 1 und 2 BGB.). Jedoch ist Steuerfreiheit gemäß § 7 Ziff. 2 ZStG. vorgesehen (vgl. auch die verschiedenen Fälle der Güterrechtssysteme unten zu II zu e).

B. Landesrechtliche Formen des Eigentumsübergangs.

a) Die Enteignung. Vgl. Art. 109 EG. z. BGB. Das Eigentum des Grundstückes geht mit der Rechtskraft des Enteignungsbeschlusses auf den Enteigner über. „Einer Grundbucheintragung bedarf es regelmäßig nicht. Zuweilen ist der Eigentumsübergang von der Grundbucheintragung oder Zahlung der Entschädigungssumme abhängig (Crome, System Bd. 3 S. 339 Anm. 46). Nach eingetretener Rechtsänderung hat die Enteignungsbehörde regelmäßig das Grundbuchamt um Berichtigung des Grundbuches zu ersuchen. Der Zeitpunkt der Steuerpflicht tritt aber m. E. schon früher, nämlich beim Eigentumsübergang ein. Mit der vorläufigen Feststellung des Enteignungsplanes wird nach preuß. Recht die Verpflichtung der Beteiligten festgestellt, sich der Enteignung aus Gründen des öffentlichen Wohles zu unterwerfen. Die vorläufige Planfeststellung kann also als der allein maßgebende Zeitpunkt für die Steuerpflicht gelten. So in Übereinstimmung mit den E. des Pr. OVG. vom 28. Januar und 25. März 1909 Bd. 54 S. 121 und 122 Anm. daselbst. Von den einzelstaatlichen Enteignungsgesetzen seien folgende erwähnt: Preußen: G. vom 11. Juni 1874 über die Enteignung von Grundeigentum: Bayern: EnteignungsG. vom 17. November 1837 mit AG. z. ZPO. in der Fassung vom 26. Juni 1899 Artt. 16—26 und AG. z. BGB. Artt. 139, 166; Sachsen: AG. z. BGB. vom 18. Juni 1898 §§ 18—20; Württemberg: Enteignungs-G. 20. Dezember 1888 mit AG. z. BGB. Art. 209; Baden, EnteignungsG. vom 26. Juni 1899; Hessen, EnteignungsG. in der Fassung des AG. z. BGB. Art. 279 vom 26. Juli 1884, neue Fassung vom 30. September 1899; Mecklenburg-Schwerin: V. z. A. §§ 87—102; Mecklenburg-Strelitz: V. z. A. §§ 85—100; Oldenburg: AG. z. BGB. § 45; Braunschweig: AG. z. BGB. § 45; Sachsen-Altenburg: AG. z. BGB. §§ 49—51; Sachsen-Koburg-Gotha: AG. z. BGB. Art. 27; Schwarzburg-Rudolstadt: AG. z. BGB. Artt. 76—78; Schwarzburg-Sondershausen: EnteignungsG. vom 29. Juli 1899; Reuß ä. L.: AG. z. BGB. §§ 71—74; Reuß j. L.: AG. z. BGB. § 65; Bremen: Abänderungs-G. Art. 4, betreffend Änderung des G. über die Enteignung von Grundeigentum vom 16. April 1882; Hamburg: ExpropriationsG. vom 27. September 1899.

Die auf Grund des Art. 52 EG. z. BGB. zulässigen reichsrechtlichen Enteignungsfälle betreffen nicht die endgültige Entziehung des Grundeigentums, sondern nur Beschränkungen.

b) Die Fälle der Gemeinheitsteilung und Zusammenlegung von Grundstücken; Art. 113 EG. z. BGB. Die einzelstaatlichen Gesetze, die danach vorbehalten sind, sind äußerst reichhaltig. Neumann, Handausgabe des BGB., zählt allein für Preußen 61 Gesetze, Verordnungen usw.; hervorgehoben sei deshalb nur das Wichtigste: Preußen: Gemeinheitsteilungsordnung vom 7. Juni 1821; Deklaration hierzu vom 26. Juli 1847; G. vom 2. März 1850, betreffend die Ergänzung und Abänderung der Gemeinheitsteilungsordnung vom 7. Juni 1821 und einiger anderer über Gemeinheitsteilungen ergangenen Gesetze; besondere G. sind für die einzelnen Landesteile erlassen. Für

Bayern vgl. AG. z. BGB. Art. 153 (betreffend Änderung des G. vom 23. Februar 1868, über die Ablösbarkeit der auf Grund und Boden oder mit einer Gewerbsrealität verbundenen Ehehaftsverhältnisse); Art. 171 daselbst (Änderung des G. vom 29. Mai 1886, betreffend die Flurbereinigung). Für Württemberg: G., betr. die Ablösung der Realgemeinderechte und ähnlicher Rechte vom 28. November 1900; AG. z. BGB. Art. 211, betr. Änderungen des G. vom 30. März 1886 betr. Feldbereinigung. Für Baden vgl. AG. z. BGB. Art. 30, Art. 28 des G. vom 5. Mai 1856, die Feldbereinigung betr. Für Hessen vgl. AG. z. BGB. Art. 272; G. über die Umwandlung und Ablösung von Reallasten und Dienstbarkeiten vom 24. Juli 1899; VO. z. Ausführung des G. vom 24. Juli 1899, die Umwandlung und Ablösung von Reallasten und Dienstbarkeiten betr. vom 25. August 1900.

In der Regel geht das Eigentum mit der endgültigen Festsetzung des Auseinandersetzungsplanes auf die Berechtigten über, ohne daß es einer Eintragung in das Grundbuch bedürfte. Die Berichtigung des Grundbuches wird von der Auseinandersetzungsbehörde nachgesucht. Nach § 7 Ziff. 7 ZStG. wird aber die Zuwachssteuer nicht erhoben beim Austausch im Inland gelegener Grundstücke zum Zwecke der Zusammenlegung (Flurbereinigung), der Grenzregelung oder der besseren Gestaltung von Bauflächen (Umlegung), sowie bei Ablösung von Rechten an Forsten, wenn diese Maßnahmen auf der Anordnung einer Behörde beruhen oder von einer solchen als zweckdienlich anerkannt werden.

c) Buchungsfreie Grundstücke haben eine, von der gewöhnlichen Eigentumsübertragung abweichende Form. Art. 127 EG. z. BGB. bestimmt, daß die landesgesetzlichen Vorschriften über die Übertragung des Eigentums an einem Grundstücke, das im Grundbuche nicht eingetragen ist und nach den Vorschriften der Grundbuchordnung auch nach der Übertragung nicht eingetragen zu werden braucht, unberührt bleibe. Nach § 90 der Grundbuchordnung kann durch landesherrliche Verordnung bestimmt werden, daß die Grundstücke des Fiskus und gewisser juristischer Personen, die öffentlichen Wege und Gewässer, sowie solche Grundstücke, welche einem, dem öffentlichen Verkehre dienenden Bahnunternehmen gewidmet sind, nur auf Antrag ein Grundbuchblatt erhalten. Das Gleiche gilt von den Grundstücken eines Landesherrn und den Grundstücken, welche den Mitgliedern einer landesherrlichen Familie oder eines, den landesherrlichen Familien gleichstehenden Hause gehören. „Zur rechtsgeschäftlichen Übertragung des Eigentums ist auch bei diesen, vom Buchungszwange befreiten Grundstücken reichsrechtlich die gleiche Form (Auflassung und Eintragung in das Grundbuch) wie bei den nicht befreiten Grundstücken erforderlich, und zwar auch dann, wenn das Eigentum an eine Person übertragen wird, welche gleichfalls vom Buchungszwange befreit ist. Da indessen der Erwerber des Grundstückes, wenn er vom Buchungszwange befreit ist, jederzeit die Ausbuchung verlangen kann, so ist die jedesmalige Anlegung eines Grundbuchblattes in solchen Fällen eine überflüssige Formalität. Der Art. 127 gibt deshalb der Landesgesetzgebung die Möglichkeit, die Übertragung des Eigentums an einem buchungsfreien Grundstücke, wenn der Erwerber gleichfalls vom Buchungszwange befreit ist, abweichend von den Vorschriften des BGB., insbesondere der §§ 873, 925 zu regeln" (Planck, BGB. Bd. 6 S. 216 zu Art. 127). Wegen der buchungsfreien Grundstücke vgl. für Preußen: V. vom 13. November 1899 und AG. z. BGB. Art. 27; für Bayern: V. vom 1. Juli 1898 und AG. z. BGB. Art. 83; für Sachsen: V. vom 26. Juli 1899 § 5; für Württemberg: V. vom 30. Juli 1899 und AG. z. BGB. Art. 212; für Baden: V. vom 22. Oktober 1897 und AG. z. BGB. Art. 25.

d) Entziehung des von der Festsetzung neuer Fluchtlinien betroffenen Eigentums (§ 13 des Pr. G., betreffend die Anlegung von Straßen und Plätzen in Städten und ländlichen Ortschaften vom 2. Juli 1875).

e) Anlandungen nach §§ 223—241 Teil I Tit. 9 des Pr. Allgemeinen Landrechts.

f) Entstehende Inseln. §§ 242—262 daselbst.

g) Zugelandete und verlassene Flußbetten. §§ 263 bis 274 daselbst. Zu e) bis g) vgl. Art. 65 EG. z. BGB.

h) Konsolidation von Bergwerken (§ 41 Pr. Allgemeines Berggesetz). Es bestimmt jedoch § 7 Ziff. 8, daß die Zuwachssteuer nicht erhoben wird beim Austausch von Feldesteilen zwischen angrenzenden Bergwerken und bei der Vereinigung zweier oder mehrerer Bergwerke zum Zwecke der besseren bergbaulichen Ausnutzung, sofern sie nicht zum Zwecke der Steuerersparung erfolgen. S. auch § 2 am Ende.

II. Eigentumsübergang bei juristischen Personen, gewissen Gesellschaften und bei den verschiedenen ehelichen Güterrechtssystemen.

Es werden im folgenden die zu rechtlichen Zweifeln Anlaß gebenden Rechtsgestaltungen ins Auge gefaßt.

a) Juristische Personen. Keine rechtlichen Schwierigkeiten entstehen, wenn auf eine juristische Person Grundeigentum übergeht oder diese es überträgt; in beiden Fällen ist die Steuer fällig. Dasselbe ist auch zu sagen, soweit es sich um einen Eigentumsübergang im Verhältnis eines Gliedes einer Körperschaft zu dieser handelt. Doch bedarf es der Hervorhebung folgender Punkte.

aa) Eigentumserwerb durch eine Stiftung des BGB. §§ 80—88. Die rechtsfähige Stiftung ist existent geworden, wenn zu dem Stiftungsgeschäfte die Genehmigung des Bundesstaates, ev. des Bundesrats hinzutritt. Mit diesem Augenblicke würde die Steuerpflicht eingetreten sein. Aber Stiftungen unterliegen nach § 55 Abs. 3 des RG. vom 3. Juni 1906 der Erbschaftssteuer: „Einer Schenkung unter Lebenden steht gleich das in einem Stiftungsgeschäfte unter Lebenden von dem Stifter zugesicherte und auf die Stiftung übergegangene Vermögen". Es lag deshalb nahe, daß sie nicht gleichzeitig der Wertzuwachssteuer unterworfen werden sollte, da sonst auf diesem Umwege eine erhöhte Erbschaftssteuer eingeführt worden wäre. Dem entspricht es, daß das ZStG. § 7 Ziff. 1 die Steuer nicht erhebt „beim Erwerb auf Grund einer Schenkung unter Lebenden im Sinne des § 55 des ErbschStG., sofern nicht die Form der Schenkung lediglich gewählt ist, um die Zuwachssteuer zu ersparen".

Handelt es sich um eine Stiftung von Todes wegen, dann tritt Steuerfreiheit auf Grund des § 7 Ziff. 1 ein, da es sich um einen „Erwerb von Todes wegen" handelt.

bb) Handelt es sich um einen Verein mit wirtschaftlichen Zwecken, der durch die staatliche Verleihung, oder einen Verein mit idealen Zwecken, der durch Eintragung in das Vereinsregister Rechtsfähigkeit erlangt, so bestehen an sich ebensowenig Besonderheiten wie für diejenigen wirtschaftlichen Zwecken dienenden Vereinigungen, welche als juristische Person anerkannt sind: die Aktiengesellschaft (§ 210 HGB.), die Gesellschaften mit beschränkter Haftung (§ 13 des G. über die G. m. b. H.), die eingetragene Genossenschaft (EGenG. § 17), der Versicherungsverein auf Gegenseitigkeit (VersAufsG. vom 12. Mai 1901 § 15), eine Gruppe von Gesellschaftern der Kommanditgesellschaft auf Aktien (§ 320 HGB.; hierzu Cosack, Lehrbuch des Handelsrechts 7. Aufl. 1910 S. 662).

Immerhin können Verwicklungen dadurch eintreten, daß diese juristischen Personen nicht ein Grundstück kaufen oder verkaufen, sondern daß eine juristische Person in die andere übergeht und die hierbei in Frage kommenden Aktiven ein Grundstück enthalten. Es gestaltet sich dann, je nach den besonderen Bestimmungen des bürgerlichen und des Handelsrechts, die für solche Vereinigungen gelten, die Steuerfrage verschieden, wenn eine Einzelsukzession vorliegt, oder wenn es sich um eine Gesamtrechtsnachfolge handelt. Letztere kann von der Steuerpflicht nach dem ZStG. nicht getroffen werden. Beispiele bieten die folgenden Fälle. Zwei Aktiengesellschaften wurden miteinander verschmolzen (fusioniert). Die eine wurde von der anderen aufgenommen und dadurch, unter Übergang ihres ganzen Vermögens, zur Auflösung gebracht (§§ 305, 306 Abs. 1 HGB.). Hierbei sind Gegenstände der Veräußerung nicht die einzelnen Sachen, sondern das Vermögen als Ganzes und letzteres geht nicht erst durch die Auflösung der einzelnen Grundstücke über, sondern schon auf Grund des Gesetzes. Es liegt also Gesamtrechtsnachfolge vor. Dasselbe ist der Fall bei der Verstaatlichung, wenn das Vermögen einer Aktiengesellschaft als Ganzes vom Reich, einem Bundesstaat oder einem inländischen Kommunalverbande übernommen wird (§ 304 HGB.) und im Falle der Umwandlung einer Aktiengesellschaft in eine Gesellschaft mit beschränkter Haftung (G. betr. die G. m. b. H. §§ 80, 81). Anders liegt der Fall, wenn eine Individualsukzession vorliegt, also z. B. eine offene Handelsgesellschaft in eine Aktiengesellschaft übergeht und die bisherigen Inhaber der ersteren Grundstücke, die der offenen Handelsgesellschaft gehören, in die Aktiengesellschaft einwerfen. Hier werden die Grundstücke nicht behandelt wie bei der Gesamtrechtsnachfolge der erwähnten Fälle, daß mit der Eintragung des auf Verstaatlichung oder Verschmelzung gehenden Beschlusses der Übergang des Vermögens als erfolgt gilt (§§ 304 Abs. 4, 306 Abs. 1 HGB.). Besteuert wird aber nur der Eigentumsübergang an Grundstücken, nicht an einem Vermögen, in dem sich Grundstücke befinden. Deshalb ist im Falle der Gesamtrechtsnachfolge keine, in dem Falle der Singularnachfolge Steuerpflicht entstanden. Derselben Auffassung ist auch das Pr. OVG. in der E. vom 6. Juli 1898 Bd. 34 S. 78, vom 16. Februar 1900 PrVerwBl. Bd. 21 S. 431 und 18. Mai 1900 Bd. 37 S. 98. In dem vorletzten Urteil wird besonders betont, daß der zweite Fall nicht anders liegt, als wenn ein Einzelkaufmann sein Handelsgeschäft mit Firma in die Aktiengesellschaft einbringt. Dieser sowohl wie die beiden Sozien übertragen dann die einzelnen Vermögensstücke auf Grund eines Singulartitels an das Rechtssubjekt der Aktiengesellschaft und erhalten dagegen für ihre Person die Gegenleistung der Aktien.

Die Frage, ob eine Gesamtrechtsnachfolge vorliegt, ist nach den einzelnen, alle möglichen Varietäten aufweisenden Rechtsgeschäften zu beurteilen. Das Pr. OVG. hat in der Übereignung des Vermögens einer Aktiengesellschaft, einer Gesellschaft mit beschränkter Haftung oder einer Gewerkschaft an den Inhaber sämtlicher Aktien, Geschäftsanteile oder Kuxe nur die Realisierung eines schon bestehenden Rechts gesehen und angenommen, daß eine Veräußerung der zu dem Vermögen gehörigen Sachen nicht stattfand (E. vom 5. Juli 1901 PrVerwBl. 23 S. 202). Diese Ansicht ist unrichtig, weil die Aktiengesellschaft, Handelsgesellschaft m. b. H. und Gewerkschaft auch nach dem Auflösungsbeschlusse bis zur Beendigung der Liquidation als selbständiges Rechtssubjekt bestehen bleibt (bezüglich der Gewerkschaft RG. i. ZS. vom 30. November 1904 Bd. 59 S. 255). Damit die zum Vermögen der Gesellschaft (Gewerkschaft) gehörenden Sachen, insbesondere Grundstücke in das Eigentum des alleinigen Inhabers der Aktien usw. übergehen, bedarf es der Übertragung des Eigentums an den einzelnen Sachen, also bei Grundstücken der Auflassung und Eintragung im Grundbuch. Eine Gesamtrechtsnachfolge liegt nicht vor. So jetzt zutreffend auch das OVG. in der E. vom 21. Mai 1908 Bd. 52 S. 127 und bestärkend E. vom 6. Januar 1910 Bd. 56 S. 136 (vgl. übrigens auch § 7 Ziff. 8 ZStG.). Eine Einzelsukzession liegt natürlich vor, wenn die zum Vermögen einer Aktiengesellschaft oder Gesellschaft mit beschränkter Haftung gehörigen Grundstücke im Liquidationswege den Inhabern der Aktien überwiesen werden (§ 300 HGB.).

b) Was die nichtrechtsfähigen Vereine des § 54 BGB. angeht, auf die die Vorschriften über die Gesellschaft Anwendung finden, so sind sie vom Grundbuchverkehr ausgeschlossen. Eigentümer sind die Mitglieder zur gesamten Hand. Eintragungen in das Grundbuch können dementsprechend nur auf die Namen sämtlicher Mitglieder erfolgen. Steuerlich ist es nun von großer Wichtigkeit, ob beim Wechsel des Mitgliederbestandes ein Eigentumsübergang im Sinne des ZStG. stattgefunden hat oder nicht. Eintritt und Austritt führen grundsätzlich Erwerb und Verlust des Gesamthandeigentums herbei. Jene Frage zu bejahen, scheint eine besondere Härte zu bedeuten. Doch ist eine andere Entscheidung kaum möglich. Ein Ausweg ist jedoch leicht zu finden, wenn das Grundstück eines nichtrechtsfähigen Vereins auf den Namen eines Treuhänders geschrieben wird. Dadurch wird erreicht, daß der Mitgliederwechsel keinen Einfluß auf die Eigentumsverhältnisse am Grundstücke hat. Freilich kann ein Beschränkungsvermerk zugunsten des Vereins in solchem Falle nicht eingetragen werden (Gierke, Der nichtrechtsfähige Verein S. 22 Anm. 33a), doch kann vermerkt werden, daß Verfügungen nur mit Zustimmung namentlich benannter dritter Personen stattfinden dürfen.

c) Die offene Handelsgesellschaft ist — ebenso wie die gewöhnliche Kommanditgesellschaft, die stille Gesellschaft, die Reederei — echte „Gesellschaft" im Sinne des BGB. (§§ 705 ff.) ohne juristische Persönlichkeit (Cosack, Lehrbuch des deutschen Handelsrechts 7. Aufl. 1910 S. 662. Über die rechtliche Natur siehe die verschiedenen Meinungen bei Lehmann-Ring Bd. 1 S. 219; Laband, Zeitschrift für das gesamte Handelsrecht Bd. 31 S. 480; Lehmann, Lehrbuch des Handelsrechts 1908 S. 281; RG. E. i. ZS. Bd. 30 S. 152, Bd. 65 S. 231; Kober bei Staudinger zu § 718 Abs. 2 BGB. S. 627; Nagler, Sächs. Arch. Bd. 10 S. 695; Oertmann, Recht der Schuldverhältnisse 2. Aufl. § 718 S. 780; Sohm, Der Gegenstand S. 69—71; Staub, HGB. S. 386 Anm. 12, Exkurs zu § 122). Es handelt sich um eine Vereinigung mit Vermögen „zur gesamten Hand" (§§ 105 Abs. 2 HGB. mit §§ 718, 719 BGB.). Die offene Handelsgesellschaft ist zwar, wie das Reichsgericht zutreffend annimmt, keine besondere von derjenigen ihrer Mitglieder getrennte Rechtspersönlichkeit, wohl aber besteht ein eigenes, durch die Einlagen und den Erwerb gebildetes, von dem Privatvermögen gesondertes Gesellschaftsvermögen. Subjekte dieses Vermögens sind die Gesellschafter dergestalt, daß dem einzelnen weder ein nach ideellen Quoten geteiltes Miteigentum noch ein nach Quoten geteiltes Anteilsrecht an dem Inbegriffe des Vermögens, sondern nur ein zeitlich wachsender und erst bei seinem Austritt effektiv zu bestimmender Anspruch auf einen Wert- oder Summenbetrag zusteht. An den einzelnen Sachen des Gesellschaftsvermögens hat der einzelne Gesellschafter kein auch nur anteiliges Recht. Alle rechtlichen Funktionen des Eigentums sind in der Gesamtheit der Gesellschafter vereinigt, während zur Ausgleichung der Wertansprüche jedes Einzelmitglieds das Gesellschaftsvermögen die gemeinschaftlichen Mittel gewährt (E. i. ZS. Bd. 3 S. 57, Bd. 9 S. 144, Bd. 17 S. 368, Bd. 25 S. 256, Bd. 30 S. 152, Gruchots Beiträge Bd. 28 S. 249 Bd. 39 S. 1014).

Die Lage ist steuerrechtlich ebenso wie beim nichtrechtsfähigen Verein. Es tritt Wertzuwachssteuerpflicht ein, wenn ein einzelner Gesellschafter bei Gründung einer offenen Handelsgesellschaft ein Grundstück in diese einbringt. Hier scheidet die dem Vermögen der Gesellschaft einverleibte Sache nicht nur aus dem Sondervermögen des einen Gesellschafters aus, sondern durch die Einwerfung in das Gesellschaftsvermögen tritt an Stelle des einzelnen allein berechtigten Gesellschafters der Kreis der gemeinsam berechtigten Gesellschafter. Ebenso liegt der Fall, wenn die Miteigentümer eines Grundstückes oder mehrerer Grundstücke diese in eine unter ihnen zu bildende Gesellschaft einbringen, denn das besondere Verfügungsrecht des einzelnen hört auf. Beim Ausscheiden oder bei Auflösen der Gesellschaft entsteht nur ein Summen- oder Wertanspruch (vgl. auch RG. i. ZS. Bd. 50 S. 99, Bd. 65 S. 233, Bd. 68 S. 412 im Gegensatz zu der früheren unrichtigen E. Bd. 30 S. 152; Pr. OVG. Bd. 30 S. 79).

Ein besonderer Fall ist der, daß beim Ausscheiden eines Gesellschafters aus einer, nur aus 2 Personen bestehenden offenen Handelsgesellschaft die Aktiva und Passiva von dem anderen unter Fortführung des Geschäfts übernommen werden. Bedarf es hier des rechtsgeschäftlichen Übertragungsaktes der Auflassung gemäß § 873 BGB., sofern Grundstücke zum Gesellschaftsvermögen gehören? Die Frage hat das Pr. OVG. in der E. vom 12. Juni 1906 Bd. 48 S. 166 ff. bejaht, in älteren Entscheidungen jedoch (E. vom 10. Februar 1897 und 4. April 1902 Bd. 31 S. 43 ff., Bd. 41 S. 79 ff. und zuletzt in zwei E. vom 7. Januar 1908 Bd. 53 S. 127, 132 und PrVerwBl. Bd. 30 S. 443) verneint. Infolge von § 738 Satz 1 BGB. wird nach dem Ausscheiden eines Gesellschafters das Gesellschaftsvermögen Gesamteigentum der zurückbleibenden Gesellschafter. Der Eigentumswechsel vollzieht sich dann unmittelbar durch das Ausscheiden des Gesellschafters in der Weise, daß sein Anteil am Gesellschaftsvermögen dem Anteile der anderen Gesellschafter anwächst, von Rechts wegen, ohne daß es bei Grundstücken des rechtsgeschäftlichen Übertragungsaktes der Auflassung bedarf. Dieser Auffassung kann nicht beigetreten werden. § 738 BGB. setzt nach seinem Wortlaute das Fortbestehen der Gesellschaft voraus, während durch die Fortführung des Geschäfts durch einen Einzelkaufmann die offene Handelsgesellschaft aufgelöst wird. Das OVG. sagt zwar, daß in den besonderen Fällen des § 142 Abs. 3 HGB. der § 738 Satz 1 BGB. Anwendung finden müsse und daß hier vom Gesetzgeber ausdrücklich eine Folgerung gezogen sein soll aus dem Wesen des Eigentums zur gesamten Hand, das die Mitglieder einer offenen Handelsgesellschaft am Gesellschaftsvermögen haben und aus der damit zusammenhängenden eigenartigen Gemeinschaft in Verbindung mit dem Umstande, daß in jenen Fällen die Gesellschaft zwar aufgelöst, das Geschäft aber fortgeführt wird. Aber dann bleibt es noch eine im Gesetz nicht zum Ausdruck gekommene Folgerung, daß jene Konsequenz auch für den Fall gezogen werden muß, in dem die Auflösung der Gesellschaft durch Vereinbarung erfolgt. Der § 142 Abs. 3 HGB. ist in der Tat nur eine Sondervorschrift für besonders geartete Fälle und enthält nicht, wie das OVG. jetzt annimmt, nur die ausdrückliche Anwendung einer aus dem Gesetze sich ergebenden allgemeinen Rechtsnorm auf jene besonderen Fälle. Denselben hier angefochtenen Grundsatz hat der Gerichtshof dann in der E. vom 19. April 1909 Bd. 54 S. 111 angewandt für den Fall, daß der Gesellschafter einer Kommanditgesellschaft, die nur aus zwei Gesellschaftern, einem Kommanditisten und einem persönlich haftenden Gesellschafter besteht, sich in der Art auseinandersetzen, daß der eine aus dem Geschäfte ausscheidet und der andere, mag es auch der Kommanditist sein, das Geschäft mit Aktiven und Passiven übernimmt. Begründet wird dies dadurch, daß nach § 161 Abs. 2 HGB. auf die Kommanditgesellschaften die für die offene Handelsgesellschaft geltenden Vorschriften Anwendung finden, insofern nicht etwas anderes vorgeschrieben ist. Anwendung finde danach auch der § 142 HGB. und ferner ergebe sich aus dem § 161 a. a. O., daß auch die Kommanditisten am Gesellschaftsvermögen Anteile im Sinne eines Eigentums zur gesamten Hand haben (vgl. Staub, Kommentar zum HGB. § 161 Anm. 12, § 163 Anm. 10; vgl. auch Urteil vom 9. Dezember 1893 und vom 11. November 1903, E. des RG. i. ZS. Bd. 32 S. 399 ff., Bd. 56 S. 16 ff.). Wenn danach der § 738 BGB. zur Anwendung zu gelangen habe, sobald das Geschäft einer von zwei Gesellschaftern gebildeten Kommanditgesellschaft mit Aktiven und Passiven auf den Kommanditisten übergeht, so muß dasselbe auch dann gelten, wenn, wie im vorliegenden Falle, das Geschäft einer durch drei Gesellschafter gebildeten Kommanditgesellschaft von einem Kommanditisten mit Aktiven und Passiven übernommen wird, während die beiden anderen Gesellschafter aus dem Geschäfte ausscheiden. Im übrigen ist aber die gleichzeitig ausgesprochene Auffassung des OVG. in dieser E. vom 19. April 1909 richtig, daß dort, wo jeder Grundeigentumserwerb unter Lebenden einer Steuer unterworfen ist, auch der Eigentumserwerb eines Kommanditisten infolge Anwachsens der gesellschaftlichen Rechte steuerpflichtig ist. Dies ist auch für das ZStG. zutreffend.

Die Bestimmung des § 131 Ziff. 4 HGB., daß die Gesellschaft durch den Tod eines der Gesellschafter aufgelöst wird, wenn nicht der Vertrag bestimmt, daß die Gesellschaft mit den Erben des Verstorbenen fortgesetzt werden soll, hat nur die Bedeutung, daß die durch die Begründung und das Bestehen der Gesellschaft sowie durch den gemeinsamen Geschäftsbetrieb erzeugten Gesamtberechtigungen und Gesamtverpflichtungen im Falle des Todes eines Gesellschafters regelmäßig zu beseitigen waren. Zu diesem Behufe bedarf es eines besonderen Rechtsaktes, der Liquidation. Solange diese nicht stattgefunden hat, besteht die bisherige Gesamtberechtigung der Gesellschafter bezw. ihrer Erben an dem Gesellschaftsvermögen, als einem von dem Eigentume der einzelnen Gesellschafter verschiedenen Eigentume zur gesamten Hand fort und damit auch die Gesamtberechtigung an den Aktiven der Gesellschaft (E. des RG. i. ZS. Bd. 16 S. 2 ff., Bd. 28 S. 132 ff., Bd. 25 S. 252 ff., Bd. 27 S. 95). Das OVG. hat in der E. vom 29. November 1909 Bd. 55 S. 125 ff. zutreffend ausgesprochen, daß, wenn ein neuer Gesellschafter in eine bestehende Handelsgesellschaft aufgenommen wird, er damit der Gesamtheit der Gesellschafter hinzutritt. Damit wird er Teilhaber an den Rechten, welche dieser Gesamtheit an dem Gesellschaftsvermögen bisher zugestanden haben und damit auch Eigentümer zur gesamten Hand an den zum Gesellschaftsvermögen gehörenden Grundstücken. Dieser Rechtserwerb vollzieht sich ohne weiteres durch den Eintritt, durch die Aufnahme des neuen Gesellschafters in die Gesellschaft, und mit dieser Aufnahme ist eine Veräußerung, welche die Gesellschaftsgrundstücke als solche zum Gegenstande hat, nicht verbunden. Die rechtsgeschäftliche Veränderung im Gesamteigentumsverhältnisse kann als Eigentumswechsel nicht angesehen werden und hat auch nicht einen solchen zur Folge. Weder das ganze Grundstück, noch ein bestimmter Teil desselben wechselt in dem hier gegebenen Falle den Eigentümer. Eigentümer bleibt vielmehr eine Gesamtheit von Gesellschaftern in ihrer Eigenschaft als Gesamtheit.

d) Die steuerrechtlichen Verhältnisse der Gesellschaft des bürgerlichen Rechts bestimmen sich ebenso wie die der offenen Handelsgesellschaft; vgl. oben c) S. 44. Besonders zu beachten ist aber die Steuerfreiheit in den Fällen des § 7 Ziff. 5 und 6 ZStG.

e) Zuwachssteuer und Güterrechtssysteme

aa) Bei der Begründung, Änderung, Fortsetzung und Aufhebung der ehelichen Gütergemeinschaft (§§ 1437 ff., insbesondere 1438 BGB.) wird die Zuwachssteuer nicht erhoben (§ 7 Ziff. 2 ZStG.). Nicht anwendbar sind daher die Grundsätze des OVG. in den E. vom 2. März und 11. Juni 1908 Bd. 52 S. 118 und 129, daß Eigentumserwerb vorliegt, wenn durch vertragsmäßige Einführung der allgemeinen Gütergemeinschaft ein Ehegatte das Miteigentum zur gesamten Hand an einem von dem im alleinigen Eigentume des anderen Ehegatten stehenden Grundstückes erwirbt; daß bei Auflösung der ehelichen Gütergemeinschaft durch Auseinandersetzungsvertrag die Überweisung eines Grundstückes aus dem Eigentum zur gesamten Hand an einen Ehegatten als Alleineigentümer eine freiwillige Veräußerung bildet und es sich deshalb bei der auf Grund eines solchen Vertrages erfolgenden Auflassung um einen auf Grund freiwilliger Veräußerung erfolgten Eigentumserwerb handelt. Dagegen ist auch nach dem ZStG. für steuerpflichtig zu erachten der Erwerb eines Grundstückes eines Dritten durch einen Ehegatten während der allgemeinen Gütergemeinschaft oder die Übertragung eines bisher einem Ehegatten gehörigen Vorbehaltsgutes (Grundstückes) auf das Gesamtgut.

bb) Handelt es sich um das Gesamtgut der fortgesetzten Gütergemeinschaft und der Errungenschaftsgemeinschaft, so gelten dieselben Grundsätze wie zu aa), weil nach § 1485 Abs. 3 bezw. § 1519 Abs. 2 auf das Gesamtgut gewisse Vorschriften über die allgemeine Gütergemeinschaft, insbesondere der § 1438 Abs. 2 und 3 Anwendung zu finden haben.

cc) Die Fahrnisgemeinschaft kommt (§§ 1549 ff.. BGB.), da es sich um Grundstücke handelt, nicht in Frage.

dd) Beim gesetzlichen Güterrecht des BGB. wird durch die Übertragung eines zum eingebrachten oder Vorbehaltsgute der Frau gehörigen Grundstückes auf den Ehemann, sowie eines im Vermögen des Mannes stehenden Grundstückes auf die Frau — natürlich in beiden Fällen erst recht auf einen Dritten — die Wertzuwachssteuer fällig. Es liegt dann der Fall I a vor (oben S. 32).

ee) Dasselbe gilt selbstverständlich bei dem System der Gütertrennung.

4. Der Ausdruck „gemäß den Vorschriften dieses Gesetzes" soll, wie sich aus der Entstehungsgeschichte des § 1 ergibt, die Auffassung bestätigen, daß der Satz „der ohne Zutun des Eigentümers entstanden ist" nicht einen zur Ableitung von Folgerungen geeigneten Begriff des „Unverdienten" darstellt, sondern nur das allgemeine Prinzip des Gesetzes formuliert und nur zur Auslegung in Zweifelsfragen dienen soll. Dagegen ist das, was Wertzuwachssteuer ist, nach den besonderen Vorschriften des ZStG. jeweils klarzustellen.

5. Erläuterungen zu Abs. 2. a) Zu Satz 1 und 2. Es ist hier ein allgemeiner Steuerfreiheitsgrund gegenüber den besonderen sachlichen und persönlichen Steuerfreiheitsgründen (§§ 7, 30, 63) festgesetzt. Er richtet sich nach dem Veräußerungspreise; beträgt dieser bei bebauten Grundstücken nicht mehr als 20 000 Mk., bei unbebauten Grundstücken nicht mehr als 5000 Mk., so bleibt der Eigentumsübergang von der Steuer frei. Wird nur ein Teil eines Grundstückes veräußert, so ist nicht dessen Veräußerungspreis, sondern der Wert des Gesamtgrundstückes maßgebend und bewirkt Steuerbefreiung vor Erreichung jener bezeichneten Beträge. Unter „Gesamtgrundstück" ist hier nichts anderes zu verstehen als unter „Grundstück" im Abs. 1, d. h. ein Grundstück als wirtschaftliche Einheit; das Wort „Gesamtgrundstück" zeigt nur den Gegensatz an zu den Teilen des Grundstücks. Die Sonderbestimmung bezüglich der Teilgrundstücke soll verhüten, daß jemand das eine wirtschaftliche Einheit bildende Grundstück, das mehr als 20 000 Mk. bezw. 5000 Mk. wert ist, in einzelnen Stücken, die diese Summen nicht erreichen, veräußert, um sich der Zahlung der Wertzuwachssteuer zu entziehen.

Der 2. Satz ergibt, daß man nicht nur unbebaute Grundstücke schlechthin, d. h. solche, die — von einer auf ihrem Boden stehenden Umzäunung abgesehen — lediglich Erdoberfläche sind, sondern auch solche Baustellen gemeint hat, die nur Bauwerke untergeordneter Art besitzen. Gartenhäuser, Schuppen, Lagerstätten sind ausdrücklich angeführt, daneben wird von „ähnlichen, zu vorübergehenden Zwecken dienenden Baulichkeiten" gesprochen. Man wird Holzställe, Verschläge, überhaupt solche Bauwerke hierher zu rechnen haben, die dem Boden nicht den Charakter eines Gebäudegrundstückes im Sinne des praktischen Lebens verleihen. Der „vorübergehende" Zweck darf nicht zu eng gefaßt werden, da oft jahrelang Schuppen, leichte Holzbauten und ähnliches auf unbebauten Grundstücken stehen bleiben. Vielmehr ist zu unterstellen, daß der „endgültige" Zweck im Bebautwerden liegt. Eine Baustelle, die mit solchen Bauwerken besetzt ist, die zum Zwecke der Errichtung eines Gebäudes abgebrochen werden sollen, ist daher als „unbebaut" zu erachten. Der Entwurf hatte in § 15 Abs. 2 folgende Definition vorgesehen: „Als unbebaut gelten auch solche Grundstücke, auf denen sich Gartenhäuser, Schuppen, Scheunen, Lagerstätten und ähnliche zu vorübergehenden Zwecken dienende Baulichkeiten befinden. Hausgärten und Hofräume, die ihrer Lage und Zweckbestimmung nach zu einem bebauten Grundstücke gehören, sind als unbebaut nur anzusehen, wenn sie — einzeln oder in ihrer Gesamtheit — nach den örtlichen Verhältnissen als Bauplätze in Betracht kommen". Diese Begriffsbestimmung ist aber schon in der 1. Les. der Komm. gestrichen worden. Infolgedessen ist der Inhalt für die Auslegung jetzt nicht mehr maßgebend. Bei der soeben festgestellten Tragweite des § 1 Abs. 2 Satz 2 wird es auf den Einzelfall ankommen, ob Hausgärten und Hofräume als bebaute Plätze angesehen werden können. Das Wort „Scheunen" ist in der Komm. ausdrücklich gestrichen worden. Trotzdem wird es Tatfrage sein, ob ein Grundstück mit einer Scheune ein bebautes ist. Es wird davon abhängen, ob sie nur vorübergehenden Zwecken dient.

b) Weitere Voraussetzungen der Steuerfreiheit. Die allgemeine Steuerfreiheit tritt aber nicht bei allen Personen ein. Vielmehr sind noch folgende Bedingungen vorgesehen:

aa) Der Veräußerer und sein Ehegatte darf im letzten Jahre nicht ein Einkommen von mehr als 2000 Mk. gehabt haben,

bb) auch nicht den Grundstückshandel gewerbsmäßig betreiben.

Zu aa): Aus der Fassung ergibt sich nicht klar, ob das Einkommen des Veräußerers und seines Ehegatten zusammen 2000 Mk. nicht übersteigen darf oder ob gesagt sein soll, daß weder der Veräußerer noch sein Ehegatte ein höheres Jahreseinkommen als 2000 Mk. haben soll. Man wird das letztere anzunehmen haben. Daß es sich um ein steuerpflichtiges Einkommen handeln muß, ist nicht gesagt, auch nicht erforderlich. Dies ist wichtig wegen des abzugsfähigen Einkommens, sodaß die 2000 Mk. von dem gesamten Einkommen zu berechnen sind.

Zu bb): Gewerbsmäßiger Betrieb des Grundstückshandels. Ein solcher Betrieb liegt vor, wenn eine gleichmäßig fortgesetzte, berufsmäßige Tätigkeit in Frage kommt, die in dem von vornherein auf Wiederveräußerung mit Gewinn gerichteten Ankauf von Grundstücken und deren tatsächlichem Verkauf besteht. Getroffen ist der gewerbsmäßige Betrieb des Handelns mit ländlichen Grundstücken (§ 35 Abs. 2 GewO.) wie mit städtischen. Nicht für erforderlich halte ich, daß die Tätigkeit auf eigene Rechnung erfolgt. Es kann sich vielmehr auch um die für die Güterhändler tätigen Unterhändler handeln. Dann ist aber auch nicht zweifelhaft, daß die gewerbsmäßigen Vermittlungsagenten für Immobiliarverträge (§ 35 Abs. 2 GewO). von der Gesetzesvorschrift mit ergriffen werden. Dies muß umsomehr betont werden, als sonst gerade solche Leute als Strohmänner gebraucht werden könnten. Das Wort „gewerbsmäßig" in § 1 Abs. 2 ZStG. ist im weiten Sinne als „auf Erwerb gerichtete Tätigkeit" zu nehmen. Dagegen sind nicht irgend welche technischen Voraussetzungen eines Gewerbes erfordert.

c) Die Befreiungsvorschrift bezieht sich nicht auf juristische Personen, die zur Staatseinkommensteuer nicht veranlagt sind und deshalb geltend machen, daß sie kein steuerpflichtiges Einkommen von 2000 Mk. hätten. Die entgegengesetzte, in der Praxis des StempStG. Tarifstelle 11 vorkommende Auslegung wurde ausdrücklich als unanwendbar abgelehnt (Druckf. Nr. 515 S. 10).

d) Zu Satz 4. „Wird festgestellt, daß die Veräußerung für Rechnung eines Dritten erfolgt, so ist die Steuerfreiheit nur zu gewähren, wenn die Voraussetzungen für die Befreiung auch in der Person des Dritten vorliegen". Der Zweck der Vorschrift leuchtet ein: Es soll nicht jemand, der die Steuerfreiheit des § 1 Abs. 2 nicht genießt, sich des Vorteils erfreuen, der allein den nach dieser Vorschrift steuerfreien Personen zukommen soll. Erforderlich ist aber eine Feststellung, es genügt nicht eine bloße Vermutung, daß die Veräußerung für Rechnung eines Dritten erfolgt.

e) Einer weitergehenden Anregung in der Komm. (Druckf. Nr. 515 S. 6), die Anwendbarkeit des Gesetzes in solchen Gegenden auszuschließen, die keine Bevölkerungszunahme und deshalb auch keinen unverdienten Wertzuwachs aufweisen, wurde keine Folge gegeben. Die Absicht, den „kleinen Mann" zu schonen, ist zunächst nur in den Formen des Abs. 2 verwirklicht worden. Keine Aufnahme in das Gesetz fand der in 1. und 2. Les. der Komm. enthaltene Zusatz, daß bei einem Veräußerungspreise von 20 000 bezw. 5000 Mk. „ohne die im § 15 zugelassenen Abzüge" und auch nicht, daß „ein nicht mehr als 50 Prozent des Erwerbspreises betragender" Wertzuwachs von der Steuer frei sei. Jener Zusatz ist als selbstverständlich gestrichen worden, weil das Gesetz unter Veräußerungspreis stets diesen Preis ohne die Abzüge des § 15 versteht und aus dem Zusatz irrige Folgerungen für die Bedeutung dieses Wortes an anderen Stellen gezogen werden können.

§ 2.

Die Vorschriften dieses Gesetzes über Grundstücke finden Anwendung auf Berechtigungen, für welche die sich auf Grund-

4*

stücke beziehenden Vorschriften des bürgerlichen Rechts gelten: ausgenommen sind unbewegliche Bergwerksanteile.

1. Entstehungsgeschichte (vgl. zunächst oben S. 20 zu § 1 Anm. 1 C). Der Entwurf hatte im § 1 die Erhebung der Zuwachssteuer vorgeschlagen nicht nur beim Übergang des Eigentums an inländischen Grundstücken, sondern, wie auch in Tarifnummer 11 des RStempStG. „beim Übergang von Berechtigungen, für welche die sich auf Grundstücke beziehenden Vorschriften gelten", schon um die Möglichkeit einer Umgehung der Steuerpflicht zu verhüten. Die Vorschrift ist nunmehr im § 2 enthalten, wenn auch in erweiterter Form. Insbesondere ist neu, daß es sich jetzt um Berechtigungen handelt, für welche die auf Grundstücke sich beziehenden Vorschriften des bürgerlichen Rechts gelten. Im übrigen begründet es hierbei keinen Unterschied, ob die Gleichstellung auf Reichs- oder Landesrecht beruht. Besonders hervorgehoben wurden: Erbbaurecht (§ 1012 BGB.), Erbpacht mit Einschluß des Büdner- und Häuslerrechts (Art. 63 EG. z. BGB.). Daneben kommen nach Maßgabe der Landesgesetzgebung Bergwerkseigentum, Schiffsmühlengerechtigkeiten (vgl. Pr. Allgemeines Landrecht, Teil II Tit. 15 §§ 229, 230), Fischereigerechtigkeiten, Fährgerechtigkeiten, Apothekengerechtigkeiten, Wirtschaftsgerechtigkeiten u. a. m. in Betracht (vgl. Pr. AG. z. BGB. Art. 40, Pr. AG. z. GO. Artt. 22, 27, 28, Bayr. GewG. vom 30. Januar 1868 Art. 7).

2. Alle im ZStG. für Grundstücke erlassenen Vorschriften sind, soweit die Natur der Dinge es zuläßt, auch auf die in diesem Paragraphen bezeichneten Berechtigungen anzuwenden. Das trifft also nicht nur auf die materiellen Steuervorschriften zu, sondern z. B. auch auf den mit „soweit" beginnenden Satz des § 3 und die Vorschriften im § 38 (§ 30 des Entw.). Anders bezüglich der Befreiungsvorschrift des § 1 Abs. 2 Satz 1. — Die Komm. hat in der 3. Les. ausdrücklich beschlossen, die besondere Erwähnung der Berechtigungen in den weiteren Bestimmungen des G. durchweg zu streichen, und daß es ebenso zu halten sei mit der Gleichstellung der in § 3 genannten Anteilsrechte an Vereinigungen mit dem Eigentum an Grundstücken.

3. Es können auch solche Berechtigungen in Frage kommen, für die ein Grundbuchblatt nicht anzulegen ist.

4. „Ausgenommen sind unbewegliche Bergwerksanteile". Eine der wichtigsten Fragen betraf die Gleichstellung des Bergwerkseigentums mit dem Grundeigentum und die Kennzeichnung der unbeweglichen Bergwerksanteile als „Berechtigungen" im Sinne dieses Paragraphen oder Verneinung einer solchen Gleichstellung (Drucks. Nr. 596 S. 9 ff.). Die Bergwerksinteressenten machten geltend, daß das Bergwerkseigentum (§ 54 Pr. Allg. BergG.) lediglich die Berechtigung enthält, das verliehene Mineral auf seiner natürlichen Ablagerung aufzusuchen und zu gewinnen. Wer Bergwerkseigentum erwirbt, kauft damit kein Land. Die zur Begründung des Bergwerkseigentums erforderlichen Schürf- oder Bohrarbeiten sind bei der gegenwärtigen Praxis der Bergbehörden in hohem Maße schwierig, riskant, zeitraubend und kostspielig (§§ 2 und 15 a. a. O.). Was die Konsolidation, die reale Feldesteilung und den Feldesaustausch (§§ 41 und 51 daselbst) betrifft, so sind Zusammenschlüsse von Bergwerksfeldern oft unbedingt notwendig, um unter den heutigen Verhältnissen die verliehenen Mineralien überhaupt zur Hebung zu bringen. Bei der Verleihung läßt sich die Erstreckung der Lagerstätte in vielen Fällen gar nicht übersehen; in derartigen Fällen stellt die Konsolidation lediglich eine nachträgliche Korrektur der ersten Feldesstreckung und der Verleihung dar. Aus der Vergangenheit liegen in dieser Hinsicht in vielen Bergwerksbezirken Verhältnisse vor, die eine Verbesserung der Zustände dringend erheischen. Die einzelstaatlichen Regierungen haben es unterlassen, die längst notwendige Zwangs-Konsolidation zur wirksamen Erschließung der Mineralien einzuführen. Ein Besitzwechsel findet tatsächlich in derartigen Fällen meist gar nicht statt, vielmehr handelt es sich lediglich um die Vereinigung einer Anzahl Einzelfelder zu einem gemeinsamen großen Bergwerksfeld, an dem die Besitzer der Einzelfelder in einem näher vereinbarten Verhältnis beteiligt sind. Aus ähnlichen Erwägungen werden in anderen Fällen die reale Feldesteilung und der Feldesaustausch notwendig. Soweit abgetretene Teile später verkauft werden sollten, würden sie von selbst unter die Bestimmungen des ZStG. fallen. Der Feldesaustausch beruht aber auf gleichartigen Erwägungen wie die Konsolidation und muß auch wie diese behandelt werden. Von einem mühelosen und unverdienten Wertzuwachs kann, wie bei städtischen Grundstücksverkäufen, in allen diesen und ähnlichen Fällen gar nicht die Rede sein, möge auch das Rechtssubjekt sich ändern.

Diesen Gründen der Bergwerksinteressenten wurde dann noch hinzugefügt, daß ebensowenig wie der Besitzübergang von

Bergwerksfeldern auch der Verkauf von Bergwerksanteilen (Kuxen) der Besteuerung des ZStG. unterworfen werden dürfe. Die Gewerkschaft sei eine rein bergmännische Gesellschaftsform, die den Bedürfnissen des Bergbaues am meisten entspreche und sich steigender Beliebtheit erfreue. Die Bildung von Gewerkschaften sei deshalb nicht zu erschweren, vielmehr im Sinne der Berggesetzgebung nach Möglichkeit zu begünstigen. Ganz besondere Schwierigkeiten werde die Anwendung des G. auf den sogenannten Grundeigentümer-Bergbau bieten, z. B. auf die Braunkohle in Sachsen und in der Lausitz, auf das Kali in Hannover. Auch hinsichtlich des Risikos sei der Erwerb von Bergwerkseigentum mit dem Ankauf von Grundeigentum nicht zu vergleichen. Der Bergwerkseigentümer könne unter Umständen gezwungen werden, das Bergwerk in Betrieb zu setzen, und die neuzeitlichen Bestrebungen in den Einzellandtagen seien darauf gerichtet, den Zwang zur Inbetriebsetzung zu verstärken und die Stillegung von Gruben zu verhindern. Deshalb dürfe der Besitzwechsel, möge er sich durch Verkauf ganzer Grubenfelder oder durch Veräußerung von Bergwerksanteilen vollziehen, nicht erschwert, sondern müsse erleichtert werden, damit Bergwerksbesitzer, die den finanziellen Anforderungen des Betriebs nicht mehr gewachsen seien, sich ihren Verhältnissen entsprechend erleichtern könnten. Bei dem Erwerb von Grundeigentum sei ein derartiger, mit großem Risiko verbundener Zwang niemals vorhanden. Des weiteren sei der Bergwerksbesitzer schadensersatzpflichtig auch für solche Beschädigungen des Grundeigentums, die durch den Betrieb eines früheren Bergbaues nachträglich eintreten. Deshalb erwachse dem Erwerber eines Bergwerks eine Verantwortlichkeit, die mit dem Ankauf eines Grundstückes niemals verbunden sei. Es könne unter gewissen Voraussetzungen auch das Bergwerkseigentum gegen den Willen des Bergwerksbesitzers aufgehoben werden. Aus all diesen Gründen wünschten die Bergwerksinteressenten, die Wirkungen des G. sollten, falls es überhaupt auf das Bergwerkseigentum ausgedehnt werden würde, auf die Besitzübergänge von unverritzten Feldern beschränkt werden. Endlich bestände noch die Notwendigkeit, Bergwerke und Hüttenwerke zu gemeinsamen Unternehmungen zu vereinigen. Hierfür seien ähnliche Gründe maßgebend wie für die Konsolidation von Bergwerksfeldern. Gerade in den notleidenden Erzbergbaubezirken seien die Bergwerks- und Hütteninduſtriellen von den besorgten Staatsbehörden wiederholt auf die Notwendigkeit von Betriebsvereinigungen hingewiesen worden, also auf die Bildung gemischter Werke. Derartige Bestrebungen würden durch das Gesetz erschwert werden.

In der Komm. hat der Vertreter des Reichsschatzamts gegenüber diesen Ausführungen geltend gemacht: Es liege kein Grund vor, das Bergwerkseigentum anders zu behandeln als Grundstücke oder sonstige Berechtigungen. Der Einwand, daß der Wert des Bergwerks im Gegensatz zu Grundstücken sich aus dem Fortschreiten des Abbaues nicht steigere, sondern mindere, treffe die Sache nicht; sei der Wert des Bergwerks vermindert, so sei eben kein Wertzuwachs gegeben. An sich käme es bei diesem Gesetz ja nicht auf die Gegenüberstellung der Werte, sondern des Erwerbs- und Verkaufspreises an. Der Preis ließe sich aber bei dem Verkauf des Bergwerks ebenso feststellen wie bei Grundstücken. Komme es aber einmal auf den Wert, statt auf den Preis an, so müsse man wohl auf den gemeinen Wert zurückgreifen. Bei der Schätzung des gemeinen Wertes der von Gewerkschaften betriebenen Bergwerke würde der Wert der Kuxe ein wertvolles Hilfsmittel bilden; natürlich könne aber der Kurswert der Kuxe nicht dem gemeinen Wert, der der Steuerberechnung zugrunde liege, gleichgesetzt werden.

Das Ergebnis der Kommissionsverhandlungen (Drucks. Nr. 596 S. 8—12) war die Befreiung der unbeweglichen Kuxe mit der Begründung, daß sich eine unterschiedliche Behandlung der beweglichen und unbeweglichen Kuxe nicht rechtfertigen lasse. Vgl. noch bezüglich der Gewerkschaften §§ 3, 7 Ziff. 8, 14 Ziff. 3 („bergmännische Versuchs- und Ausrichtungsarbeiten").

§ 3.

Dem Übergange des Eigentums an Grundstücken steht gleich der Übergang von Rechten an dem Vermögen einer Gesellschaft mit beschränkter Haftung, einer Kommanditgesellschaft, Gewerkschaft, eingetragenen Genossenschaft, eines eingetragenen Vereins oder einer offenen Handelsgesellschaft, soweit das Vermögen der Vereinigung aus Grundstücken besteht, wenn entweder zum Gegenstande des Unternehmens die Verwertung von Grundstücken gehört, oder wenn die Vereinigung geschaffen ist, um die Zuwachssteuer zu ersparen.

1. Entstehungsgeschichte S. 56. — 2. Zweck S. 57. — 3. Gleichstellung des Eigentumsübergangs an Grundstücken mit der Übertragung von Rechten S. 58. — 4. Grundstücksvermögen der Vereinigung S. 58. — 5. a) „Verwertung" S. 59. — b) Gegenstand des

Unternehmens" S. 59. — 6. Ersparung der Zuwachssteuer S. 59. — 7. Steuergegenstand S. 59. — 8. Tragweite S. 59. — 9. Verhältnisse des § 3 zu § 1 Abs. 2 S. 60. — 10. Doppelbesteuerung S. 60.

1. Entstehungsgeschichte. Die Bestimmung lautete im Entwurf folgendermaßen: „Dem Übergange des Eigentums an Grundstücken und diesen gleichgearteter Berechtigungen steht gleich der Übergang von Rechten an dem Vermögen einer Gesellschaft mit beschränkter Haftung, einer Kommanditgesellschaft, Gewerkschaft, eingetragenen Genossenschaft, eines eingetragenen Vereins oder einer offenen Handelsgesellschaft, wenn zum Gegenstande des Unternehmens einer dieser Gemeinschaften die Verwertung von Grundstücken gehört, und soweit deren Vermögen aus diesen Gegenständen besteht". Der Unterschied gegenüber dem Gesetzestexte besteht darin, daß hinter die Worte „dem Übergange des Eigentums an Grundstücken" noch gesetzt war „und diesen gleichgearteter Berechtigungen". Daß dieser Zusatz fortfiel, war eine Folge des am Schlusse der Anm. 2 zu § 2 (siehe oben S. 52) erwähnten Beschlusses der Komm. 3. Les. — Schon in der 1. Komm.-Les. wurde der Antrag gestellt, den Schlußsatz wie folgt zu fassen: „wenn entweder zum Gegenstande des Unternehmens einer dieser Gemeinschaften die Verwertung von Grundstücken gehört, oder wenn die Gemeinschaft lediglich, um die Zuwachssteuer zu ersparen, geschaffen ist, soweit das Vermögen der Gemeinschaft aus Grundstücken und diesen gleichgearteten Berechtigungen besteht". Begründet wurde dies damit, daß einzelne Gesellschaften lediglich zu dem Zwecke gegründet würden, um für ein bestimmtes Grundstück die Zuwachssteuer dadurch zu ersparen, daß nicht das Grundstück, sondern die Anteile der Gesellschaft veräußert würden. Es sei zweifelhaft, ob in diesen Fällen die gesetzliche Voraussetzung, daß die Verwertung von Grundstücken zum Gegenstande des Unternehmens gehöre, als zutreffend erachtet werden könne. Immerhin wurde auch hervorgehoben, daß der Zusatz überflüssig sei, da der dabei berücksichtigte Fall auch von der Fassung des Entwurfes getroffen werde. Der Reichsschatzsekretär stellte ebenfalls fest, daß mit oder ohne Zusatz in allen Fällen zur Anwendung des § 3 ausreichend sei, wenn die Verwertung von Grundstücken entweder nach ausdrücklicher Bestimmung des Statuts, oder aber auch bei Fehlen einer solchen nach der tatsächlichen Geschäftsführung der Gemeinschaft zum Gegenstand des Unternehmens gehört. Der Antrag wurde jedoch angenommen. In der 3. Komm.-Les., die übrigens die Bestimmung als § 1b bezeichnete, erfolgte die Ersetzung des Wortes „Gemeinschaft" durch „Vereinigung". Dies hat jedoch

nur stilistische Bedeutung. Die ganze Bestimmung hatte bereits das preußische Ministerium des Innern früher den Kommunalverwaltungen zur Aufnahme in die Kommunalsteuerordnungen empfohlen. Der Paragraph setzt sich allerdings über hergebrachte juristische Begriffe hinweg, doch ist er zu billigen, da er zahlreiche Umgehungen der Steuer verhüten wird (vgl. auch Boldt S. 77).

2. Der Zweck der ganzen Vorschrift ist demnach, Umgehungen zu verhüten. Die Begr. S. 31 weist darauf hin, daß eine besonders verbreitete Form der Umgehung des Steuerfalls die Mobilisierung des Grundstückseigentums durch Einbringen des Grundbesitzes in Gesellschaften bildet. Das „Maklerbuch", Handbuch für den gesamten Bau-, Grundstücks- und Hypothekenverkehr, Berlin und Leipzig, 3. Aufl. 1908 S. 273 gibt über die Art des Verfahrens folgende Anleitung: „Die Wertzuwachssteuer ist dadurch zu umgehen, daß Verkäufer und Käufer eine G. m. b. H. bilden, in die das Grundstück ohne Werterhöhung seitens des Verkäufers inferiert wird, während der Käufer die bare Anzahlung einbringt. Demnächst erwirbt der Käufer vom Verkäufer dessen sämtliche G. m. b. H.-Anteile zu einem Kurse, der die Wertsteigerung des Grundstücks einschließt. Der Stempel und die Notariats- bezw. Gerichtsgebühren für Gründung der G. m. b. H. sind weit geringer als die Wertzuwachssteuer". Unter „Terraingesellschaften" heißt es: „Die projektierten Einführungen von Wertzuwachssteuern an vielen Orten haben dazu geführt, daß Konsortien, die Terrains relativ billig erworben hatten, diese mit überhoher Bewertung in eine Gesellschaft noch vor Inkrafttreten der Steuer zu inferieren versuchen, damit diese Steuern nicht den hohen Nutzen des Konsortiums, sondern den naturgemäß buchmäßig weit bescheideneren der Gesellschaft ergreifen".

Solchen Umgehungen, von denen die Gesellschaften in umfangreichem Maße Gebrauch gemacht haben, ist für die Zukunft dadurch entgegengetreten, daß der Übergang von Rechten an dem Vermögen einer Gesellschaft mit beschränkter Haftung dem Übergange des Eigentums an Grundstücken insoweit gleichgestellt ist, als der Gegenstand des Unternehmens die Verwertung von Grundstücken ist und ihr Vermögen hieraus besteht. Damit nicht andere Gesellschaftsformen gewählt werden, ist Vorsorge getroffen worden durch Ausdehnung der Vorschrift auf die Kommanditgesellschaften, Gewerkschaften, eingetragene Genossenschaften, offene Handelsgesellschaften und eingetragene Vereine. Bei der Aktiengesellschaft und Kommanditgesellschaft auf Aktien ist der Übergang ihrer Vermögensanteile, soweit die Aktien nicht auf den Namen lauten, jeder erfolgreichen Nachforschung entzogen und deren steuerliche Erfassung deshalb unmöglich. Aus diesem Grunde ist für diese beiden Gesellschaftsformen im § 3 nicht dasselbe wie für jene Vereinigungen bestimmt. Weitere durch diese Vorschrift gelassene Lücken, den unverdienten Wertzuwachs zu treffen, soll der § 64 (§ 52 Abs. 1 des Entw.) nach Möglichkeit ausfüllen.

3. Die Gleichstellung des Eigentumsübergangs an Grundstücken mit der Übertragung von Rechten an dem Vermögen der genauer bezeichneten Vereinigungen. Es handelt sich um eine Ausnahmevorschrift, die nur in den Fällen Platz greift, in denen die Gefahr der Umgehung vorliegt. Der Paragraph enthält eine allgemeine Bestimmung über die Steuerpflicht von Gesellschaften und deren Anteilsübertragungen schlechthin nicht. Die Voraussetzungen jener Gleichstellung sind:

a) Das Vermögen der Vereinigung muß in Grundstücken bestehen,

b) die Verwertung von Grundstücken muß zum Gegenstande des Unternehmens gehören, oder

c) die Vereinigung ist geschaffen, um die Zuwachssteuer zu ersparen. Dies ist im einzelnen zu betrachten.

4. Daß das Vermögen der Vereinigung aus Grundstücken bestehen muß, ist nicht dahin zu verstehen, daß sie nicht auch andere Vermögensgegenstände besitzen könnte. Sonst würde ja die Umgehung äußerst einfach sein, da nur irgend ein Gegenstand von Wert hinzuerworben werden müßte. Der Wortlaut des G. läßt also nur die Auslegung zu, daß die Grundstücke den Hauptgegenstand des Vermögens ausmachen müssen. Übrigens ist diese erste Voraussetzung nur im organischen Zusammenhange mit der zweiten zu verstehen, die auf den Grundstückshandel hinweist. Gedacht sind also Vereinigungen, die Grundstücke besitzen, um mit diesen ein Gewerbe zu betreiben. Es sind aber die gebrauchten Ausdrücke „Handel", „Gewerbe" nicht in rein juristischem Sinne, sondern in wirtschaftlichem Sinne zu verstehen, um einer mißbräuchlichen Auslegung der ersten Voraussetzung vorzubeugen. — Der Wortlaut bringt auch klar zum Ausdruck, daß nur der aus Grundbesitz bestehende Teil des Vermögens der fraglichen Vereinigungen der Besteuerung unterliegt.

5. Eine der alternativen Voraussetzungen ist, daß die Verwertung von Grundstücken zum Gegenstande des Unternehmens gehört. Darin liegt folgendes:

a) „Verwertung“ bedeutet den gegen Gewinn erfolgenden Umsatz, sowie die Nutzbarmachung jeder Art. Es handelt sich demnach nicht nur um Veräußerung, sondern um jeden Vorgang, der einen wirtschaftlichen Wert schafft oder überträgt. So ist die Verwertung durch Bebauung oder Vermietung möglich. Es handelt sich aber nicht um jede — z. B. bergmännische oder anderweite — Benutzung, sondern nur um eine solche, die auf eine Nutzbarmachung des Mehrwerts abzielt.

b) „Zum Gegenstande des Unternehmens“. Es muß sich um eine dauernde Zwecksetzung der Vereinigung handeln; demnach gehört sie nicht hierher, wenn sie nur gelegentlich der Geschäftsveränderung oder -verlegung oder aus anderen, außerhalb der Grundstücksverwertung gelegenen Gründen ihren Besitz veräußert und dabei einen Gewinn erzielt. Z. B. fällt eine Bergwerksgesellschaft noch nicht deshalb unter § 3, weil sie gelegentlich gezwungen ist, zur Vermeidung des Ersatzes von Bergschäden, Grundstücke anzukaufen und dann wieder zu verkaufen. Solche Geschäfte sind an sich steuerpflichtig, machen aber die Bergwerksgesellschaft nicht zu einer Vereinigung i. S. des § 3. Etwas anderes ist es, daß für alte Kuxe keine Ausnahmebestimmung vorgesehen ist und daß deren Übertragung, ebenso wie der Übergang der neuen Kuxe unter den besonderen Voraussetzungen des § 3 pflichtig ist. Der regelmäßige Kuxenhandel ist durch diese Vorschrift nicht getroffen.

6. Die Vereinigung ist geschaffen, um die Zuwachssteuer zu sparen. Da es sich um eine Ausnahmevorschrift handelt, wird der Beweis dem Steuerberechtigten obliegen. Natürlich kann auch die verpflichtete Vereinigung, deren Lage durch die Beweispflicht hinsichtlich des Negativen äußerst schwierig sein würde, ihrerseits Tatsachen angeben, die die Befreiung von der Steuer ergeben.

7. Steuergegenstand. Für die Festsetzung des Zuwachses kommt in jedem Falle nur der Teil des Geschäftsanteils in Betracht, der dem aus Grundstücken oder grundstücksgleichen Rechten bestehenden Teile des Gesellschaftsvermögens entspricht. Begr. S. 34.

8. Tragweite der Gleichstellung der Übertragung von Rechten. Es ist die Steuerpflicht wie beim Übergange des

Eigentums an Grundstücken begründet. Dem Eigentumsübergange stehen die Fälle des § 3 gleich in zwei Beziehungen:

a) hinsichtlich der Rückwirkung § 62 (§ 51 des Entw.),

b) hinsichtlich der Bestimmung des Erwerbspreises für die Zeit vor dem Inkrafttreten des G. § 17 (§ 11 des Entw.).

Im Entw. § 52 war die Vorschrift enthalten, daß das Einbringen von Grundstücken in eine Gesellschaft in der Zeit vom 1. April 1905 bis zum 31. März 1910 als ein steuerfreier Vorgang i. S. des § 11 Abs. 1 des Entw. (jetzt § 17 des G.) gelten solle. In allen drei Les. ist dies beibehalten, nur der letzterwähnte Termin in den 11. April 1910 umgeändert worden. Im Reichstag fiel jedoch die Bestimmung in 1. und 2. Beratung und fehlt daher im entsprechenden § 64 des G.

9. Das Verhältnis des § 3 zu § 1 Abs. 2. Letztere Vorschrift kann sich auf die in § 3 gemeinten Anteile nicht beziehen. Wenn ein Grundstück zusammen mit einer darauf haftenden Berechtigung verkauft wird, so ist für die Befreiungsvorschrift kein Raum. Diese Beschränkung der Befreiungsvorschrift brauchte nicht besonders ausgesprochen zu werden, weil die Unterscheidung zwischen bebauten und unbebauten Grundstücken natürlich bei Rechten nicht nötig ist (Drucks. Nr. 596 S. 13).

10. Möglichkeit der Doppelbesteuerung infolge des § 3. Es kann die Zuwachssteuer bei Verkauf eines Anteils solcher Vereinigungen von dem dabei erzielten Gewinn nach Verhältnis des auf den Anteil entfallenden Teiles des aus Grundstücken bestehenden Vermögens der Gesellschaft erhoben werden und ferner dann, wenn die Gesellschaft selbst ein Grundstück verkauft, von dem hierbei erzielten Gewinn. Es können also einmal die Grundstücksgeschäfte dieser Vereinigungen und dann nochmals der Verkauf der Anteile besteuert werden (a. a. O. und Drucks. Nr. 515 S. 12). Wo hierdurch Härten entstehen, kann der Bundesrat aus Billigkeitsgründen Nachlaß von der Steuer gewähren. § 66 Abs. 1 (§ 55 Abs. 1 des Entw.). Ob man im übrigen von einer Doppelbesteuerung reden kann, ist zweifelhaft, weil auch die Einzelstaaten die Aktiengesellschaften und die Aktionäre besteuern können.

§ 4.

Die Steuerpflicht wird begründet durch die Eintragung der Rechtsänderung in das Grundbuch oder, wenn es einer solchen zum Übergange des Eigentums nicht bedarf, durch den Vorgang, der die Rechtsänderung bewirkt.

Sofern das Grundbuch noch nicht als angelegt anzusehen ist, tritt an die Stelle der Eintragung die Umschreibung in öffentlichen Büchern.

Der Bestimmung entsprechen im Entw. die Abs. 2 und 3 des § 1. Sie blieb durch alle Les. in der Komm. und im Plenum unverändert; nur wurden die ursprünglich enthaltenen Worte „oder der Berechtigung" nach „zum Übergange des Eigentums" gestrichen; vgl. oben Anm. 2 zu § 2 S. 52.

§ 5.

Erfolgt der Übergang des Eigentums nicht innerhalb eines Jahres nach Abschluß des zur Übertragung des Eigentums verpflichtenden Veräußerungsgeschäfts, so gelangt die Zuwachssteuer aus Anlaß dieses Rechtsgeschäfts und, falls innerhalb des einjährigen Zeitraums mehrere Rechtsgeschäfte dieser Art abgeschlossen worden sind, aus Anlaß des letzten Rechtsgeschäfts zur Hebung.

Die Steuerpflicht tritt im Falle des Abs. 1 mit Ablauf eines Jahres nach Abschluß des Veräußerungsgeschäfts ein; für die Veranlagung ist der Zeitpunkt maßgebend, in welchem das Rechtsgeschäft oder bei mehreren Rechtsgeschäften das letzte Rechtsgeschäft abgeschlossen ist.

Als Rechtsgeschäfte im Sinne des Abs. 1 sind auch anzusehen:

1. die Übertragung der Rechte der Erwerber aus Veräußerungsgeschäften;
2. die Übertragung von Rechten aus Anträgen zur Schliessung eines Veräußerungsgeschäfts, die den Veräußerer binden, sowie aus Verträgen, durch die nur der Veräußerer zur Schließung eines Veräußerungsgeschäfts verpflichtet wird;
3. nachträgliche Erklärungen des aus einem Veräußerungsgeschäfte berechtigten Erwerbers, die Rechte für einen

Dritten erworben oder die Pflichten für einen Dritten übernommen zu haben;

4. die Abtretung der Rechte aus dem Meistgebot und die Erklärung des Meistbietenden, daß er für einen anderen geboten habe;

5. Rechtsgeschäfte, durch die jemand ermächtigt wird, ein Grundstück ganz oder teilweise auf eigene Rechnung zu veräußern.

1. Entstehungsgeschichte. Im Entw. und in der Komm. 1. bis 3. Les. als § 2 bezeichnet; im übrigen unverändert geblieben bis auf die Streichung der Worte „oder der Berechtigung" an verschiedenen Stellen (vgl. Anm. zu § 4).

2. Zweck der Bestimmung. Würde man die Steuerpflicht auf den Eigentumsübergang beschränken, so würde der spekulative Grundstücksverkehr den häufig gewählten Weg beschreiten, durch obligatorisches Veräußerungsgeschäft die Grundstücke von Hand zu Hand zu übertragen und die förmliche Übertragung des Eigentums erst dann vorzunehmen, wenn dies zur Wahrung des grundbuchlichen Eigentumsrechts unerläßlich ist. „Das würde der in dem öffentlichen Glauben des Grundbuchs angestrebten Rechtssicherheit abträglich sein und die Entrichtung der Steuer nicht selten weiter hinausschieben, als im Interesse der Steuerveranlagung und -erhebung gelegen ist. Anderseits würde das Veranlagungsverfahren über das zulässige Maß an Umfang zunehmen, wenn zum Gegenstande der Besteuerung in gleicher Weise wie bei der Abgabe aus Tarifnummer 11 des RStempG. jeder obligatorische Veräußerungsvorgang genommen wird. Ein solcher ist deshalb dem Übergange des Eigentums nur insoweit gleichgestellt, als ihm nicht innerhalb eines Jahres nach seiner Vornahme die förmliche Eigentumsübertragung folgt, wobei, falls inzwischen mehrere derartige Geschäfte vorgenommen worden sind, für die Fristbemessung das erste, für die Abgabefestsetzung das letzte Geschäft maßgebend sein soll". Begr. S. 22.

3. **Zu Abs. 1.**

a) Veräußerungsgeschäft. In Frage steht ein Veräußerungsgeschäft, das zur Übertragung des Eigentums oder einer Berechtigung verpflichtet und der Übergang des Eigentums erfolgt nicht innerhalb eines Jahres (siehe zu b). Der Begriff des Veräußerungsgeschäfts ist zunächst allgemein festzustellen, sodann zu beachten, daß diesem Rechtsgeschäft des Abs. 1 die Rechtsgeschäfte des Abs. 3 gleich zu achten sind. In jener Beziehung gilt, daß in Frage kommen alle entgeltlichen obligatorischen Rechtsgeschäfte (nicht Schenkungen! § 7 Ziff. 1!), die unmittelbar oder mittelbar als Grundlage für den Übergang des Eigentums oder der Berechtigung zu dienen geeignet und in rechtswirksamer Form abgeschlossen sind.

b) Nach Annahme der Begr. S. 33 wird die Jahresfrist von dem ersten Rechtsgeschäfte, das nach Inkrafttreten des G. abgeschlossen wird, gerechnet, weil zu einer ungebührlichen Hinausschiebung der Auflassung und Eintragung wegen der hierbei eintretenden Steuerpflicht erst durch das Inkrafttreten des Reichsgesetzes Anlaß gegeben sei. Deshalb sei jenen Rechtsgeschäften lediglich für die Zukunft die Eigenschaft steuerpflichtiger Vorgänge beigelegt und für sie sowohl von der Rückwirkung (§ 51 des Entw.), als auch von einer Berücksichtigung bei Festsetzung eines vor dem Inkrafttreten des G. gelegenen Erwerbspreises abgesehen worden (§ 11 Abs. 3 Satz 2 des Entw.). Nun ist aber der § 51 des Entw. in seiner ursprünglichen Form nicht G. geworden. Vielmehr bestimmt der entsprechende § 62 Abs. 1 Satz 1: „Die Steuerpflicht nach Maßgabe dieses G. erstreckt sich auch auf die Rechtsvorgänge, die nach dem 31. Dezember 1910 bis zum Inkrafttreten des G. (d. i. der 1. April 1911) stattgefunden haben". Es ist also von der Rückwirkung schließlich nicht abgesehen worden. Dem entspricht auch die Änderung des § 11 Abs. 3 Satz 2 des Entw.; dieser hatte bestimmt, daß die Rechtsgeschäfte der im § 2 (jetzt § 5) bezeichneten Art einem steuerfreien Erwerbsvorgange gleichstehen, sofern sie vor dem Inkrafttreten dieses Gesetzes abgeschlossen worden sind. Jetzt heißt es in dem entsprechenden § 17 Abs. 2 Satz 2: „sofern sie vor dem 1. Januar 1911 abgeschlossen worden sind". Somit rechnet jetzt die einjährige Frist von dem ersten Rechtsgeschäfte, das nach dem 31. Dezember 1910 abgeschlossen worden ist. — Sind die Voraussetzungen zu a) und b) gegeben, so gelangt die Zuwachssteuer

c) aus Anlaß des zur Übertragung des Eigentums verpflichtenden Veräußerungsgeschäfts zur Hebung. Falls innerhalb des einjährigen Zeitraumes mehrere Rechtsgeschäfte dieser Art abgeschlossen worden sind, aus Anlaß des letzten Rechtsgeschäfts.

4. Zu Abs. 2. Nach dem 1. Januar 1911 wird die einjährige Frist durch das erste Rechtsgeschäft nach Eintritt eines Steuerfalls in Lauf gesetzt, während für die Festsetzung des Veräußerungspreises, sofern innerhalb des Jahres mehrere solcher Rechtsgeschäfte getätigt worden sind, das letzte Rechtsgeschäft vor Ablauf der Frist maßgebend ist. Die Steuerfestsetzung erfolgt in diesem Falle nach Beobachtung der Vorschriften des § 27 (§ 19 des Entw.). Die Steuerpflicht mit Abschluß des Veräußerungsvertrags eintreten zu lassen, wird damit gerechtfertigt, daß in gewissen Fällen, z. B. bei der Teilveräußerung eines mecklenburgischen Erbpachtrechts (§§ 5, 164—176 der mecklenb. AB. z. BGB. vom 9. April 1899) das Nutzeigentum an dem veräußerten Teile nicht unmittelbar an den Erwerber aufgelassen und übertragen, sondern zunächst der Grundherrschaft (dem Obereigentümer) durch Auflassung zurückgegeben und von diesem demnächst durch Erteilung eines Grundbriefes — also außerhalb des Grundbuchs — zu Erbpacht an den Erwerber verliehen wird. Es unterliegt keinem Zweifel, daß in solchem Falle die Steuer von dem Zuwachs zu berechnen ist, welchen der ursprüngliche Erbpächter bei der Veräußerung an den demnächstigen Erbpächter erzielt hat. Begr. S. 34.

5. Zu Abs. 3. Das Vorbild für diesen, Verhinderung der Steuerpflichtumgehung bezweckenden Absatz ist zunächst Tarifnummer 11 des RStempG. unter a Abs. 2, der von der Unterstellung von Grundstücksübertragungen unter die Grundwechselabgabe handelt. Die im folgenden gesperrten Worte entsprechen den Ziff. 1, 3, 2 des vorliegenden Paragraphen: „Beurkundungen von Übertragungen der Rechte der Erwerber aus Veräußerungsgeschäften, sowie Beurkundungen nachträglicher Erklärungen der aus einem Veräußerungsgeschäfte berechtigten Erwerber, die Rechte für einen Dritten erworben oder die Pflichten für einen Dritten übernommen zu haben, werden in betreff der Stempelpflichtigkeit wie Beurkundungen der Veräußerungen behandelt, sofern nicht der erste Erwerber das Veräußerungsgeschäft erweislich auf Grund eines Vollmachtsauftrages oder einer Geschäftsführung ohne Auftrag abgeschlossen hat, und die Übertragung der Rechte dieses ersten Erwerbers an den Dritten erfolgt. Dasselbe gilt von Übertragungen der Rechte aus Anträgen zur Schließung eines entgeltlichen Veräußerungsgeschäfts, die den Veräußerer binden, sowie aus Verträgen, durch die nur der Ver-

äußerer zur Schließung eines solchen Veräußerungsgeschäfts verpflichtet wird". Der Ziff. 4 des vorliegenden Paragraphen entsprechen die hier gesperrten Worte der Tarifstelle 11 zu a Abs. 1: „Kauf- und Tauschverträge und andere entgeltliche Veräußerungsverträge, einschließlich der gerichtlichen Zwangsversteigerungen, sowie der Abtretung der Rechte aus dem Meistgebot und der Erklärung des Meistbietenden, daß er für einen anderen geboten habe". Zu den Rechtsfolgen des § 5 Abs. 3 gehören also, abgesehen hiervon, Weiterveräußerungen, die in die Form von Abtretungen der Rechte des Erwerbers oder in die Form des Eintritts des Machtgebers in die vom Bevollmächtigten für ihn erworbenen Rechte gekleidet sind, sowie Zwischenveräußerungen durch Abtretung der Ansprüche aus Vertragsanträgen, aus Angebotsverträgen oder aus den Verkäufer einseitig bindenden Rechtsgeschäften. Die Abtretung aus Vertragsanträgen vollzieht sich, wie die Begr. S. 34 hervorhebt, meist derart, daß der Grundstücksbesitzer A dem B die Schließung eines Kaufvertrags anträgt (§§ 145 ff. BGB.), vielfach unter der Ermächtigung des B, die Rechte aus dem Angebot abzutreten. B macht hiervon Gebrauch und überträgt seine Rechte an C, dieser an D, und es erfolgt schließlich die Auflassung von A an D. Bei Abtretung aus Angebotsverträgen schließt der Grundstückseigentümer A mit B einen notariellen Vertrag ab, durch den er dem B oder einem von B zu bezeichnenden Dritten den Abschluß eines Kaufvertrages über sein Grundstück anbietet. Zur Annahme des Angebots wird eine bestimmte Frist gesetzt. Noch vor deren Ablauf ist ein Teil des Kaufgeldes zu zahlen, der im Falle der Nichtannahme des Angebots als verfallen gilt. Hat B in C einen Erwerber gefunden, so schließen A, B und C einen weiteren Vertrag, in welchem C den Vertragsantrag des A annimmt und an B eine Provision — meist die Preissteigerung — für die Zuführung des Grundstücks zahlt. Die Auflassung erfolgt unmittelbar von A an C.

§ 6.

Die Besteuerung wird nicht dadurch ausgeschlossen, daß ein nach diesem Gesetze steuerpflichtiges Rechtsgeschäft durch ein anderes Rechtsgeschäft verdeckt wird, insbesondere an die Stelle des Überganges des Eigentums ein Rechtsvorgang tritt, der es ohne Übertragung des Eigentums einem anderen ermöglicht, über das Grundstück wie ein Eigentümer zu verfügen.

Die Vorschrift fand sich weder im Entw. noch in den Komm.-Berichten, ist erst durch die zweite Beratung im Plenum (zunächst als § 3a bezeichnet) ins Gesetz gekommen.

§ 7.

Die Zuwachssteuer wird nicht erhoben:

1. beim Erwerbe von Todes wegen im Sinne der §§ 1 bis 4 des Erbschaftssteuergesetzes sowie beim Erwerb auf Grund einer Schenkung unter Lebenden im Sinne des § 55 des Erbschaftssteuergesetzes, sofern nicht die Form der Schenkung lediglich gewählt ist, um die Zuwachssteuer zu ersparen;

2. bei der Begründung, Änderung, Fortsetzung und Aufhebung der ehelichen Gütergemeinschaft;

3. beim Erwerb auf Grund von Verträgen, die zwischen Miterben oder Teilnehmern an einer ehelichen oder fortgesetzten Gütergemeinschaft zum Zwecke der Teilung der zum Nachlaß oder zum Gesamtgut gehörenden Gegenstände abgeschlossen werden, sowie beim Erwerb auf Grund eines Zuschlags, der in den vorgenannten Fällen bei Teilung im Wege der Versteigerung einem Miterben oder Teilnehmer erteilt wird;

4. beim Erwerbe der Abkömmlinge von den Eltern, Großeltern und entfernteren Voreltern;

5. beim Einbringen in eine ausschließlich aus dem Veräußerer und dessen Abkömmlingen oder aus diesen allein bestehende Gesellschaft des Bürgerlichen Gesetzbuchs oder Vereinigung der im § 3 bezeichneten Art. Die Steuerpflicht tritt ein, soweit nachträglich ein Gesellschafter aufgenommen wird, der nicht zu den Abkömmlingen des Veräußerers gehört;

6. beim Einbringen von Nachlaßgegenständen in eine ausschließlich von Miterben gebildete Gesellschaft des Bürgerlichen Gesetzbuchs oder Vereinigung der im § 3 bezeichneten Art. Die Vorschrift der Ziff. 5 Satz 2 findet entsprechende Anwendung;
7. beim Austausch im Inland gelegener Grundstücke zum Zwecke der Zusammenlegung (Flurbereinigung), der Grenzregelung oder der besseren Gestaltung von Bauflächen (Umlegung) sowie bei Ablösung von Rechten an Forsten, wenn diese Maßnahmen auf der Anordnung einer Behörde beruhen oder von einer solchen als zweckdienlich anerkannt werden;
8. beim Austausch von Feldesteilen zwischen angrenzenden Bergwerken und bei der Vereinigung zweier oder mehrerer Bergwerke zum Zwecke der besseren bergbaulichen Ausnutzung, sofern sie nicht zum Zwecke der Steuerersparung erfolgen.

Zu den Miterben im Sinne der Ziffern 3, 6 wird der überlebende Ehegatte gerechnet, der mit den Erben des verstorbenen Ehegatten gütergemeinschaftliches Vermögen zu teilen hat.

1. Entstehungsgeschichte und Zweck S. 67. — 2. Zu Ziffer 1 A. Erwerb von Todes wegen S. 73—83. — B. Schenkung unter Lebenden S. 83. — 3. Zu Ziffer 2 S. 85. — 4. Zu Ziffer 3 S. 85. — 5. Zu Ziffer 4 S. 86. — 6. Zu Ziffer 5 S. 87. — 7. Zu Ziffer 6 S. 87. — 8. Zu Ziffer 7 S. 87. — 9. Zu Ziffer 8 S. 87. — 10. Zu Abs. 2 S. 88.

1. Entstehungsgeschichte und Zweck. Die Vorschriften, welche die Ausnahmen von der Steuerpflicht festsetzen, fanden sich im Entw. § 4 und sind im großen und ganzen, nicht aber im einzelnen, unverändert geblieben. Die Abweichungen des Gesetzestextes von den ursprünglichen Vorschlägen werden bei den einzelnen Ziffern Berücksichtigung finden, während in dieser Anm. die allgemeinen grundsätzlichen Fragen behandelt werden. Der Zweck der Vorschrift ist, die steuerfreien Rechtsvorgänge zu bezeichnen, die sonst nach den grundlegenden Bestimmungen des G. (§§ 1, 3, 5) die Steuerpflicht herbeigeführt haben

würden. Die Rechtfertigung der Ausnahmen wurde teils darin gefunden, daß eine Gewinnverwirklichung fehlt, teils darin, daß die Fälle in nahem Zusammenhange stehen mit Vorgängen, bei denen eine Verwirklichung des Zuwachses nicht vorhanden ist. Man ging bei der Einbringung des Entw. davon aus, daß eine Umsetzung des Zuwachses in Geld oder Geldeswert nicht stattfindet beim Erwerbe von Todes wegen oder auf Grund einer Schenkung unter Lebenden, bei der Begründung und Fortsetzung der ehelichen Gütergemeinschaft, sowie beim Austausch zum Zwecke der Zusammenlegung von Grundstücken oder der besseren Gestaltung von Bauflächen. Es mußte verhütet werden, auf dem Umwege der Zuwachsbesteuerung eine, von den gesetzgebenden Faktoren nicht gewünschte Erweiterung des Erbschaftssteuergesetzes vom 3. Juni 1906 herbeizuführen. Schon in Tarifnummer 11 des RStempG. sind befreit u. a. Kauf- und Tauschverträge und andere entgeltliche Veräußerungsverträge zwischen Teilnehmern an einer Erbschaft zum Zwecke der Teilung der zu letzterer gehörigen Gegenstände. Zu den Teilnehmern an einer Erbschaft wird hier auch der überlebende Ehegatte gerechnet, der mit den Erben des verstorbenen Ehegatten gütergemeinschaftliches Vermögen zu teilen hat. Ferner sind stempelfrei Überlassungsverträge zwischen Eltern und Kindern, auch eingekindschafteten oder deren Abkömmlingen, sowie das Einbringen von Nachlaßgegenständen in eine ausschließlich von den Teilnehmern an einer Erbschaft gebildete Gesellschaft mit beschränkter Haftung. Auch das ZStG. will wegen des nahen Zusammenhangs mit der Erbfolge den Erwerb auf Grund von Verträgen zwischen Eltern und Kindern und außerdem die Teilung von Erbgemeinschaften steuerfrei belassen, schon um nicht mehrere Erben schlechter zu stellen als den Alleinerben. Die spätere steuerliche Erfassung des bisherigen Zuwachses ist jedoch durch diese Ausnahmebestimmung nicht ausgeschlossen, insofern, als beim nächsten Steuerfalle für die Festsetzung des Erwerbspreises auf den letzten steuerpflichtigen Vorgang vor Eintritt des steuerfreien Aktes zurückzugehen ist; § 17 Abs. 1 (§ 11 Abs. 1 des Entw.). Damit sind auch durch das G. die Zweifel erledigt, die bei der Beratung der Komm. 1. und 2. Les. den Rückgriff bei der Berechnung des Zuwachses über die nach § 7 (Entw. § 4) Ziff. 1 bis 6 steuerfreien Rechtsvorgänge hinaus, also die Frage betreffen, ob bei jener Berechnung dann, wenn der Veräußerer das Eigentum durch einen der bezeichneten Rechtsvorgänge erworben hat, auf den Wert zur Zeit dieses steuer*freien* oder, wie § 11 Abs. 1 des Entw. (jetzt § 17 Abs. 1) vorsah, darüber hinaus auf den Preis zur Zeit des letzten steuer p f l i c h t i g e n Rechtsvorganges oder den nach § 11 Abs. 2 und 4 des Entw. (jetzt § 17 Abs. 3 und 4) an dessen Stelle tretenden Wert zurückgegriffen werden soll. Ein Antrag 1. Komm.-Les. wollte für die Bemessung des Wertzuwachses von dem Werte zur Zeit des Erwerbs, also des Eigentumsüberganges gelegentlich des letzten Erbfalles ausgehen. Bei Annahme dieses Antrags würde die Steuer aufgehört haben, für weite Kreise wirksam zu sein. Wenn z. B. ein Eigentümer ein Grundstück vor den Toren einer großen Stadt vor Jahrzehnten zum Preise von 100 000 Mk. erworben hat, das nunmehr auf einen Wert von 2 Millionen Mk. gestiegen ist und er hinterläßt es seinen Kindern, so geht dem Reich und den Kommunen der ganze Wertzuwachs verloren, der während seiner Besitzzeit entstanden ist, wenn bei einer Weiterveräußerung der Wert von 2 Millionen und nicht der von 100 000 Mk. zugrunde gelegt würde. Durch die Einschiebung des Zwischengliedes des Eigentumsüberganges auf die Kinder würde der Wertzuwachs steuerfrei bleiben, was nicht in der Absicht des Gesetzgebers liegt. Dieser wollte vielmehr mit der Zubilligung der Steuerfreiheit „nicht die endgültige Befreiung der bis zum Eintritt des steuerfreien Vorgangs eingetretenen Wertsteigerung" aussprechen. „Die Erhebung der Abgabe wird lediglich so lange ausgesetzt, bis das Grundstück von einem steuerpflichtigen Vorgang betroffen wird". Begr. S. 23. Es fordert der Grundgedanke des Systems der Zuwachssteuer, daß, wenn die Steuerpflicht nur an den Akt der Veräußerung und deshalb nicht an den Eigentumsübergang durch Erbgänge geknüpft wird, auch für die Berechnung des Wertzuwachses auf die letzte Veräußerung und nicht auf den Erbgang zurückgegangen werden muß. Ein auch nach Annahme des G. sicherlich häufig zu erwartender Einwand, daß man auf dem Wege des ZStG. eine Erbschaftssteuer der Abkömmlinge herbeiführen könnte, geht fehl. Erbschaftssteuer liegt nur da vor, wo der Erbe selbst zum Gegenstande der Besteuerung gemacht wird; nach dem vorliegenden G. wird die Steuer jedoch nur erhoben, sobald der Erbe veräußert, vorher und in seiner Eigenschaft als Erbe bleibt er vollständig steuerfrei. Unzutreffend ist auch die Behauptung, es würde das ererbte Vermögen der Zuwachssteuer unterworfen. Denn beim Tode des Erblassers ist das Grundstück bereits mit einer bedingten Steuerlast versehen gewesen, da auch der Erblasser, wenn er seinerseits veräußert hätte, die Steuer hätte zahlen müssen. Dann würde der Erlös des Grundstückes auch nur um die Zuwachssteuer gekürzt auf den Erben übergegangen sein. Die Kinder setzen die Rechtspersönlichkeit des Vaters fort und deshalb haben sie auch die in der Person des Vaters begründete bedingte Steuerlast ihrerseits zu tragen (Drucks. Nr. 515 S. 14). Diese Grundauffassung begegnet sich mit der, aus der heraus man bei der Reichsfinanzreform die Besteuerung des Erbteils der Abkömmlinge abgelehnt hatte. Deshalb bedeutet auch die Annahme einer bedingten Steuerpflicht nicht, wie man von einer Seite gesagt hat, eine Verwechslung des abstrakten Besteuerungsrechts des Staats mit einem konkreten bereits zur Entstehung gelangten Steueranspruch. Daß letzterer erst entsteht, wo im Einzelfalle die gesetzlichen Voraussetzungen der Steuerpflicht sich erfüllt haben, ist richtig. Das ZStG. verlangt ja auch die Abgabe erst im Falle der Veräußerung. Aber das G. kann für diesen Zeitpunkt die Frage der Berechnung des Wertes in einer Weise ordnen, die auf eine Berücksichtigung des Wertes des letzten steuerpflichtigen Rechtsvorganges hinausläuft. Nicht verkannt wurde dagegen, daß die gesetzliche Regelung zu Härten führen und das Festhalten an der Vererbungssitte erschweren kann, die darin liegt, daß ein Erbe das Grundstück unter Abfindung der Miterben zu besonders günstigen Bedingungen übernimmt. Schon der Entw. hatte hier einen gewissen Schutz versucht, indem er darauf ausging, daß im Falle der Ziff. 3 („Erwerb auf Grund von Verträgen, die zwischen Miterben oder Teilnehmern an einer ehelichen oder fortgesetzten Gütergemeinschaft zum Zwecke der Teilung der zum Nachlaß oder zum Gesamtgute gehörenden Gegenstände abgeschlossen werden") der Vorgang für die Steuerpflicht auch insofern von Bedeutung sei, als die Auseinandersetzung den Miterben für die Abgabe von der bis dahin eingetretenen Wertsteigerung eine Haftung auferlegen sollte gemäß § 23 Abs. 2 des Entw., der dahin lautete: „Hat der Steuerpflichtige den Gegenstand bei der Auseinandersetzung eines Nachlasses oder des Gesamtguts einer Gütergemeinschaft als Miterbe oder Anteilsberechtigter erworben (§ 4, jetzt § 7, Ziff. 3), so haften die anderen Miterben oder Mitberechtigten nach Maßgabe ihres Anteils für die Abgabe von dem bis zur Auseinandersetzung eingetretenen Wertzuwachse neben dem Steuerpflichtigen als Gesamtschuldner". Dieser Haftung sollten sich schon nach dem Entw. durch Herbeiführung der Besteuerung nach der Auseinandersetzung die Miterben entschlagen können (§ 24). Danach hätten künftighin die an der Auseinandersetzung Beteiligten bei Bemessung der Abfindungssumme der Steuerpflicht des Erwerbers Rechnung tragen können. *§ 23 Abs. 2 ist aber schon in der 1. Komm.-Les. gestrichen worden und kam nicht in das G.* (siehe Erläuterungen zu § 32 unten

S. 142). — Beachtet ist aber im § 7 auch der Fall, daß aus der Einbeziehung des Zuwachses vor der Auseinandersetzung und aus der Haftung der Miterben Härten dadurch entstehen, daß die Auseinandersetzung zu einer Zeit abgeschlossen worden ist, zu der die reichsgesetzliche Regelung der Zuwachssteuer noch nicht bekannt war und von den Beteiligten bei den Vereinbarungen nicht in Rücksicht gezogen werden konnte. Es ist deshalb im § 54 Abs. 1 des Entw. vorgesehen worden, daß in den Fällen, in denen die Auseinandersetzung vor dem 1. April 1910 abgeschlossen ist, die bis dahin eingetretene Wertsteigerung insoweit steuerfrei bleibt, als sie auf die Anteile der Miterben entfällt. Demzufolge ist auch für deren Haftung kein Raum. Dem entspricht jetzt § 65 Abs. 1: „Hat vor dem 1. Januar 1911 eine Auseinandersetzung gemäß § 7 Ziff. 3 stattgefunden, so bleibt die Steuerpflicht für die Zeit vor der Auseinandersetzung auf den Anteil des Erwerbers beschränkt. Diese Vorschrift findet entsprechende Anwendung, wenn die Zuweisung an einen Erben unter Anrechnung auf den Erbteil auf letztwilliger Verfügung von Todes wegen beruht und der Erbfall vor dem 1. Januar 1911 eingetreten ist". — Soweit aber die Steuer beim späteren Eintreten eines pflichtigen Rechtsvorganges erhoben wird, ist sie unter Berücksichtigung des Preises zur Zeit des letzten steuerpflichtigen Erwerbs zu bemessen, wobei nach § 11 Abs. 3 des Entw. als steuerpflichtig auch vor dem Inkrafttreten des G. gelegene Erwerbsvorgänge zu gelten haben, die, wenn sie nach diesem Zeitpunkte angetreten wären, Anlaß zur Steuererhebung gegeben hätten. Dem entspricht jetzt der § 17 Abs. 2, jedoch mit der Änderung, daß Rechtsgeschäfte der im § 5 bezeichneten Art einem steuerfreien Erwerbsvorgange gleich stehen, sofern sie vor dem 1. Januar 1911 abgeschlossen worden sind, während der Entw. an Stelle dieses Termins die Worte „vor dem Inkrafttreten dieses Gesetzes" gestellt hatte.

Eine weitere, zur Vermeidung von Härten bestimmte Vorschrift ist die des § 11 Abs. 4 des Entw. (jetzt § 17 Abs. 4). In Fällen, in denen das veräußerte Grundstück mehrfach hintereinander infolge eines steuerfreien Rechtsvorganges den Eigentümer gewechselt hat, würde, wie die Begr. S. 23 darlegt, die uneingeschränkte Durchführung des erwähnten Grundsatzes vielfach den letzten Besitzer über Gebühr belasten und insbesondere, soweit die Zeit vor dem Inkrafttreten des G. maßgebend ist, die Festsetzung des Preises für eine Zeit notwendig machen, für die irgend welche Unterlagen über Preis oder Wert der Grundstücke nicht mehr vorhanden sind. Deshalb wurde es schon bei Einbringung der Vorlage für geboten gehalten, der-

Berücksichtigung früherer Erwerbspreise eine zeitliche Grenze mit der Maßgabe zu ziehen, daß bei Erwerbsvorgängen, die vor dieser Grenze liegen, der Wert des Grundstückes zu einem bestimmten Tage an die Stelle des Preises tritt. Als solcher soll künftighin der Zeitpunkt gelten, der 40 Jahre vor dem Eintritt der Steuerpflicht liegt. „Diese Vorschrift auch für die Zeit vor dem Inkrafttreten des G. anzuwenden und demgemäß bei der Bemessung des Wertzuwachses in den im ersten Geltungsjahr eintretenden Steuerfällen bis zu den Jahren 1870—71 zurückzugehen, wäre an sich nicht nur im Interesse des Ertrags der Abgabe erwünscht, sondern läge auch um deswillen besonders nahe, weil der werterhöhende Einfluß der Gründung des Reichs in letzter Hinsicht den Grund für dessen Beteiligung an der Zuwachssteuer abgibt. Dem steht indessen entgegen, daß für den überwiegenden Teil des Reichsgebietes die Ermittlung des Werts der Grundstücke in diesem Zeitpunkte schon jetzt im wesentlichen auf Schätzungen angewiesen sein würde, deren Unzuverlässigkeit einer ungleichmäßigen Behandlung Vorschub leistet. Aus diesem Grunde ist es zweckmäßig erschienen, vorbehaltlich der durch örtliche Besonderheiten gebotenen, im § 12 vorgesehenen Abänderungsbefugnis der Gemeinden, die Berücksichtigung von Erwerbspreisen für die Zeit vor dem Inkrafttreten des G. im allgemeinen nicht weiter als ein Vierteljahrhundert — bis zum Jahre 1885 — zu erstrecken (§ 11 Abs. 4 des Entw. jetzt § 17 Abs. 4 und 5) a. a. O. S. 23/24.

Die obigen Darlegungen zeigen, daß es notwendig ist, die Bestimmungen des § 7 im Zusammenhange mit anderen, etwaige Unbilligkeiten abschwächenden Vorschriften des Zuwachssteuergesetzes zu betrachten. Nur dann kommt man zu einer klaren Erkenntnis in die Absichten des G. und zu deren gerechter Beurteilung.

Im übrigen wird die Erörterung zu den einzelnen Ziffern ergeben, wieweit gegenüber dem Entw. eine Änderung, insbesondere Erweiterung eingetreten ist.

2. Zu Ziff. 1. Die Bestimmung ist mit einer ganz unbedeutenden stilistischen Änderung aus dem Entw. unverändert übernommen. Die Ziffer enthält zwei spezielle Regeln und eine generelle. Die erste betrifft den Erwerb von Todes wegen i. S. der §§ 1—4 des ErbschStG., die zweite den Erwerb auf Grund einer Schenkung unter Lebenden i. S. des § 55 des ErbschStG. und bestimmt für diese Fälle Steuerfreiheit; die dritte enthält eine Anordnung, daß, „um der Gefahr einer Umgehung der Steuerpflicht in der Form

der Schenkung tunlichst vorzubeugen, die Steuerfreiheit der Schenkung allgemein davon abhängig gemacht ist, daß nicht im Einzelfalle die Annahme der Umgehungsabsicht gerechtfertigt erscheint" Begr. S. 35. Die zwei ersten Regeln sind genauer zu betrachten.

A. Die Bezugnahme auf die §§ 1—4 des ErbschStG.[1]) ergibt (mit § 1369 BGB.), daß unter Erwerb von Todes wegen zu verstehen sind:

I. Erwerb durch Erbfolge. Diese beruht entweder auf Gesetz oder auf Verfügung von Todes wegen.

a) Das BGB. hat sich für die gesetzliche Erbfolge nach der sog. deutschen Parentelenordnung, auch Linealgradualsystem, gerichtet (§§ 1922 ff.). Parentel ist die Gesamtheit

---

1) § 1. Gegenstand der Erbschaftssteuer ist der Erwerb von Todes wegen.

Als Erwerb von Todes wegen gilt, außer demjenigen, was durch Erbfolge, durch Vermächtnis oder als Pflichtteil erworben wird:

1. Ein Erwerb, auf welchen die für Vermächtnisse geltenden Vorschriften des bürgerlichen Rechtes Anwendung finden, sowie dasjenige, was durch eine nach den Vorschriften des bürgerlichen Rechts als Verfügung von Todes wegen zu beurteilende Schenkung erworben wird;
2. ein Erwerb, welcher infolge der Vollziehung einer durch Verfügung von Todes wegen angeordnete Auflage oder infolge der Bewirkung einer Leistung, von welcher der Erblasser einen Erwerb von Todes wegen abhängig gemacht hat, oder, sofern der Erwerb der Genehmigung einer Behörde bedarf, infolge der Vollziehung einer Anordnung dieser Behörde erlangt wird.

§ 2. Als Erwerb von Todes wegen ist außerdem anzusehen:
1. was durch Rechtsgeschäft unter Lebenden mit der Bestimmung zugewendet wird, daß es auf den Pflichtteil angerechnet werden soll;
2. was als Abfindung für einen Erbverzicht (§§ 2346, 2352 BGB.) oder für die Ausschlagung einer Erbschaft oder eines Vermächtnisses gewährt wird.

§ 3. Als Erwerb von Todes wegen sind ferner anzusehen:
1. was durch den Eintritt eines Lehens- oder Fideikommißfalls erworben wird;
2. Bezüge aus Familienstiftungen, sofern sie infolge Todesfalls an den stiftungsmäßig oder gesetzlich dazu Berufenen gelangen, sowie der Erwerb des Vermögens einer solchen Stiftung, sofern das Vermögen infolge Erlöschens der Stiftung an den stiftungsmäßig oder gesetzlich dazu Berufenen gelangt;

derjenigen, die von einem gemeinsamen Stammesvater abstammen mit Einschluß dieses Stammesvaters. Die nähere Parentel schließt die entferntere aus, wie innerhalb der Parentel Gradesnähe maßgebend ist. Danach schließen also noch lebende Kinder ihre eigenen Kinder von der Erbfolge aus, desgleichen im Gegensatz zum gemeinen Recht die Eltern des Erblassers, dessen Geschwister. Diese sind mit dem Verstorbenen nur im zweiten Grade der Seitenlinie und jene im ersten Grade der geraden Linie verwandt. Um Härten gegenüber Nachkommen bereits verstorbener Erben zu vermeiden, ist das Repräsentationsrecht geschaffen worden. Die Enkel repräsentieren ihren Vater und erhalten den Anteil, den derselbe, falls er noch gelebt hätte,

---

3. Vermögensvorteile, die auf Grund eines von dem Erblasser geschlossenen Vertrags unter Lebenden von einem Dritten mit dem Tode des Erblassers unmittelbar erworben werden;
4. was als Abfindung für den Verzicht auf einen Erwerb der unter Nr. 1, 2 bezeichneten Art gewährt wird.

§ 4. Für die Steuerpflicht an Kindes Statt angenommener Personen und ihrer Abkömmlinge, soweit sich auf diese die Wirkungen der Annahme an Kindes Statt erstrecken, gelten außerdem folgende besondere Vorschriften:

Als Erwerb von Todes wegen ist auch anzusehen:

1. ein Erwerb, auf welchen die für den Pflichtteilsanspruch geltenden Vorschriften des bürgerlichen Rechts Anwendung finden;
2. was durch eine Zuwendung unter Lebenden erworben wird, sofern die Zuwendung von dem Erwerber bei einer Erbauseinandersetzung mit anderen Abkömmlingen des Zuwendenden nach gesetzlicher Vorschrift oder auf Grund einer bei der Zuwendung getroffenen Anordnung des letzteren zur Ausgleichung zu bringen sein würde.

Im Falle der Fortsetzung der ehelichen Gütergemeinschaft (§§ 1483 ff. BGB.) ist nach der Beendigung der fortgesetzten Gütergemeinschaft der einem anteilsberechtigten Abkömmling an dem Gesamtgute der fortgesetzten Gütergemeinschaft zustehende Anteil Gegenstand der Erbschaftssteuer in gleicher Weise, wie wenn der erstverstorbene Ehegatte zur Zeit der Beendigung der Gütergemeinschaft gestorben und der Anteil an dem Gesamtgute der gesetzliche Erbteil des Abkömmlings wäre. Als Erwerb von Todes wegen ist auch eine Zuwendung anzusehen, die einem anteilsberechtigten Abkömmling unter Lebenden gemacht wird, soweit die Zuwendung bei der Auseinandersetzung zur Ausgleichung kommen würde, sowie eine Abfindung, die einem Abkömmlinge dafür gewährt wird, daß er vor oder nach dem Eintritte der fortgesetzten Gütergemeinschaft auf seinen Anteil am Gesamtgute verzichtet.

erhalten würde, sie erben nach Stämmen. Für die ersten drei vom Erblasser, seinen Eltern und seinen Großeltern ausgehenden Ordnungen gilt die reine Linealfolge, von der vierten Ordnung an die Linealgradualfolge, weil die der entfernteren Ordnung, die unbeschränkte Durchführung des Eintrittsrechts, zu einer Zersplitterung des Nachlasses führen würde. Die erste Ordnung bilden die Abkömmlinge des Erblassers (§ 1924 BGB.). Ein zur Zeit des Erbfalls lebender Abkömmling schließt die durch ihn mit dem Erblasser verwandten Abkömmlinge von der Erbfolge aus. In der zweiten Ordnung sind Erben die Eltern des Erblassers und deren Abkömmlinge (§ 1925 BGB.). Leben zur Zeit des Erbfalls die Eltern, so erben sie allein und zu gleichen Teilen. Lebt zur Zeit des Erbfalls der eine Elternteil nicht mehr, so treten an die Stelle des Verstorbenen dessen Abkömmlinge. Die dritte Ordnung machen die Großeltern des Erblassers und deren Abkömmlinge aus (§ 1926). Lebt zur Zeit des Erbfalls ein Großelternpaar nicht mehr und sind von den Verstorbenen keine Abkömmlinge vorhanden, so erben die anderen Großeltern oder ihre Abkömmlinge allein. Gehört jemand in der ersten bis dritten Ordnung verschiedenen Stämmen an, so erhält er den in jedem dieser Stämme ihm zufallenden Anteil. Gesetzliche Erben der vierten Ordnung sind die Urgroßeltern des Erblassers und deren Abkömmlinge (§ 1928). Leben zur Zeit des Erbfalls Urgroßeltern, so erben sie allein, es werden also die Abkömmlinge von schon verstorbenen Urgroßeltern durch sie von der Erbfolge ausgeschlossen; mehrere erben zu gleichen Teilen ohne Unterschied, ob sie derselben Linie angehören oder nicht. Leben keine Urgroßeltern mehr, so erbt von ihren Abkömmlingen derjenige, der mit dem Erblasser dem Grade nach am nächsten verwandt ist; mehrere gleich nahe Verwandte erben zu gleichen Teilen. Gesetzliche Erben der fünften und ferneren Ordnungen sind die entfernteren Voreltern des Erblassers und deren Abkömmlinge (§ 1929), wobei zu beachten ist, daß ein Verwandter nicht zur Erbfolge berufen ist, solange ein Verwandter einer vorhergehenden Ordnung vorhanden ist. Der überlebende Ehegatte erbt neben Verwandten der ersten Ordnung zu einem Viertel, neben Verwandten der zweiten Ordnung oder neben Großeltern zur Hälfte der Erbschaft. Treffen mit Großeltern Abkömmlinge von Großeltern zusammen, so erhält der Ehegatte auch von der anderen Hälfte den Anteil, der sonst den Abkömmlingen zufallen würde (§ 1931). Sind weder Verwandte der ersten oder zweiten Ordnung noch Großeltern vorhanden, so erhält er die ganze Erbschaft. Das Erbrecht des überlebenden Ehegatten ist ausgeschlossen, wenn der Erblasser zur Zeit seines Todes auf Scheidung wegen Verschuldens des Ehegatten zu klagen berechtigt war und die Klage auf Scheidung oder Aufhebung der ehelichen Gemeinschaft erhoben hatte. Ist zur Zeit des Erbfalls weder ein Verwandter noch ein Ehegatte des Erblassers vorhanden, so ist der Fiskus des Bundesstaats, dem der Erblasser zur Zeit des Todes angehört hat, gesetzlicher Erbe (§ 1936), soweit nicht nach früherer landesgesetzlicher Vorschrift an Stelle des Fiskus eine Körperschaft, Stiftung oder Anstalt des öffentlichen Rechts als Erbe berufen ist (Art. 138 EG. z. BGB.), z. B. die Stadt Berlin, Frankfurt a. M., Stettin. Gehörte der Erblasser mehreren Bundesstaaten an, so ist der Fiskus eines jeden Staats zu gleichem Anteile zur Erbfolge berufen. War der Erblasser ein Deutscher, der keinem Bundesstaat angehörte, so ist der Reichsfiskus gesetzlicher Erbe. — Unberührt geblieben ist auch das Erbrecht der juristischen Personen in Ansehung des Nachlasses einer verpflegten oder unterstützten Person (Art. 139 a. a. O.; §§ 50 bis 75 II 19 und § 22 II 16 ALR.). Unberührt geblieben ist ferner das Anerbenrecht (Art. 64 EG. z. BGB.; §§ 10 ff. des G. betr. das Anerbenrecht bei Renten- und Ansiedlungsgütern vom 8. Juni 1896).

b) Verfügungen von Todes wegen. Die gesetzliche Erbfolge kann vom Erblasser durch anderweitige Bestimmungen ausgeschlossen werden. Dann spricht man von gewillkürter Erbfolge. Diese kann vom Erblasser entweder einseitig angeordnet werden durch Testament (§§ 1937, 2064 ff., 2265 ff. BGB.) oder durch einen zweiseitigen Erbvertrag (§§ 1941, 2274 a. a. O.). Das Testament wird im Gegensatz zum Erbvertrag auch letztwillige Verfügung genannt, weil es den letzten Willen des Testanten enthüllt und dieser es jederzeit wieder aufheben kann. Gewöhnlich wird im Testament ein Erbe ernannt. Sein Inhalt kann aber auch darin bestehen, daß die gesetzliche Erbfolge für einzelne Personen ausgeschlossen wird, ohne daß direkt ein Erbe ernannt wird. Bei solchen Ausschliessungen ist der Erblasser insoweit beschränkt, als er Pflichtteilsansprüche nicht verletzen darf.

II. Erwerb durch Vermächtnis. Vermächtnis ist eine Zuwendung eines Vermögensvorteils von Todes wegen durch Testament oder Erbvertrag, ohne daß dieser in Ansehung dieser Zuwendung als Erbe eingesetzt ist (§§ 1939, 1941, 2147 ff. BGB.). Durch das Vermächtnis wird in jedem Falle für den Bedachten nur das Recht begründet, von dem Beschwerten die

Leistung des vermachten Gegenstandes zu fordern und zwar finden die allgemeinen Vorschriften über obligatorische Ansprüche Anwendung. Die Natur des Vermächtnisses als einer bloßen Liberalität aus dem Nachlaß führt indessen zu mehrfachen Einschränkungen der Rechte der Vermächtnisnehmer. So hat der Erbe ein Kürzungsrecht, wenn durch Vermächtnisse Überschuldung des Nachlasses herbeigeführt worden ist. Ferner stehen Vermächtnisnehmer dem Nachlaßgläubiger nach. Ein Vermächtnis liegt aber nicht vor, wenn der Erblasser es in das Belieben des Erblassers gestellt hat, einem Dritten einen Vermögensvorteil zuzuwenden. Dem Dritten steht dann ein Forderungsrecht gegen den Ersten nicht zu (§ 474 BGB.). Es tritt dann natürlich Zuwachssteuerbefreiung nicht ein.

III. Pflichtteilserwerb. Das Recht des Erblassers, über sein Vermögen von Todes wegen zu verfügen, ist zugunsten der Abkömmlinge, der Eltern und des Ehegatten des Erblassers insofern eingeschränkt, als diese Personen, wenn sie durch Verfügung von Todes wegen von der Erbfolge ausgeschlossen sind, einen Pflichtteil erlangen können. Den Pflichtteil muß der Erblasser den Pflichtteilsberechtigten hinterlassen, falls ihm nicht in gewissen Fällen das Enterbungsrecht zusteht. Auf die Werthälfte des gesetzlichen Erbteils hat der Pflichtteilsberechtigte einen unentziehbaren Anspruch, es darf ihm daher das Pflichtteil nicht durch Beschränkungen und Beschwerungen geschmälert werden. Er hat, da das BGB. kein formelles Noterbrecht kennt, keinen Anspruch auf Erbeinsetzung zur Hälfte seines Erbteils; er braucht sich aber anderseits auch nicht in die minder günstige Stellung eines bloßen Vermächtnisnehmers zurückdrängen zu lassen (§ 2303 BGB.).

Zu I bis III bleibt zu beachten, daß der Erwerb von Todes wegen regelmäßig mit dem Erbfall (Tod des Erblassers) eintritt (§§ 1922, 2176, 2317 BGB.). Er wird als nicht erfolgt angesehen, wenn der Erbe innerhalb der für ihn bestimmten Frist die Erbschaft, der Vermächtnisnehmer das Vermächtnis ausschlägt oder der Pflichtteilsberechtigte auf seinen Pflichtteilsanspruch verzichtet (siehe auch unten X).

IV. „Ein Erwerb, auf welchen die für Vermächtnisse geltenden Vorschriften des bürgerlichen Rechts Anwendung finden" (§ 1 Abs. 2 Ziff. 1 erster Halbsatz ErbschStG.). Hierher gehört § 1969 BGB. (Unterhalt für Familienangehörige des Erblassers) und der Fall des § 1514 BGB., der einer einem Dritten durch letztwillige Verfügung erfolgenden Zuwendung des

Betrages, der einem anteilsberechtigten Abkömmling nach Beendigung der fortgesetzten Gütergemeinschaft gebührt, ihm aber entzogen worden ist. Nach § 1483 BGB. wird im Falle, daß nach dem Tod eines Ehegatten die Gütergemeinschaft fortgesetzt wird, der Anteil des verstorbenen Ehegatten am Gesamtgut nicht zu dessen Nachlaß gerechnet. Ohne die Bestimmung der Ziff. 1 des § 1 ErbschStG. würde daher das, was der Erblasser einem Abkömmling vom Anteil am Gesamtgut nach § 1512 und § 1513 BGB. entzieht und einem Dritten zuwendet, nicht als Erwerb von Todes wegen angesehen werden können.

V. Erwerb „durch eine nach den Vorschriften des bürgerlichen Rechts als Verfügung von Todes wegen zu beurteilende Schenkung“ (§ 1 Abs. 2 Ziff. 1 zweiter Halbsatz ErbschStG.). Wenn eine Schenkung (§ 516 BGB.) unter der Bedingung erfolgt, daß der Beschenkte den Schenker überlebt, so liegt Schenkung von Todes wegen vor (§ 2301 BGB.). Dasselbe gilt, wenn schenkweise unter dieser Bedingung ein Schuldversprechen oder Schuldanerkenntnis erteilt ist (§§ 780, 781 daselbst). Ist die Schenkung bei Lebzeiten vollzogen, so findet der, im § 7 Ziff. 1 ZStG. ebenfalls in Bezug genommene § 55 des ErbschStG. Anwendung (vgl. unten S. 83).

VI. „Ein Erwerb, welcher infolge der Vollziehung einer durch Verfügung von Todes wegen angeordneten Auflage“ erlangt wird (§ 1 Abs. 2 Ziff. 2 Eingang, ErbschStG.). Durch die Auflage wird der Erbe oder Vermächtnisnehmer durch Testament oder Erbvertrag zu einer Leistung verpflichtet, ohne einem anderen ein Recht auf die Leistung zuzuwenden (§ 1904 BGB.). Trotzdem von dem Beschwerten ein bestimmtes Tun oder Unterlassen verlangt wird, entsteht doch nicht für den etwa begünstigten Dritten, wie beim Vermächtnis, ein Vollziehungsanspruch. Anderseits soll auch durch die Auflage eine rechtliche Leistungspflicht geschaffen werden. Hauptzweck des Geschäftes bleibt die Zuwendung des Erbteils oder Vermächtnisses an den damit Bedachten und die Verwirklichung der Auflage ist nur Nebenzweck. Demnach werden auch Erbteil oder Vermächtnis ohne Rücksicht auf eine etwaige Auflage erworben und die Unwirksamkeit einer Auflage hat die Unwirksamkeit der unter Auflage gemachten Zuwendung nur dann zur Folge, wenn anzunehmen ist, daß die Zuwendung nicht ohne die Auflage Geltung haben würde. Die §§ 2192 ff. BGB. finden Anwendung.

VII. Ein Erwerb, der „infolge der Bewirkung einer Leistung, von welcher der Erblasser einen Erwerb von Todes wegen abhängig gemacht hat", entsteht (§ 1 Abs. 2 Ziff. 2 Mittelsatz, ErbschStG.).

VIII. Ein Erwerb „infolge der Vollziehung einer Anordnung einer Behörde, sofern der Erwerb der Genehmigung dieser Behörde bedarf" (a. a. O., Schlußsatz); so z. B. der Art. 86 EG. z. BGB. bei Zuwendungen an juristische Personen, die Gegenstände im Werte von mehr als 5000 Mk. betreffen (vgl. auch Artt. 6 und 7 des preuß. AG. z. BGB.; Art. 17—20 des bayer., Art. 140 des württ., Art. 8 des bad. AG. z. BGB.).

IX. Zuwendung „durch Rechtsgeschäft unter Lebenden mit der Bestimmung, daß es auf den Pflichtteil angerechnet werden soll" (§ 2 Ziff. 1 ErbschStG.). Dies kann zur Anwendung kommen bei Pflichtteilsansprüchen der Eltern und bei solchen Ansprüchen der vom Erblasser an Kindes Statt angenommenen Personen.

X. Gewährung einer „Abfindung für einen Erbverzicht oder für die Ausschlagung einer Erbschaft oder eines Vermächtnisses" (Ziff. 2 a. a. O.). Maßgebend sind die folgenden beiden Bestimmungen: § 2346 BGB.: „Verwandte, sowie der Ehegatte des Erblassers können durch Vertrag mit dem Erblasser auf ihr gesetzliches Erbrecht verzichten. Der Verzichtende ist von der gesetzlichen Erbfolge ausgeschlossen, wie wenn er zur Zeit des Erbfalles nicht mehr lebte; er hat kein Pflichtteilsrecht.

Der Verzicht kann auf das Pflichtteilsrecht beschränkt werden." — § 2352 BGB.: „Wer durch Testament als Erbe eingesetzt oder mit einem Vermächtnisse bedacht ist, kann durch Vertrag mit dem Erblasser auf die Zuwendung verzichten. Das Gleiche gilt für eine Zuwendung, die in einem Erbvertrag einem Dritten gemacht ist. Die Vorschriften der §§ 2347, 2348 finden Anwendung."

Ein Erbverzichts vertrag ist dagegen nicht als Verfügung von Todes wegen anzusehen. Auf Abfindungen, die bei Aufhebung eines Erbvertrages bedungen werden, bezieht sich Ziff. 2 § 2 ErbschStG. nicht; in dem die Abfindung festsetzenden Vertrage kann eine Schenkung enthalten sein.

XI. Erwerb „durch den Eintritt eines Lehns- oder Fideikommißfalles" (§ 3 Ziff. 1 ErbschStG.).

a) Die Vorschriften über die Lehen sind durch das BGB. nicht berührt worden (siehe EG. Art. 59). — Bezüglich der

Lehen vgl. § 13 I 18 ALR., Artt. 40, 41 d. Preuß. VerfUrk. und G. v. 5. Juni 1852 (GSS. 319) sowie bezüglich der Auflösung der Lehensverbände und Umwandlung der Lehen die GG. v. 23. Mai 1857 (GSS. 159) und 16. Mai 1877 (GSS. 101) für Ostpreußen, v. 10. Juni 1856 (GSS. 554), v. 4. Mai 1867 (GSS. 362) und 27. Juni 1875 (GSS. 406) für Pommern, v. 15. Mai 1852 (GSS. 290) und 23. Juli 1875 (GSS. 537) für Brandenburg; siehe auch die G. für Sachsen v. 28. März 1877 (GSS. 111) und 10. März 1880 (GSS. 215), v. 19. Juni 1876 (GSS. 238) für Schlesien und v. 3. Mai 1876 (GSS. 112) für Westfalen.

b) Die Vorschriften über Fideikommisse sind durch das BGB. nicht berührt (siehe Art. 59 EG. z. BGB.); nach Preußischem Recht ist Familienfideikommiß nach § 23 II 4 ALR. die Verordnung, daß ein gewisses Grundstück oder Kapital entweder für beständig oder durch mehrere Geschlechtsfolgen bei einer Familie bleiben solle. Nach § 3 des Preuß. EStG. und Tarifstelle 24 des Preuß. StempG. sind als Fideikommißstiftungen alle von Todes wegen oder unter Lebenden getroffenen Anordnungen anzusehen, kraft deren gewisse Vermögensgegenstände der Familie für immer oder für mehr als zwei Generationen erhalten bleiben sollen. In Baden sind zu den Fideikommissen hier auch die Stammgüter zu rechnen, für welche die Bestimmung des dortigen AG. z. BGB. Art. 36 gelten.

XII. „Bezüge aus Familienstiftungen, sofern sie infolge Todesfalles an den stiftungsmäßig oder gesetzlich dazu Berufenen gelangen, sowie der Erwerb des Vermögens einer solchen Stiftung, sofern das Vermögen infolge Erlöschens der Stiftung an den stiftungsmäßig oder gesetzlich dazu Berufenen gelangt" (§ 3 Ziff. 2 ErbschStG.). Als Familienstiftungen sind nach dem Komm.-Ber. zum ErbschStG. (S. 3994 zu § 11 Nr. 5) „entsprechend dem gewöhnlichen Sprachgebrauche Stiftungen anzusehen, die wesentlich im Interesse der Angehörigen einer oder bestimmter Familien gemacht werden, wenn auch vorübergehend oder subsidiär Bezüge aus der Stiftung an andere Personen gelangen können." Die Erläuterung gibt ungefähr die Begriffsbestimmung wieder, die für Familienstiftungen unter der Herrschaft des Preuß. StempG. auf Grund des ALR. §§ 21 ff. II, 4 entstanden ist. Dagegen bezeichnet Art. 1 des preuß. AG. z. BGB. als Familienstiftung solche Stiftungen, die nach der Stiftungsurkunde ausschließlich dem Interesse der Mitglieder einer bestimmten Familie oder mehrerer bestimmter Familien dienen." Diese Definition ist vorzuziehen. (Ebenso Ulrich Hoffmann, Erbschaftssteuergesetz, 2. Aufl. Berlin 1911 S. 62.)

XIII. „Vermögensvorteile, die auf Grund eines von dem Erblasser geschlossenen Vertrags unter Lebenden von einem Dritten mit dem Tode des Erblassers unmittelbar erworben werden" (§ 3 Ziff. 3 ErbschStG.). Gemeint ist insbesondere der Fall, in welchem der Erblasser in einem Lebensversicherungsvertrage die Zahlung der Versicherungssumme an einen Dritten bedungen hat. §§ 330, 331 BGB. Begr. d. ErbschStG. S. 23.

XIV. „Was als Abfindung für den Verzicht auf einen Erwerb" der unter XI, XII bezeichneten Art. gewährt wird (§ 3 Ziff. 4 ErbschStG.).

Die folgenden Erwerbsfälle werden im § 4 ErbschStG. mit den Worten eingeleitet, daß sie für die Steuerpflicht an Kindes Statt angenommener Personen und ihrer Abkömmlinge, soweit sich auf diese die Wirkungen der Annahme an Kindes Statt erstrecken, gelten. Durch die Annahme an Kindes Statt (§§ 1741 ff. BGB.) erlangt das Kind die rechtliche Stellung eines ehelichen Kindes des Annehmenden (§ 1757). § 1762 bestimmt, daß sich die Wirkungen der Annahme an Kindes Statt erstrecken auf die Abkömmlinge des Kindes. Auf einen zur Zeit des Vertragsabschlusses schon vorhandenen Abkömmling und dessen später geborene Abkömmlinge erstrecken sich die Wirkungen nur, wenn der Vertrag auch mit dem schon vorhandenen Abkömmlinge abgeschlossen wird. Die im § 4 Abs. 2 und 3 ErbschStG. enthaltenen — hier unter XV und XVI angegebenen — Vorschriften beziehen sich nur auf die Fälle, daß an Kindes Statt angenommene Personen und deren Abkömmlinge zur Erbschaft gelangen. In Betracht kommt danach:

XV. „ein Erwerb, auf welchen die für den Pflichtteilsanspruch geltenden Vorschriften des bürgerlichen Rechts Anwendung finden" (§ 4 Abs. 2 Ziff. 1 ErbschStG.). Hierher gehören die Fälle des § 1505 BGB. (Ergänzung des Anteils eines Abkömmlings bei Beendigung der fortgesetzten Gütergemeinschaft) und des § 1511 Abs. 2 a. a. O. (Zahlung des einem von der fortgesetzten Gütergemeinschaft ausgeschlossenen Abkömmling aus dem Gesamtgut gebührenden Betrags).

XVI. Erwerb „durch eine Zuwendung unter Lebenden, sofern die Zuwendung von dem Erwerber bei einer Erbauseinandersetzung mit anderen Abkömmlingen des Zuwendenden nach gesetzlicher Vorschrift oder auf Grund einer bei der Zuwendung getroffenen Anordnung des letzteren zur Ausgleichung zu bringen sein würde" (§ 4 Ziff. 2 ErbschStG.). § 2050 BGB. kommt hier in Frage:

„Abkömmlinge, die als gesetzliche Erben zur Erbfolge gelangen, sind verpflichtet, dasjenige, was sie von dem Erblasser bei dessen Lebzeiten als Ausstattung erhalten haben, bei der Auseinandersetzung untereinander zur Ausgleichung zu bringen, soweit nicht der Erblasser bei der Zuwendung ein anderes angeordnet hat.

Zuschüsse, die zu dem Zwecke gegeben worden sind, als Einkünfte verwendet zu werden, sowie Aufwendungen für die Vorbildung zu einem Berufe, sind soweit zur Ausgleichung zu bringen, als sie das den Vermögensverhältnissen des Erblassers entsprechende Maß überstiegen haben.

Andere Zuwendungen unter Lebenden sind zur Ausgleichung zu bringen, wenn der Erblasser bei der Zuwendung die Ausgleichung angeordnet hat."

Ob der § 2050 Abs. 2 vorliegt, wird sich in der Regel erst beim Tode des Zuwendenden feststellen lassen. —

Eines Eingehens auf Abs. 3 des § 4 ErbschStG. (Text s. oben S. 74 Anm.) bedarf es mit Rücksicht auf Ziff. 2 § 7 ZStG. nicht.

Da ausländische Grundstücke überhaupt nicht der Wertzuwachssteuer unterliegen, scheidet auch die Frage ihres Erwerbes von Todes wegen aus. Dagegen kann es sein, daß ausländisches Erbrecht für den Erwerb eines im Inlande befindlichen Grundstücke in Betracht kommt. Da nun der Sprachgebrauch des BGB. im ErbschStG. angewendet worden ist, und daher auch für das ZStG. maßgebend ist, muß im einzelnen Falle festgestellt werden, ob der Erwerb die gleiche rechtliche Natur hat, wie einer der in §§ 1—4 aufgeführten deutschen Rechtsgebilde (Ulrich Hoffmann a.a.O. S. 16 Anm. 1 a.a.O.).

Ist die Steuerfreiheit mit der Behauptung eines Erwerbes von Todes wegen in Anspruch genommen worden, und es stellt sich Nichtigkeit der Verfügung heraus, so ist dies für die Wertzuwachssteuer dann bedeutungslos, wenn infolgedessen überhaupt kein Erwerb stattfindet und die Möglichkeit eines Zuwachses damit von selbst ausgeschlossen bleibt. Anders steht es aber dann, wenn nichtige Verfügungen von den Beteiligten anerkannt und zur Ausführung gebracht werden. Sie sind dann nicht Erwerbungen von Todes wegen und unter Umständen steuerpflichtig. Vgl. auch RG. i. ZS. vom 27. Februar 1893 Bd. 31 S. 242 und vom 26. Juni 1893 JWoch. 397[56], vom 1. Oktober 1901 JWoch. 813[35]. — Eine nichtige Verfügung von Todes wegen kann unter Umständen als Rechtsgeschäft unter Lebenden gelten (§ 140 BGB., RG. in JWoch. 1910 467[3]) und ist dann evtl. steuerpflichtig. Die unentgeltliche Vollziehung einer nichtigen Zuwendung trotz Kenntnis der Nichtigkeit ist Schenkung (RGEntsch. vom 26. Juni 1893 JWoch. 397[56]), die aber auch wertzuwachssteuerfrei ist.

Anfechtbare Verfügungen von Todes wegen genießen zunächst Steuerfreiheit, bis sie von dem Berechtigten angefochten werden. Der Erfolg der Anfechtung entscheidet dann auch darüber, ob ein Erwerb überhaupt vorliegt.

B. (A oben S. 73). Befreiung von der Wertzuwachssteuer liegt auch vor bei dem Erwerb einer Schenkung unter Lebenden im Sinne des § 55 ErbschStG.[1]).

Hierzu ist folgendes zu bemerken:

Zu Abs. 1 der Bestimmung, daß in Frage stehen sowohl die schenkungsweise Übertragung von Vermögensstücken, wie namentlich das sog. Handgeschenk, als auch der Vertrag, in welchem ein Schenkungsversprechen abgegeben wird. Wegen der Frage der Umgehung der Wertzuwachssteuer in der Form der Schenkung ist wichtig, daß die Schenkung rechtsgültig sein muß, so daß bei Schenkungsversprechen die Einhaltung der

---

1) Er lautet: „Schenkungen unter Lebenden unterliegen der gleichen Steuer wie der Erwerb von Todes wegen mit der Maßgabe, daß an Stelle der Verhältnisse des Erblassers und des Erwerbers die Verhältnisse des Schenkers und des Beschenkten berücksichtigt werden.

Als ein Erwerb durch Schenkung gilt auch ein Erwerb, der infolge der Vollziehung der einer Schenkung beigefügten Auflage oder infolge der Bewirkung einer Leistung, von welcher der Schenker eine Schenkung abhängig gemacht hat, oder, sofern die Schenkung der Genehmigung einer Behörde unterliegt, infolge der Vollziehung einer Anordnung dieser Behörde erlangt wird.

Einer Schenkung unter Lebenden steht gleich das in einem Stiftungsgeschäft unter Lebenden von dem Stifter zugesicherte und auf die Stiftung übertragene Vermögen."

Formvorschrift des § 518 BGB. erforderlich ist (vgl. auch §§ 780, 781 BGB.). Da die remuneratorischen Schenkungen nicht in § 55, sondern in dem nicht in Bezug genommenen § 56 Abs. 2 letzter Satz ErbschStG. erwähnt sind, ebenso Schenkungen mit Auflage und gegenseitige Rechtsgeschäfte, durch welche eine Bereicherung des einen Teils bezweckt wird (Entsch. RG. Bd. 60 S. 238), so erhalten diese nur infolge der generellen Bestimmung des ZStG. über Schenkungen, nicht infolge der Bezugnahme auf § 55 Befreiung. — Wird in einem Vertrage zur Regelung eines dem öffentlichen Recht angehörenden Rechtsverhältnisses eine unentgeltliche Leistung von einem Vertragsteile zugesagt, so ist im Zweifel keine Schenkung anzunehmen, z. B. bei Verträgen über Abtretung von Gelände zur Herstellung oder Verbreiterung einer Straße.

Aussteuer, Ausstattung und Mitgift sind, abgesehen von den Fällen der §§ 1620, 1624 BGB. (Ausstattungs**pflicht** der Eltern den Kindern gegenüber) in der Regel als Schenkung im Sinne des § 516 BGB. anzusehen.

Zu Abs. 2 des § 55 ErbschStG.: Unter Auflage ist eine solche nach §§ 525 ff. BGB. zu verstehen.

Zu Abs. 3 derselben Bestimmung: Dieser Abs. bezieht sich auf das Stiftungsgeschäft unter Lebenden. Sofern der Stifter **vor** der etwa erforderlichen Genehmigung (z. B. Art. 86 EG. z. BGB.) stirbt, gilt die Stiftung für die Zuwendungen des Stifters nach § 84 BGB. als schon vor dessen Tode entstanden.

Die sog. **gemischten Schenkungen** sind in § 55 ErbschStG. nicht besonders erwähnt. „Ist ein entgeltliches Geschäft zwar ernsthaft gemeint, stehen aber Leistung und Gegenleistung in einem so auffallenden Mißverhältnisse, daß an der Absicht der Vertragschließenden, einen von ihnen zu bereichern, nicht gezweifelt werden kann, so hat die Praxis bisher auch ohne ausdrückliche Bestimmung keine Bedenken getragen, eine gemischte Schenkung anzunehmen" (Begr. d. ErbschStG. S. 33, Komm.-Ber. dess. S. 34, vgl. Entsch. RG. v. 6. April 1892 Bd. 29 S. 265 und vom 28. November 1894 JWoch. 1895 S. 50[38], ferner Erl. d. preuß. FinzMin. vom 17. September 1904 III 11208 2 Ausg. AbgZBl. S. 230, JMBl. S. 265, sowie **Hummel-Specht**, Stempelsteuergesetz S. 981 Anm. 10). Das preuß. OVG. hat in der Entsch. vom 26. November 1908 Bd. 53 S. 125/126 zutreffend ausgesprochen, daß die Frage, ob eine reine Schenkung oder eine Schenkung mit einer Auflage oder ein mit einer Schenkung gemischter entgeltlicher Vertrag vorliege, nach dem wirklichen Willen der Vertragschließenden zu ermitteln ist (§ 133 BGB.). Schon aus dem Umstande z. B., daß der Beschenkte die auf dem geschenkten Grundstücke lastenden Hypothekenforderungen in Höhe einer bestimmten Summe selbstschuldnerisch übernommen hat, folge nicht mit Notwendigkeit, daß insoweit die Übertragung des Eigentums auf Grund eines entgeltlichen Vertrages erfolgt sein müsse. Für die Befreiung von der Wertzuwachssteuer kommt es aber wesentlich in Betracht, ob mit der Schenkung auch ein entgeltlicher Vertrag verbunden ist, der seinerseits steuerpflichtig wäre.

Zu Ziff. 2: „Bei der Begründung, Änderung, Fortsetzung und Aufhebung der ehelichen Gütergemeinschaft". Im Entw. § 4 bestand der Satz aus den Worten „bei der Begründung und Fortsetzung der ehelichen Gütergemeinschaft". In der 3. Komm.-Les. wurde beantragt, statt „und Fortsetzung" zu sagen: „Änderung, Fortsetzung und Aufhebung". Der Antrag wurde angenommen. Das Plenum des Reichstages stimmte dem zu. So kam die jetzige Fassung in das Gesetz. Bezüglich der Begründung der Gütergemeinschaft vgl. §§ 1432, 1437 BGB. In Gütergemeinschaft leben die Ehegatten auch dann, wenn die Ehe vor dem Inkrafttreten des BGB. geschlossen ist und nach Maßgabe der bisherigen Bestimmungen Gütergemeinschaft besteht (Art. 200 EG. z. BGB. und Art. 44 Pr. AG. z. BGB.). Da das ZStG. von einer Begründung spricht, diese aber nach den partikularrechtlichen Vorschriften für die Zukunft nicht in Frage kommen kann, so scheidet diese Frage hier aus.

Bei Änderung (§ 1432), Fortsetzung (§§ 1483 ff.), Aufhebung (§§ 1437, 1468—1471, 1482) der Gütergemeinschaft, nicht aber während der Gütergemeinschaft im Verhältnis zu Dritten ist die Steuerfreiheit gegeben. Besteht diese auch bei dem anläßlich der Auseinandersetzung (§§ 1472 ff. BGB.) erfolgenden Eigentumsübergange? M. E. insofern, als das Verhältnis der Ehegatten während der Ehe oder nach Scheidung der Ehe im Falle des § 1478 in Frage kommt. Dagegen nicht, wenn es sich um Eigentumsübergang auf Dritte infolge der Auseinandersetzung handelt (vgl. auch zu Ziff. 3).

Bezüglich anderer Güterrechtssysteme siehe oben S. 47 f.

4. **Zu Ziff. 3:** „Beim Erwerb auf Grund von Verträgen, die zwischen Miterben oder Teilnehmern an einer ehelichen oder fortgesetzten Gütergemeinschaft zum Zwecke der Teilung der zum Nachlaß oder Gesamtgut gehörenden Gegenstände abgeschlossen werden, sowie beim Erwerb auf Grund eines Zuschlags, der in den vorgenannten Fällen bei Teilung im

Wege der Versteigerung einem Miterben oder Teilnehmer erteilt wird". Die Bestimmung befand sich bis zu dem Worte „sowie" des jetzigen Gesetzestextes bereits in dem Entwurf. Schon in der 1. Les. der Komm. wurde beantragt, hinzuzufügen: „Die Steuerbefreiung greift auch Platz, wenn in den vorgenannten Fällen die Teilung im Wege der Versteigerung geschieht und der Zuschlag einem Miterben oder Teilnehmer erteilt wird". Man hat dies damit begründet, daß es im Westen und Süden vielfach üblich sei, die Auseinandersetzung zwischen den Miterben in der Weise vorzunehmen, daß das Grundstück zur öffentlichen Versteigerung gebracht und alsdann von demjenigen Miterben erworben wird, der es dauernd behalten sollte. Steuerhinterziehungen könnten nicht vorkommen, da die Befreiung nur eintrete, wenn nicht ein Dritter, sondern einer der Miterben den Zuschlag erhalte. Dann liegt die Sache genau so, wie wenn die Erbauseinandersetzung lediglich im Wege des Vertrages erfolgt wäre. Der Antrag wurde in allen drei Les. mit einer stilistischen Fassungsänderung angenommen und die Bestimmung kam in das G. Die gleiche Befreiungsvorschrift wie in Ziff. 3 ist im RStempG. Tarifnummer 11a enthalten.

5. **Zu Ziff. 4:** „Beim Erwerbe der Abkömmlinge von den Eltern, Großeltern und entfernteren Voreltern". Im Entw. § 4 enthielt diese Ziffer noch den Zusatz: „sowie beim Erwerb der an Kindes Statt angenommenen Personen und deren Abkömmlingen von den Annehmenden". Das wechselvolle Schicksal dieser Worte in den einzelnen Kommissionsberatungen kann hier nicht im einzelnen verfolgt werden. In der 1. Les. wurde folgende Fassung gewählt: „Bei Überlassungsverträgen zwischen Eltern und Kindern sowie deren Abkömmlingen, sofern dadurch land- und forstwirtschaftlich oder gewerblich benutzte Grundstücke zur Fortsetzung dieser Nutzung übertragen werden". In der 2. Les. wurde der Text des Entw. wieder hergestellt. So blieb es auch in der 3. Les. und in der 2. Plenarberatung des Reichstags. Dagegen sind in der 3. Beratung die oben gesperrt gedruckten Worte gestrichen worden. — Da die Steuerfreiheit beim „Erwerb" eintritt, so ist ein Unterschied von Überlassungsverträgen und sonstigen Kaufverträgen nicht vorhanden. Die Praxis hat beim Reichsumsatzstempel bezüglich der Frage, ob Kaufverträge zwischen Eltern und Abkömmlingen ganz allgemein dieselbe Vergünstigung zu genießen hätten, wie Überlassungsverträge, geschwankt; jetzt ist eine Entscheidung zugunsten der Freilassung aller derartigen Käufe getroffen (vgl. auch Tarifstelle 11 zu 2 des RStempG.).

6. **Zu Ziff. 5:** „Beim Einbringen in eine ausschließlich aus dem Veräußerer und dessen Abkömmlingen oder aus diesen allein bestehende Gesellschaft des Bürgerlichen Gesetzbuches oder Vereinigung der im § 3 bezeichneten Art. Die Steuerpflicht tritt ein, soweit nachträglich ein Gesellschafter aufgenommen wird, der nicht zu den Abkömmlingen des Veräußerers gehört". Der Entw. wich nur insofern ab, als die Worte „Gesellschaft des BGB." fehlten und daß statt „Vereinigung" „Gemeinschaft" stand. Der Schlußsatz der Ziffer ist zur Vermeidung von Umgehungen bestimmt. Für den Eintritt der Steuerpflicht ist die Aufnahme des fremden Gesellschafters und für den Umfang der Abgabepflicht dessen Beteiligungsverhältnis maßgebend (Begr. S. 35).

7. **Zu Ziff. 6:** „Beim Einbringen von Nachlaßgegenständen in eine ausschließlich von Miterben gebildete Gesellschaft des Bürgerlichen Gesetzbuches oder Vereinigungen der im § 3 bezeichneten Art. Die Vorschrift der Ziff. 5 Satz 2 findet entsprechende Anwendung". Es gilt dasselbe wie zu Ziff. 5.

8. **Zu Ziff. 7:** „Beim Austausch im Inlande gelegener Grundstücke zum Zwecke der Zusammenlegung (Flurbereinigung), der Grenzregelung oder der besseren Gestaltung von Bauflächen (Umlegung), sowie bei Ablösung von Rechten an Forsten, wenn diese Maßnahmen auf der Anordnung einer Behörde beruhen oder von einer solchen als zweckdienlich anerkannt werden". Die entsprechende Bestimmung im Entw. erlitt folgende Änderungen. Einmal wurde das dort enthaltene Wort „erforderlich" durch „zweckdienlich" ersetzt, sodann noch der Fall der Grenzregelung in der 3. Plenarberatung des Reichstags eingefügt. Die Bestimmung, daß die genannten Maßnahmen, um steuerfrei zu bleiben, auf der Anordnung einer Behörde beruhen oder von einer solchen anerkannt sein müssen, ist zur Vermeidung von Umgehungen bestimmt. Die Anerkennung kann noch im Veranlagungsverfahren geschehen. „Der behördlichen Anerkennung einer privaten Zusammenlegung oder Umlegung steht die Verfügung der Behörde gleich, durch die eine Flurbereinigung oder Umlegung für vollzugsreif erklärt wird" (Begr. S. 35).

9. **Zu Ziff. 8:** „Beim Austausch von Feldesteilen zwischen angrenzenden Bergwerken und bei der Vereinigung zweier oder mehrerer Bergwerke zum Zwecke der besseren bergbaulichen Ausnutzung, sofern sie nicht zum Zwecke der Steuerersparung erfolgen". Dieser Satz befand sich im Entw. überhaupt nicht. Er ist infolge eines erst in der 3. Komm.-Les. gestellten Antrags in das G. hineingekommen. Man beabsichtigte wolh, eine

Überspannung der Bestimmungen, die den Bergbau und die verwandten Industrien vollkommen dem Grundstücksverkehr gleichstellen wollte, zu vermeiden. Man glaubte, die Freilassung des Feldesaustausches und der Konsolidation erleichtern zu sollen. Die Besteuerung wäre auch sachlich ungerechtfertigt gewesen. Es ergibt sich aber aus den Verhandlungen, daß die Bestimmung dahin ausgelegt werden muß: sie darf nur bezogen werden auf die Vereinigung zweier oder mehrerer Bergwerke zu einem einheitlichen Ganzen (Konsolidation im Sinne des Pr. Allg. BergG.), die aus bergtechnischen oder sonstigen sachlichen Gründen zweckmäßig sind. Sonstige Fälle der Vereinigung mehrerer Bergwerke, insbesondere der Fall der Fusion muß von der Befreiung ausgenommen bleiben, damit sie nicht zu Umgehungen benutzt und z. B. bei Vereinigung mehrerer technisch selbständiger Bergwerke zu einer Aktiengesellschaft in Anspruch genommen werden könne (Druckf. Nr. 596 S. 15). Immerhin wird die Absicht, Ersparnisse zu machen, nicht immer einwandfrei festgestellt werden können, wenn sie auch in Wirklichkeit vorliegt.

10. **Zu Abs. 2:** „Zu den Miterben im Sinne der Ziff. 3, 6 wird der überlebende Ehegatte gerechnet, der mit den Erben des verstorbenen Ehegatten gütergemeinschaftliches Vermögen zu teilen hat". Die Bestimmung war schon im Entw. enthalten und ist unverändert in das G. gelangt. Sie entspricht der Tarifbestimmung 11 des RStempG. (siehe oben S. 68).

§ 8.

Als steuerpflichtiger Wertzuwachs gilt der Unterschied zwischen dem Erwerbspreis und dem Veräußerungspreise.

Der Preis bestimmt sich nach dem Gesamtbetrage der Gegenleistung einschließlich der vom Erwerber übernommenen oder ihm sonst infolge der Veräußerung obliegenden Leistungen und der vorbehaltenen oder auf dem Grundstücke lastenden Nutzungen und bei Verträgen über Leistung an Erfüllungsstatt nach dem Werte, zu dem die Gegenstände an Erfüllungsstatt angenommen werden.

Ist einem der Vertragschließenden ein Wahlrecht oder die Befugnis eingeräumt, innerhalb gewisser Grenzen den Umfang der Gegenleistung zu bestimmen, so ist für die Bemessung der Abgabe der höchste mögliche Betrag der Gegenleistung maßgebend.

1. Entstehungsgeschichte und Zweck S. 89. — 2. Zusammenhang mit § 1 S. 90. — 3. Absatz 3 und § 13 S. 90. — 4. Wertberechnung bei Geschäften, Konzessionen, insbesondere Apotheken und Schankwirtschaften S. 91.

1. Entstehungsgeschichte und Zweck. Der Paragraph war schon im Entw. als § 5 enthalten (nur statt „Grundstücke" stand im Abs. 2 „Gegenstände"). Die Bestimmung stellt dem Gedanken der Gewinnverwirklichung entsprechend den Grundsatz auf, daß für die Besteuerung die Wertsteigerung maßgebend ist, wie sie in dem Unterschiede des Preises zur Zeit des Erwerbes und der Veräußerung ihren Ausdruck findet (Begr. S. 34). Als Veräußerung wie als Erwerb haben zu gelten die in §§ 1 bis 6 bezeichneten Rechtsvorgänge. Mit Ausnahme der Rechtsgeschäfte des § 5 kommen sie als Erwerb auch insoweit in Betracht, als sie vor dem 1. Januar 1911, aber nicht vor dem 1. Januar 1885 gelegen sind (§ 17). In erster Lesung der Kommission wurde dem jetzigen Absatz 1 folgender Zusatz eingefügt: „Von dem Preise kommt der Wert der Erzeugnisse der Grundstücke in Abzug, solange sie mit dem Boden zusammenhängen". In der zweiten Les. beschloß man die folgende Fassung: „Von dem Preise kommt der Wert der Erzeugnisse des Grundstücks, die sich als dessen bestimmungsmäßiger Ertrag darstellen, sowie der Maschinen auch insoweit in Abzug, als sie zu den wesentlichen Bestandteilen des Grundstückes gehören". Die Bestimmung ist nach der 3. Les. in der Komm. als § 6a eingestellt worden und steht jetzt als § 10 im Gesetz. — Zum zweiten Absatz beschloß man in der zweiten Lesung hinter das Wort „Gegenleistung" zu setzen „bezüglich der vom Verkäufer übernommenen Lasten". In der 3. Les. wurden diese Worte auf § 6a, jetzt § 10 des G. übertragen. — Der dritte Absatz blieb in allen Lesungen unverändert. Als vierten Absatz hat man in der ersten und zweiten Lesung folgenden Satz beschlossen: „Die vom Käufer übernommenen Kosten, Stempel und Umsatzsteuern, sowie Verpflichtungen, welche eine Erhöhung des Kaufpreises nicht zur Folge haben, gelten nicht als Leistungen im Sinne dieser Bestimmungen." Gegen ihn wurde jedoch in dritter Lesung geltend gemacht, daß dieser Absatz, soweit er die

Außerachtlassung wertloser Verpflichtungen betreffe, selbstverständlich erscheine und im übrigen zu Unklarheiten führen könne, indem schon aus der im § 10 Ziff. 1 (jetzt geändert § 14) vorgesehenen Zurechnung der Erwerbskosten sich ergebe, daß diese als ein Teil des Preises im Sinne des Gesetzes nicht anzusehen seien. Der Absatz wurde gestrichen und kam nicht in das Gesetz.

2. Der § 8 steht im engsten Zusammenhang mit § 1 (siehe oben S. 25). Die Vergleichung der Preise miteinander stellt das Prinzip klar, daß es sich um einen vom Eigentümer an einem Grundstück erzielten Gewinn handelt, der aber nur soweit steuerlich erfaßt werden soll, als er ohne Zutun des Eigentümers entstanden ist. Die vom Gewinn abzusetzenden Posten hat das Gesetz im einzelnen bestimmt und hierbei den Grundsatz verfolgt, daß in der Regel nur solche Abrechnungen zulässig sein sollen, die einen Einfluß auf die Wertsteigerung des Grundstückes haben (vgl. § 14 des G.). Strutz ist in seiner Schrift: Betrachtungen zur Reichszuwachssteuer, Berlin 1910 und in seinem Aufsatz: Die Reichszuwachssteuer im Reichstage, Deutsche Juristenzeitung 1911 S. 34 gegen die Steuer aufgetreten und hat insbesondere behauptet, es sei eine Klärung der Ansichten darüber nicht eingetreten, was die Steuer denn eigentlich sein solle, eine solche auf den Wertzuwachs des Grundstückes nach dem Grundsatze der Besteuerung nach dem Interesse, oder eine solche auf den Gewinn des Eigentümers bei der Veräußerung nach dem Grundsatze der Besteuerung nach der Leistungsfähigkeit, oder ob die Steuer gar aufgefaßt werden solle als erster Schritt zur Besteuerung des Vermögenszuwachses. Es ist nun nicht der reine Wertzuwachs des Grundstücks ohne jede Beziehung auf den Eigentümer nach Art der Ertragssteuer erfaßt. Der Abgeordnete Graf von Westarp wies schon darauf hin, dafür, daß es sich nicht um eine Ertragssteuer in dem bezeichneten Sinne handle, sei schon beweisend, daß nicht die Besteuerung einer Wertdifferenz in Betracht kommt, sondern die Besteuerung einer Preisdifferenz. „Es wird der Veräußerungspreis mit dem Erwerbspreis verglichen und nur, wo der Preis sich nicht feststellen läßt, oder wo das aus besonderen Gründen — namentlich wegen der weit zurückliegenden Zeit — untunlich ist, da tritt als Hilfsmittel an Stelle des Preises der Wert".

3. Der § 8 Abs. 3 will im Zusammenhang mit § 13 die Möglichkeit einer Steuerminderung durch wahlweise Bestimmung der Gegenleistung oder Unterlassen der Preistrennung entgegenwirken (Begr. S. 36).

4. Wertberechnung bei Geschäften, Konzessionen, insbesondere Apotheken und Schankwirtschaften. Bei Berechnung des Preises eines Grundstückes ist der Preis oder Wert eines auf dem Grundstücke betriebenen Geschäftes nicht zu berücksichtigen. Dies ist besonders wichtig für Hotels, Restaurationen usw. Sind mit einem Grundstücke Realgerechtigkeiten erworben, so können diese unter Umständen sehr wohl als wesentliche Bestandteile des Grundstückes gelten und die Steuerpflicht mitbegründen. Das preuß. OVG. hat in der Entsch. vom 3. Juni 1909 Bd. 54 S. 24 einen Fall entschieden, in dem ein als veräußerliches und vererbliches Recht verliehenes Apothekerprivilegium sowohl in das Hypothekenbuch eingetragen, als auch mit einem bestimmten Grundstücke als Realpertinenz verbunden werden konnte. Hat eine solche Verbindung stattgefunden, so gilt es nach § 96 BGB. als wesentlicher Bestandteil des Grundstücks. Handelt es sich um persönliche Konzessionen (auch ev. bei Apotheken, bei Schankwirtschaften), bei denen der Veräußerer auf ihre Erteilung an den Grundstückserwerber keinen gesetzlichen Einfluß hat, so ist der Wert dieser Konzessionen bei Berechnung des Grundstückspreises nicht mit zu rechnen (vgl. die ausführlichen Darlegungen in Drucks. Nr. 515 S. 25 f., die Zusammenstellung der Rechtsgrundsätze des preuß. OVG. in der Pharmazeutischen Zeitung 1909 Nr. 45/46, insbesondere auch die Entsch. Bd. 31 S. 47, Bd. 43 S. 49). Übrigens bietet auch § 13 die Möglichkeit, sowohl bei Verkäufen wie beim Einbringen in Gesellschaften den Preis des Grundstückes und des Geschäftes gesondert zu vereinbaren.

§ 9.

Beim Übergang im Wege der Zwangsversteigerung gilt als Preis der Betrag des Meistgebots, zu dem der Zuschlag erteilt wird, unter Hinzurechnung der vom Ersteher übernommenen Leistungen. Im Falle der Abtretung der Rechte aus dem Meistgebot und der Erklärung des Meistbietenden, daß er für einen anderen geboten habe, tritt an die Stelle des Meistgebots der Wert der Gegenleistung, wenn sie höher ist als das Meistgebot.

Der Entwurf enthielt (§ 6) dieselbe Vorschrift. Nach dem Schlusse des jetzigen ersten Absatzes standen aber noch die Worte:

„und wenn das Meistgebot den Wert des Gegenstandes nicht erreicht, dieser ....". Schon in der ersten Lesung hat man die Gefahr einer Belastung des Verkehrs durch diesen Zusatz erkannt, weil der Bieter sich niemals darüber Klarheit verschaffen könne, nach welchem Veräußerungspreis die Zuwachssteuer zur Berechnung kommen werde, und deshalb könne er sich auch nicht darüber schlüssig werden, wie hoch er bieten könne. Der damalige § 6 ist aber in den beiden ersten Lesungen angenommen worden, nachdem ein Vertreter des Reichsschatzamtes hervorgehoben hatte, daß diese der Tarifstelle 11 Ziff. 4 des RStempG. entsprechende Vorschrift nötig sei, um Umgehungen zu verhüten, die dadurch herbeigeführt werden könnten, daß der Bieter sich mit dem Eigentümer und den Gläubigern auf ein niedrigstes Maß einige. In der dritten Kommissionslesung wurde aber noch ausgeführt, daß jener Zusatz in vielen Fällen zuungunsten des Fiskus ausschlagen würde, denn er müßte zur Folge haben, daß den Subhastaten eine höhere Steuer auferlegt werde, die bei dessen Vermögenslosigkeit ausfallen werde. Auf der anderen Seite würde sich der Erwerber, wenn er später zur Veräußerung des in der Zwangsversteigerung erworbenen Grundstückes schreite, an Stelle des von ihm bezahlten Preises den höheren Wert als Erwerbspreis anrechnen können und entsprechend niedriger zur Steuer veranlagt werden müssen. Zu dieser Begünstigung dessen, der in der Zwangsversteigerung erworben habe, liege umsoweniger ein Grund vor, weil seine berechtigten Interessen bereits durch § 10 (jetzt 14) Ziff. 2 genügend gewahrt seien. Der Vertreter des Reichsschatzamtes stellte fest, daß die Berücksichtigung des Wertes sich nach den bisherigen Erfahrungen bei der Umsatzsteuer als erwünscht erwiesen habe, um zu verhüten, daß dem Ansteigerer die Möglichkeit geboten werde, die Hypothekengläubiger zur vorläufigen Löschung ihrer Hypotheken zu bestimmen und so das Gebot willkürlich herabzusetzen. Anerkannt wurde, daß diese Gefahr bei der Zuwachssteuer minder groß sei, weil im Gegensatze zum Veräußerer der Erwerber das Interesse habe, sich für eine spätere Veräußerung einen möglichst hohen Erwerbspreis zu sichern.

§ 10.

Von dem Preise kommt in Abzug der Wert der vom Veräußerer übernommenen Lasten, der Maschinen, auch soweit sie zu den wesentlichen Bestandteilen des Grundstücks gehören, und der Erzeugnisse des Grundstücks, solange sie mit dem Boden zusammenhängen.

1. Entstehungsgeschichte S. 93. — 2. Inhalt und Tragweite. Die drei Fälle des Preisabzuges A—C S. 93.

1. Entstehungsgeschichte. Die Bestimmung ist, wie zu § 8 festgestellt (s. oben S. 89), aus Anträgen entstanden, die zu diesem letzterwähnten Paragraphen (Entw. § 5 Abs. 1) gestellt worden waren. Auf die im Laufe der Entstehungsgeschichte entstandenen kleinen Abweichungen kann hier nicht eingegangen werden. Sie ergeben sich aus Anm. 1 zu § 8.

2. Inhalt und Tragweite des § 10. Die Bestimmung gestattet den Abzug in drei Fällen:

A. „Von dem Preis kommt in Abzug der Wert der vom Veräußerer übernommenen Lasten." Man ging bei Feststellung dieses Satzes davon aus, daß es ungerecht wäre, wenn Lasten, die der Verkäufer bei dem Kaufgeschäft übernommen habe, nicht vom Preise abgerechnet würden. Hingewiesen wurde z. B. auf die Verpflichtung zur Unterhaltung von Bahnanlagen, von Turn- und Spielplätzen oder ähnlichen öffentlichen oder privaten Einrichtungen.

B. „Von dem Preise kommt in Abzug der Wert der Maschinen, auch soweit sie zu den wesentlichen Bestandteilen des Grundstückes gehören." Der Wert der eingebauten Maschinen wird daher nicht der Wertzuwachssteuer unterworfen. Insofern nach BGB. die Maschinen als wesentliche Bestandteile des Grundstückes anzusehen sind, würde jener Steuer der Preis unterliegen, falls nicht die vorliegende Bestimmung getroffen worden wäre.

C. Von „dem Preis kommen in Abzug die Erzeugnisse des Grundstücks, solange sie mit dem Boden zusammenhängen." Die Vorschrift ist verständig, weil nur der Wertzuwachs an Grund und Boden, nicht dessen Hervorbringungen getroffen werden sollen. Bei landwirtschaftlichen, forstwirtschaftlichen oder gärtnerisch benutzten Grundstücken hängt der Preis wesentlich mit ab von dem auf dem Grundstücke vorhandenen Erzeugnissen. Von ihm ungetrennt, sind sie als seine wesentlichen Bestandteile anzusehen; der dafür bezahlte Preis könnte nach § 13 nicht von dem Preise des Grundstücks selbst getrennt werden. Würde nicht die vorliegende Bestimmung getroffen worden sein, so müßte der durch die Erzeugnisse hervorgerufene Wertzuwachs besteuert werden. Daß dies besonders bei forstwirtschaftlich benutzten Grundstücken vermieden werden muß, ist schon in der ersten Kommissionslesung hervorgehoben worden. Insbesondere würde ohne diese Bestimmung das Gesetz für Waldgrundstücke geradezu der Waldverwüstung Vorschub leisten. Dies zeigen die Fälle, in denen der Käufer eines Waldgrundstücks den ganzen Wald abholzt und das entholzte Grundstück zu einem Preise verkauft, der mit dem Preise des Holzes zusammen ihm einen großen Gewinn bringt, ohne daß jedoch dieser Gewinn steuerpflichtig wird, wenn der das Holz mitumfassende Erwerbspreis mit dem Veräußerungspreise des abgeholzten Grundstückes verglichen wird. Auf der anderen Seite wurde es aber mit Recht für nötig gehalten, denjenigen Besitzer zu schonen, der seinen Wald nicht nur pfleglich behandelt, sondern unter Verzicht auf eigene Einnahmen den Holzbestand während seiner vielleicht Jahrzehnte dauernden Besitzzeit erheblich vermehrt. Es wird also bei forstwirtschaftlich benutzten Grundstücken der Wertzuwachs des reinen Bodenwertes (ohne Bestand) versteuert, es wird die aufstehende Ernte, es werden auch die Erzeugnisse des Wein-, Obst- und Hopfenbaues aus der Berechnung gelassen, solange sie mit dem Boden zusammenhängen. Einen Unterschied dahin, ob sich die Erzeugnisse als „bestimmungsgemäße Erträge“ des Grundstückes darstellen oder nicht, kennt das Gesetz nicht. Ein entsprechender Antrag wurde mit Recht abgelehnt. Würde er angenommen worden sein, so würde nicht der gesamte Waldbestand steuerfrei geblieben sein. Nach forsttechnischen Grundsätzen stellt nicht der ganze Wald, sondern nur dessen schlagbarer Teil den bestimmungsgemäßen Ertrag des Waldgrundstückes dar. — Obstbäume und Rebstöcke fallen auch nicht unter die Steuer.

§ 11.

Ist ein Preis nicht vereinbart oder nicht zu ermitteln, so tritt an dessen Stelle der Wert des Grundstücks.

Das Gleiche gilt, wenn auf dem Grundstück eine der im § 2 bezeichneten Berechtigungen oder ein Nießbrauchsrecht lastet, zu deren Beseitigung der Veräußerer nicht verpflichtet ist, und der Wert des Grundstücks den Betrag der Gegenleistung übersteigt. Wenn die Beteiligten zum Zwecke der Steuerersparung einen Teil des Entgelts in die Form einer Vermittelungsgebühr, einer den üblichen Zinssatz erheblich übersteigenden Verzinsung des gestundeten Preises oder einer sonstigen Nebenleistung kleiden, so ist der als Teil des Entgelts anzusetzende Betrag durch Schätzung zu ermitteln.

1. Entstehungsgeschichte. Im Entw. hatte die Vorschrift des § 7 folgenden Wortlaut: „Ist ein Preis nicht vereinbart oder nicht zu ermitteln, so tritt an dessen Stelle der Wert des Gegenstandes. — Das Gleiche gilt, wenn die Beteiligten den Preis zum Zwecke der Steuerersparung nicht so angeben, wie er unter ihnen vereinbart ist, wenn sie in derselben Absicht einen Teil des Entgelts in die Form einer Vermittlungsgebühr, einer Verzinsung des gestundeten Kaufpreises oder einer sonstigen Nebenleistung kleiden, oder wenn auf dem Vertragsgegenstand eine der im § 1 Abs. 1 bezeichneten Berechtigungen oder ein Nießbrauchsrecht lastet, zu deren Beseitigung der Veräußerer nicht verpflichtet ist und der Wert des Gegenstandes den Betrag der Gegenleistung übersteigt". Bezüglich des 1. Abs. ergeben sich hieraus sichtliche Unterschiede nicht, wohl aber hinsichtlich des 2. Abs. In der 2. Komm.-Les. wurde beantragt, in § 7 Abs. 2 die Worte „den Preis" bis „in derselben Absicht" zu streichen. Zwecks Anwendung der Vorschrift, daß auf den Wert des Gegenstandes auch dann zurückgegriffen werden solle, wenn die Beteiligten den Preis zum Zwecke der Steuerersparnis nicht so angeben, wie er unter ihnen vereinbart worden ist, müsse die Steuerbehörde zunächst den wirklich vereinbarten Preis ermitteln. Gelinge das gegenüber den falschen Angaben der Parteien, so liege kein Grund vor, nunmehr an Stelle des so ermittelten wirklich vereinbarten Preises den Wert zu setzen. Sei dieser niedriger, so wird der Fiskus geschädigt und es liege in der Vorschrift geradezu ein Anreiz zu Umgehungen; sei er dagegen höher, so bedeute ein Zurückgehen auf den Veräußerungspreis eine Bestrafung der Parteien, zu der neben den Strafbestimmungen kein Anlaß vorhanden sei. Der Antrag ist angenommen worden und der Satz gilt im G. unter Weglassung der oben gesperrt gedruckten Worte. Fraglich konnte sein, ob eine über den landesüblichen Zinsfuß nicht hinausgehende Verzinsung schon zur Anwendung der Bestimmung führen könnte. Der Vertreter des Reichsschatzamts wollte das Gewicht für die

Auslegung auf die Fassung legen: „in die Form einer Verzinsung kleiden": die Voraussetzung für die Anwendung liege nur dann vor, wenn ein Teil des Entgelts in Form von Zinsen gezahlt werde. Dies könne natürlich nur zutreffen, wo der landesübliche Zinsfuß überschritten sei. Die Frage dürfte aber erledigt sein durch die jetzige Fassung des G., die auf einem Antrage in der 2. Komm.-Les. beruht, wonach vor „Verzinsung" einzusetzen ist: „den üblichen Zinssatz erheblich übersteigenden". In der 3. Komm.-Beratung ist die jetzige Fassung des 2. Satzes im Abs. 2 beschlossen worden.

2. Zu Abs. 1. Als maßgebender Grundsatz gilt, daß der vereinbarte oder ermittelte Preis in erster Reihe maßgebend ist, in zweiter Reihe der Wert des Grundstücks. Sowohl jener Grundsatz, als auch die Fälle, in denen der Wert an Stelle des Preises tritt, sind besonders zu betrachten.

a) Maßgebend ist zunächst der vereinbarte Preis. Als solcher ist zu betrachten, „der nach der Parteiabsicht im Verhältnis der Beteiligten zueinander das Entgelt für die Eigentums- oder Rechtsübertragung bildet, nicht der Betrag, der nach außen hin von den Parteien als Preisvereinbarung angegeben wird". Wenn demnach auch die Worte des Entwurfs gestrichen sind: „wenn die Beteiligten den Preis zum Zwecke der Steuerersparung nicht so angeben, wie er unter ihnen vereinbart ist", so gilt der entsprechende Satz auch in der gegenwärtigen Fassung, die der Verschleierung des Preises vorbeugen will. Eine solche kann entweder dadurch erfolgen, daß die angegebene Übertragungsform zwar tatsächlich ernst gemeint, dem Vertragswillen entsprechend ist, daß jedoch die Preishöhe nicht wahrheitsgemäß angegeben ist, oder aber dadurch, daß die Zahlung des Entgelts in rechtlich an sich zulässigen Formen vereinbart wird, aber nur zu dem Zwecke, um die Steuer zu ersparen. Welche Fälle das sind, richtet sich nach den Absichten der immer erfinderischen Steuerumgeher. Das G. versucht in Abs. 2 (vgl. die Erläuterungen hierzu) einige der wichtigsten Fälle zu erfassen. Wenn infolge Mängel der Sache zivilrechtlich Preisminderung eintritt, ist m. E. der danach feststehende Betrag rechtlich als der „vereinbarte" anzusehen. Es war nicht Absicht des § 11 mehr zu versteuern, als was wirklich dem schließlich „richtig gestellten" Vertragspreise entspricht; nur gegen Steuerverschleierungen richten sich seine Vorschriften.

b) „Oder nicht zu ermitteln". Auch der vereinbarte Kaufpreis kann Gegenstand einer Ermittlung sein. Das G. denkt aber in erster Reihe an den Fall, daß es nicht auf den vereinbarten, sondern auf den Preis ankommt, der Gegenstand einer Ermittlung sein muß. Nur, wenn der Preis weder vereinbart noch zu ermitteln ist, tritt an dessen Stelle der Wert des Grundstücks, der ja sowohl hinter dem Preise unter Umständen zurückbleiben, aber auch ihn überschreiten kann. Eine „Ermittlung" ist auch die „Schätzung" Abs. 2 Satz 2 (siehe zu 4). Ermittelt wird nicht nur der „Preis", sondern auch der „Wert" (s. § 12).

3. Zu Abs. 2 Satz 1. Die Fälle, in denen an die Stelle des Preises der Wert tritt, sind teils in § 11 Abs. 2, teils in § 17 Abs. 3 und 4 geredet.

a) „Wenn auf einem Grundstücke eine der im § 2 bezeichneten Berechtigungen oder ein Nießbrauchsrecht lastet, zu deren Beseitigung der Veräußerer nicht verpflichtet ist und der Wert des Grundstücks den Betrag der Gegenleistung übersteigt". Nicht bloß die im § 2 „bezeichneten" Berechtigungen kommen in Frage, sondern auch die dort nur generell bestimmten (vgl. oben S. 52 zu § 2). Dies bezieht sich auf den Fall, daß der Eigentümer eines Grundstücks dem künftigen Erwerber zunächst z. B. ein Nießbrauchsrecht einräumt und alsdann das nackte Eigentum (nuda proprietas) auf ihn zu einem Preise überträgt, der erheblich hinter dem eigentlichen Werte des Grundstücks zurückbleibt (Begr. S. 36).

b) Wenn Fälle gegeben sind, in denen der Erwerb vor dem 1. Januar 1885 oder vor 40 Jahren vor der Veräußerung liegt.

Unter „Wert" ist der gemeine Wert zu verstehen. Siehe die Ausführungen zu § 12.

4. Zu Abs. 2 Satz 2. Er betrifft nicht eine Feststellung des Wertes des Grundstückes. Drei Fälle sind ins Auge gefaßt.

a) Die Beteiligten kleiden ein Teil des Entgelts in die Form einer Vermittlungsgebühr, oder

b) einer den üblichen Zinsfuß erheblich übersteigenden Verzinsung des gestundeten Preises, oder

c) einer sonstigen Nebenleistung.

In allen drei Fällen ist vorausgesetzt, daß dies geschieht zum Zwecke der Steuerersparung. Der als Teil des Entgelts anzusehende Betrag ist dann durch Schätzung zu ermitteln.

5. Das Verhältnis von Abs. 2 zu § 66 Abs. 2 Nr. 1. Es besteht die Möglichkeit der Steuerumgehung in der Gestalt, daß durch § 7 Abs. 2 nicht gedeckte Formen gewählt

werden, wenn z. B. ein dauerndes Mietsverhältnis an Stelle eines Kaufvertrages verabredet wird, das dem Mieter alle Rechte des Eigentümers gibt; die Miete stellt die Verzinsung des Restkaufgeldes dar, dem Mieter wird ein Vorkaufsrecht eingeräumt, sonstige Abmachungen werden durch Sicherungshypothek sicher gestellt. Dem Bundesrat ist aber durch die erwähnte Bestimmung die Ermächtigung erteilt worden, Rechtsvorgänge für steuerpflichtig zu erklären, die es, abgesehen von den dem G. bekannten Übertragungsformen, jemanden ermöglichen, über das Grundstück wie ein Eigentümer zu verfügen.

§ 12.

Die Wertermittelung ist in den Fällen, in denen für die Berechnung der Abgabe ein Wert in Betracht zu kommen hat, auf den gemeinen Wert des Grundstücks zu richten. Die Vorschrift des § 8 Abs. 3 findet entsprechende Anwendung.

Der Wert wiederkehrender Leistungen oder Nutzungen bestimmt sich nach den Vorschriften des Erbschaftssteuergesetzes.

1. Entstehungsgeschichte S. 98. — 2. Zu Abs. 1 Satz 1: a) Begriff des gemeinen Wertes S. 98; b) Anwendung des § 8 Abs. 3 S. 100; c) Tragweite der Wertermittlung S. 101. — 3. Zu Abs. 2: a) zu §§ 17—20 ErbschStG.; b) zu § 17 desselben insbesondere 101 bis 104.

1. Entstehungsgeschichte. Der Entw. (§ 8) enthielt, abgesehen von den zwei Absätzen des jetzigen § 12 noch folgende Bestimmungen als Abs. 2 und 3, die in der 3. Les. als § 8a eingestellt wurden: „Soweit in Landesgesetzen für die Wertermittelung bei Erhebung einer Abgabe von dem Übergange des Eigentums an Grundstücken von den vorstehenden Vorschriften Abweichungen getroffen sind, können diese nach näherer Bestimmung des Bundesrats der Bemessung der Reichsabgabe zugrunde gelegt werden. — Den Landesregierungen bleibt überlassen, im Einverständnisse mit dem Reichskanzler zu bestimmen, daß bei der Wertfestsetzung Einheitspreise zugrunde zu legen sind". Sie kamen jedoch nicht in das G.

2. Zu Abs. 1 Satz 1a. Begriff des gemeinen Wertes. In allen Fällen, in denen für die Berechnung der Abgabe ein Wert in Betracht kommt, ist die Wertermittlung auf den gemeinen Wert zu richten. Über den Begriff des gemeinen Wertes besteht eine umfangreiche Judikatur (vgl. auch Nöll-Freund, Kommunalabgabengesetz, 7. Aufl. 1910

S. 103 ff., Hönemann, im PrVerwBl. Bd. 27 S. 589, 607). — Den Begriff des gemeinen Wertes i. S. der Wertzuwachssteuer festzustellen, ist deshalb schwierig, weil in den bisherigen Steuergesetzen eine übereinstimmende Begriffsbestimmung, die angewendet werden könnte, nicht vorhanden ist, im vorliegenden G. eine solche ebenfalls fehlt. Im Sinne des KAG. ist es streitig, ob als gemeiner Wert der Ertragswert oder Verkaufswert angesehen werden soll. Für das KAG. wird man sich für letzteren entschließen können. In Art. II des G. betr. Abänderung des EStG. und des ErgStG. vom 19. Juni 1906 ist eine genauere Begriffsbestimmung insofern enthalten, als dem bisherigen § 11 ErgStG. als erster Absatz die folgende Bestimmung hinzugefügt wurde: „Bei der Einschätzung von Grundstücken, deren nachhaltiger Wert bedingt wird durch eine ordnungsmäßige land- und forstwirtschaftliche Bewirtschaftung, ist der Wert nach den Verkaufswerten und den Pachtwerten zu bemessen, welche sich für Grundstücke gleicher Art nach dem Durchschnitte der letzten 10 Jahre ermitteln lassen". Diese Bestimmung ist aber ersetzt worden durch Art. II des G. vom 26. Mai 1909 (GS. S. 349): „Bei der Einschätzung von Grundstücken, die dauernd land- oder forstwirtschaftlichen Zwecken zu dienen bestimmt sind, einschließlich der dazugehörenden, denselben Zwecken dienenden Gebäude und des Zubehörs, wird der Ertragswert zugrunde gelegt. Als Ertragswert gilt das Fünfundzwanzigfache des Reinertrages, den die Grundstücke als solche nach ihrer wirtschaftlichen Bestimmung bei gemeinüblicher Bewirtschaftung im Durchschnitte nachhaltig gewähren können." Bezüglich des Gemeindegrundsteuerrechts ist Freund a. a. O. S. 105 der Ansicht, daß die neue Vorschrift nur dort Neuerungen schaffen werde, wo die Gemeindesteuerordnung über die Einschätzung der fraglichen Grundstückskategorien nicht andere Normen enthält, da die Gemeinden gemäß § 25 KAG. in der Begriffsbestimmung des „gemeinen Wertes" autonom sind. In den Bestimmungen des § 8 des Kreis- und Provinzialabgabengesetzes vom 23. April 1906 ist durch die erwähnte gesetzliche Vorschrift keine Änderung herbeigeführt worden. Auf Grund eines Beschlusses des Abgeordnetenhauses vom 5. März 1907 (StenBer. des AbgH. 1907 S. 1935—1942) soll die für die Bewertung land- und forstwirtschaftlicher Grundstücke im Kreisgrundwertssteuersystem vorgesehene Regelbestimmung auch für die Wertsteuern der Gemeinden gelten (vgl. auch Erl. des Pr. Min. des Innern vom 14. Juni 1907, MBl. S. 235). Den Gemeinden steht es frei, in den Fällen, in welchen die besondere Einschätzung von Grundstückskategorien nach dem Ertragswert nicht angezeigt erscheint, in der Steuerordnung auch für diese den Verkaufswert als maßgebend zu erklären. Danach ist schon innerhalb des preußischen Rechts, je nach den verschiedenen Steuerrechtsgebieten, ein übereinstimmendes Recht für die Berechnung des gemeinen Wertes nicht gegeben. Da es sich im ZStG. um ein für das ganze Reich geltendes G. handelt, müssen auch die Steuersysteme der einzelnen Staaten in bezug auf die Art, wie sie den gemeinen Wert berechnen, berücksichtigt werden. Ob sich bei dieser sich ergebenden Verschiedenheit ein einheitlicher Begriff des gemeinen Wertes wird finden lassen, steht dahin. Der Praxis kann in dieser Beziehung nicht vorgegriffen werden. Immerhin wird, weil in der Natur der Sache gelegen, als gemeiner Wert einer Sache der objektive, d. h. derjenige Wert angesehen werden können, den die Sache nach ihrer objektiven Beschaffenheit für jeden Besitzer hat, im Gegensatz zu dem subjektiven Interesse. Über diesen gemeinen Wert entscheidet zunächst derjenige Preis, welcher für das Objekt unter normalen Verhältnissen gezahlt worden ist, in zweiter Linie der Vergleich mit den Kaufpreisen wesentlich gleichartiger Besitzungen. Die in der einzelstaatlichen Praxis ausgebildeten Grundsätze hinsichtlich der Würdigung des für das Objekt gezahlten Preises, der Berechnung von Meliorationen, Investierungen bei der Wertbestimmung werden insofern nicht ohne weiteres anwendbar sein, als die Spezialbestimmungen des ZStG. §§ 14—16 Sonderregeln aufgestellt haben (vgl. im übrigen H ö n e m a n n a. a. O. S. 607, 608). Mit Rücksicht auf die Übernahme der Idee der Grundstückseinheit in das ZStG. wird auch die Judikatur des preußischen OVG. bezüglich der ländlichen Grundstücke einen Fingerzeig bieten. Danach bildet den objektiven Wert landwirtschaftlicher Besitzungen grundsätzlich der V e r k a u f s w e r t, d. h. derjenige Wert, den die maßgebende wirtschaftliche Grundstückseinheit nach den durch den lokalen Immobiliarverkehr in gleichartigen Grundstücken gegebenen Erfahrungen für j e d e n Besitzer hat (E. vom 20. April 1896 Bd. 5 S. 66; vom 27. Mai 1898 Bd. 7 S. 263; vom 13. April 1899 Bd. 8 S. 337; vom 14. März 1902 PrVerwBl. Bd. 23 S. 610; vom 15. Dezember 1899 daselbst Bd. 21 S. 230 ff.).

b) § 8 A b s. 3 findet entsprechende, d. h. unmittelbare Anwendung: „Ist einem der Vertragschließenden ein Wahlrecht oder die Befugnis eingeräumt, innerhalb gewisser Grenzen den Umfang der Gegenleistung zu bestimmen, so ist für die Bemessung der Abgabe der höchste mögliche Betrag der Gegenleistung maßgebend".

c) Tragweite der Wertermittlung. Hat eine solche zwecks Berechnung des Veräußerungspreises stattgefunden, so ist der ermittelte Wert beim nächsten steuerpflichtigen Rechtsvorgange für die Berechnung des Erwerbspreises maßgebend. Ein dahingehender Antrag, eine Bestimmung dieses Inhalts in das G. aufzunehmen, wurde deshalb abgelehnt, weil er sich auch schon aus der Fassung des 1. Satzes ergibt. Es entspricht dem System des G., daß in allen Fällen der Veräußerungspreis oder der an dessen Stelle zu setzende ermittelte Wert beim späteren Steuerfall, bei dem auf diesen steuerpflichtigen Rechtsvorgang zurückgegriffen wird, als Erwerbspreis zu gelten hat. Ob der Erwerber zuzuziehen oder ob er zur Einlegung von Rechtsmitteln zuständig ist, ist zweifelhaft. Durch prozeßrechtliche Anwendung der Beiladung dürfte sich jedenfalls die erstere Frage dort, wo dieses Institut im einzelstaatlichen Verwaltungsstreitverfahren gegeben ist, einfach beantworten.

3. Zu Abs. 2. Die maßgebenden Bestimmungen des ErbschStG., die hier inbezug genommen sind, sind die §§ 17 bis 20[1]). Im einzelnen sei folgendes bemerkt:

a) Zu §§ 17—20 ErbschStG. Der Zweck dieser Bestimmungen ist, die Vorausbesteuerung künftig wiederkehrender

1) § 17. Bei Nutzungen oder Leistungen, die entweder ausdrücklich oder durch anderweitige die Dauer begrenzende Umstände auf bestimmte Zeit beschränkt sind, ist der Gesamtwert unter Abrechnung der Zwischenzinsen durch Zusammenzählung der einzelnen Jahreswerte zu berechnen. Der Gesamtwert darf den zum gesetzlichen Zinssatze kapitalisierten Jahreswert nicht übersteigen. Bei immerwährenden Nutzungen wird das Fünfundzwanzigfache des einjährigen Betrags, bei Nutzungen von unbestimmter Dauer, sofern nicht die Vorschriften der §§ 18, 19 Anwendung finden, das Zwölfeinhalbfache des einjährigen Betrags als Wert angenommen.

§ 18. Der Wert von Leibrenten oder anderen auf die Lebenszeit einer Person beschränkten Nutzungen einschließlich des im § 3 Nr. 1 bezeichneten Erwerbes, wird nach dem Lebensalter der Person, mit deren Tode das Bezugsrecht erlischt, berechnet, und zwar wird als Wert

1. bei einem Alter bis zu 25 Jahren das 20fache,
2. von mehr als 25 „ „ 35 „ „ 18 „
3. „ „ „ 35 „ „ 45 „ „ 16 „
4. „ „ „ 45 „ „ 55 „ „ 14 „
5. „ „ „ 55 „ „ 65 „ „ 12 „
6. „ „ „ 65 „ „ 70 „ „ 10 „
7. „ „ „ 70 „ „ 75 „ „ 8 „
8. „ „ „ 75 „ „ 80 „ „ 6 „
9. „ „ „ 80 Jahren das 4fache des Wertes der einjährigen Nutzung angenommen.

Nutzungen und Leistungen von bestimmtem oder bestimmbarem Jahreswert und des mit solchen Nutzungen und Leistungen beschwerten Vermögens beim Anfall der Nutzungen oder Leistungen oder des beschwerten Vermögens zu ermöglichen. Sie gelten sowohl für die Wertermittlung der bei Lebzeiten des Erblassers entstandenen, den Nachlaß vermehrenden oder verringernden, als auch der erst durch den Anfall begründeten Nutzungen oder Leistungen. — Nutzungen sind Früchte einer Sache oder eines Rechts, sowie die Vorteile, die der Gebrauch der Sache oder des Rechts gewähren kann (§§ 99, 100 BGB.). Unter „Leistung" kann jedes Tun oder Unterlassen verstanden werden (§ 241 BGB.). Der Kapitalwert der Nutzungen oder Leistungen ist unter Berücksichtigung ihrer Dauer in den §§ 17 bis 19 auf ein Vielfaches des Jahreswertes festgesetzt. Voraussetzung für die Anwendung der Bestimmungen ist, daß der Jahreswert feststeht oder in Geld geschätzt werden kann.

Ist jedoch die Nutzung oder Leistung

im Falle des Abs. 1 Nr. 1 schon innerhalb eines Zeitraums von 10 Jahren,

im Falle des Abs. 1 Nr. 2 schon innerhalb eines Zeitraums von 9 Jahren,

im Falle des Abs. 1 Nr. 3 schon innerhalb eines Zeitraums von 8 Jahren,

im Falle des Abs. 1 Nr. 4 schon innerhalb eines Zeitraums von 7 Jahren,

im Falle des Abs. 1 Nr. 5 schon innerhalb eines Zeitraums von 6 Jahren,

im Falle des Abs. 1 Nr. 6 schon innerhalb eines Zeitraums von 5 Jahren,

in den Fällen des Abs. 1 Nr. 7 bis 9 schon innerhalb eines Zeitraums von 4 Jahren

nach dem Anfall erloschen, so wird ihr Wert nach Maßgabe der wirklichen Dauer bestimmt und die gezahlte Steuer bis auf den diesem Werte entsprechenden Betrag erstattet. In gleicher Weise wird, wenn die steuerpflichtige Masse um den nach Abs. 1 berechneten Wert einer Nutzung oder Leistung geringer veranlagt war, im Falle des früheren Erlöschens der Nutzung oder Leistung ein entsprechender Steuerbetrag nacherhoben.

§ 19. Hängt die Dauer der Nutzungen von der Lebenszeit mehrerer Personen ab, so ist, wenn das Bezugsrecht mit dem Tode der letztversterbenden Person erlischt, das Lebensalter der jüngsten Person maßgebend.

§ 20. Der einjährige Betrag der Nutzung eines Geldbetrags ist, wenn er nicht anderweit feststeht, zu vier vom Hundert anzunehmen.

b) Zu § 17 ErbschStG. insbesondere. aa) Zu Satz 1. Das Ende der Nutzungen oder Leistungen muß zeitlich bestimmt sein, oder von Umständen abhängen, die eine hinlänglich sichere Schätzung der Dauer zulassen (E. des RG. vom 18. Januar 1907 JurW. S. 157 43). Alle die Dauer begrenzenden Umstände sind zu berücksichtigen, so daß es nicht auf normale, sondern auf die wirklich bestehenden Verhältnisse ankommt. — Zur Berechnung des Kapitalwertes ist den Ausführungsbestimmungen (§ 23) eine Hilfstafel beigegeben, nach der von den künftigen Hebungen Zinsen zu 4 Proz. und Zinseszinsen abgerechnet sind.

bb) Zu Satz 3. „Renten bis zur Verheiratung", bis „zur Beendigung des Studiums" sind als auf unbestimmte Zeit ausgegeben anzusehen (Erl. des Pr. Finanzministers vom 12. August 1904 III 10 595). Immerwährende Nutzungen sind solche, deren Aufhören nach dem gewöhnlichen Laufe der Dinge für absehbare Zeit nicht zu erwarten ist, besonders solche, die durch den Wechsel in der Person des Berechtigten und Verpflichteten nicht berührt werden, z. B. dauernde Grunddienstbarkeiten, Reallasten, Auflagen. Der Umstand, daß eine an sich immerwährende Leistung ablösbar ist, macht sie nicht zu einer Leistung von unbestimmter Dauer (Beschl. des KG. vom 20. Juni 1904, Johow Bd. 28 S. 80). — Nutzungen von unbestimmter Dauer sind solche von länger andauerndem Bestande, die in absehbarer Zeit gewiß erlöschen, bei denen die Zeit des Wegfalles aber so unbestimmt ist, daß die Dauer von vornherein auch nicht annähernd geschätzt werden kann (E. des RG. Bd. 24 S. 373). Nutzungen von unbestimmter Dauer sind nur dann mit dem Zwölfeinhalbfachen zu kapitalisieren, wenn nicht die Kapitalisierung nach dem Lebensalter des Berechtigten einen niedrigeren Multiplikator bedingt.

c) Zu § 18 ErbschStG. insbesondere. Den hier erwähnten Nutzungen sind Leistungen gleich zu achten. Ihre Dauer muß von der Lebensdauer eines Menschen abhängen, so bei Leibrenten (§§ 759 ff. BGB.), Nießbrauchsrechten (§§ 1030 ff. BGB.), Vorerbschaft, Lehens- und Fideikommißfällen, Bezügen aus Familienstiftungen, Alimenten (E. des RG. in der JurW. 92 S. 284 50), Leibgedinge (Art. 96 EG. z. BGB.), Wohnungsrechten.

d) Zu § 19 ErbschStG. insbesondere. Wenn ein lebenslängliches Nießbrauchsrecht mit einer lebenslänglichen Rente belastet und der Rentenempfänger die ältere Person ist, so ist die jährliche Nutzung ohne Abzug der auf ihr lastenden Rente nach dem Lebensalter des jüngeren Nießbrauchers zu kapitalisieren und von dem so ermittelten Kapitalwerte die nach dem Lebensalter des älteren Rentenempfängers kapitalisierte Rente abzusetzen. Ist der Rentenempfänger die jüngere Person, so ist der in Abzug zu bringende Kapitalwert der Rente nach dem Lebensalter des älteren Nießbrauchers zu berechnen (Erl. des Pr. Finanzministers vom 18. Dezember 1896 III 13 928 und 14. Juni 1899 III 4741 [AbgZBl. 1899 S. 143]). — Als „feststehende Nutzung" wird derjenige Zinssatz angesehen, auf den der Nutzungsberechtigte für die Dauer seiner Nutzung durch rechtsgültige Anordnungen beschränkt ist. Sind solche Anordnungen nicht getroffen, so bestimmt das G. den Zinsfuß auf 4 Proz., ohne Rücksicht darauf, ob hinterher durch das Steigen oder Fallen des Zinsfußes eine Erhöhung oder Ermäßigung der Nutzung eintritt. Es ist alsdann für die Berechnung des Nutzungswertes auch ohne Bedeutung, welchen Zinsertrag die Kapitalien zur Zeit des Todes des Erblassers zufällig bringen (Erl. des Pr. Finanzministers vom 28. Oktober 1899 III 13 039).

§ 13.

Betrifft der steuerpflichtige Rechtsvorgang steuerpflichtige und steuerfreie Gegenstände, ohne daß Einzelpreise oder -werte angegeben werden, so bestimmt die Steuerbehörde den auf die steuerpflichtigen Gegenstände entfallenden Teil der Gesamtsumme, wenn nicht der Steuerpflichtige auf Erfordern innerhalb der ihm bestimmten Frist die Trennung der Preise oder Werte nachholt. Sind zum Zwecke der Steuerersparung unrichtige Angaben gemacht worden, so ist der Betrag durch Schätzung zu ermitteln.

Das Gleiche gilt für die Verteilung des Gesamtbetrags auf mehrere steuerpflichtige Gegenstände.

1. Entstehungsgeschichte. Der Entw. hatte im § 9 folgende Vorschrift vorgesehen: „Betrifft der steuerpflichtige Rechtsvorgang unbewegliche und solche anderen Gegenstände, die nicht wesentliche Bestandteile der ersteren sind, ohne daß Einzelpreise oder -werte angegeben werden, so bestimmt die Steuerbehörde den auf die unbeweglichen Gegenstände entfallenden Teil der Gesamtsumme, wenn nicht der Steuerpflichtige auf Erfordern innerhalb der ihm bestimmten Frist die Trennung der Preise oder Werte nachholt.

Das Gleiche gilt für die Verteilung des Gesamtbetrages auf mehrere steuerpflichtige Gegenstände."

In der 1. und 2. Komm.-Les. unverändert, wurde in der 3. Komm.-Les. ein Antrag, den Eingang, so wie er jetzt im G. steht, zu fassen angenommen, ferner ein weiterer Antrag, dem Abs. 1 des letzten Satzes hinzuzufügen: „Sind die Angaben zum Zwecke der Steuerersparung unrichtig gemacht, so ist der Betrag durch Schätzung zu ermitteln". Infolgedessen wurde auch das Wort „unbeweglichem" durch „steuerpflichtigen" ersetzt, wie die Vergleichung der gesperrt gedruckten Worte mit dem Gesetzestext ergibt.

2. Inhalt des § 13. Er betrifft zwei Fälle.

a) In dem einen handelt es sich um einen Rechtsvorgang, von dem steuerpflichtige und steuerfreie Gegenstände betroffen werden, ohne daß Einzelpreise oder Einzelwerte (von den Parteien) angegeben werden. In diesem Falle hat die Steuerbehörde den Steuerpflichtigen unter Bestimmung einer Frist aufzufordern, den auf die steuerpflichtigen Gegenstände entfallenden Teil der Gesamtsumme anzugeben. Geschieht dies nicht, so „bestimmt" die Steuerbehörde selbst den betreffenden Teil, nimmt also selbst die Trennung der Preise oder Werte vor. Wenn aber selbst die Parteien die Trennungsfrist auf Erfordern wahrgenommen haben, so ist die Behörde nicht an die gegebenen Preise und Werte gebunden, wenn sie — nach freiem Ermessen — der Ansicht ist, daß zum Zwecke der Steuerersparung unrichtige Angaben gemacht worden sind. Sie kann vielmehr den Betrag durch Schätzung ermitteln (vgl. § 11 und die dortigen Erläuterungen). Hierbei ist jedoch der Wortlaut des G. als zu eng zu bezeichnen. M. E. ist jene Schätzungsbefugnis der Steuerbehörde in allen Fällen zuzusprechen, in denen sie die Angaben für unrichtig hält, auch wenn sie den mitunter beleidigenden Grund nicht unterstellen will, es habe der Steuerpflichtige „zum Zwecke der Steuerersparung", also bewußt unrichtige Angaben gemacht. Was steuerpflichtiger „Gegenstand" ist, bestimmt sich nach BGB. In diesem umfaßt der Ausdruck sowohl körperliche Gegenstände (Sachen) wie auch Rechte. Es gilt deshalb der 1. Satz des § 13 auch für Verpflichtungen, d. h. diejenigen Fälle, in welchen der steuerpflichtige Rechtsvorgang ohne Angabe von Einzelpreisen oder -werten neben unbeweglichen Gegenständen auch Rechte betrifft. — Über die Frage des wesentlichen Bestandteils in steuerlicher Beziehung vgl. § 8 und dessen Erläuterungen. Vgl. S. 89, auch S. 93.

b) Im zweiten vom § 13 betroffenen Falle (Abs. 2) handelt es sich nicht um das Nebeneinander von steuerpflichtigen und steuerfreien Gegenständen, sondern um mehrere steuerpflichtige. Bei der Verteilung des Gesamtbetrages gilt das Gleiche wie bei dem zu a) mitgeteilte Verfahren.

§ 14.

Dem Erwerbspreis sind hinzuzurechnen:

1. als Kosten des Erwerbes, sofern nicht an Stelle des Erwerbspreises der Wert maßgebend ist, vier vom Hundert des Erwerbspreises und, falls der Veräußerer nachweislich einschließlich der ortsüblichen Vermittelungsgebühr einen höheren Betrag aufgewendet hat, dieser;
2. falls der Erwerb im Wege der Zwangsversteigerung erfolgt ist und der Veräußerer zur Zeit der Einleitung der Zwangsversteigerung Hypotheken- oder Grundschuldgläubiger war, der nachweisliche Betrag seiner ausgefallenen Forderungen, bis zu dem Werte, den das Grundstück zur Zeit der Zwangsversteigerung oder, wenn der Wert zur Zeit der Eintragung der Forderung höher war, zu diesem Zeitpunkt hatte. Die Forderungen kommen, wenn sie durch entgeltliches Rechtsgeschäft erworben sind, nur in Höhe des geleisteten Entgelts in Anrechnung. Beruht ihr Erwerb auf einer Schenkung, oder ist ihre Eintragung innerhalb kürzerer Zeit als sechs Monate vor der Einleitung der Zwangsversteigerung erfolgt, so werden die Forderungen nur berücksichtigt, wenn nach den Umständen Schenkung oder Eintragung keine Steuerersparung bezwecken;
3. die Aufwendungen für Bauten, Umbauten und für sonstige dauernde besondere Verbesserungen, auch solche land- oder forstwirtschaftlicher Art, sowie für bergmännische Versuchs- und Ausrichtungsarbeiten, die innerhalb des für die Steuerberechnung maßgebenden Zeitraums gemacht sind und weder die nach § 10 abzugsfähigen Gegenstände betreffen, noch der laufenden Unterhaltung von Baulichkeiten oder der laufenden Bewirtschaftung von Grundstücken dienen,

soweit die Bauten und Verbesserungen noch vorhanden sind. Außerdem sind fünf vom Hundert, oder wenn der Veräußerer Baugewerbetreibender oder Bauhandwerker und selbst der Bauunternehmer ist, fünfzehn vom Hundert des anrechnungsfähigen Wertes den Aufwendungen hinzuzurechnen. Diese Bestimmung findet jedoch keine Anwendung, wenn der Unternehmer eine Gesellschaft im Sinne des Handelsgesetzbuchs oder eine Genossenschaft ist, die nicht ausschließlich aus Baugewerbetreibenden oder Bauhandwerkern bestehen. Als Aufwendungen im Sinne dieser Vorschrift gelten Beträge, die aus Versicherungen gedeckt sind, nicht, wenn sie zur Wiederherstellung von Baulichkeiten verwendet sind, die vor dem für die Steuerberechnung maßgebenden Zeitraum errichtet waren;

4. die Aufwendungen, Leistungen und Beiträge für Straßenbauten, andere Verkehrsanlagen einschließlich der Kanalisierung, sowie ohne entsprechende Gegenleistung und Verzinsung geleistete Beiträge für sonstige öffentliche Einrichtungen, soweit die Aufwendungen, Leistungen und Beiträge innerhalb des für die Steuerberechnung maßgebenden Zeitraums gemacht sind. Für jedes volle Jahr dieses Zeitraums nach Schluß des Kalenderjahrs, in welchem die Aufwendungen gemacht oder die Leistungen oder Beiträge verausgabt sind, längstens jedoch für fünfzehn Jahre, sind ihnen vier vom Hundert ihres Betrags hinzuzurechnen. Auf Antrag des Veräußerers tritt an die Stelle dieser Zinsanrechnung die Hinzurechnung gemäß § 16, und zwar gemäß Abs. 1 Ziffer 1 von demjenigen Betrage, welcher den dort bezeichneten Höchstbetrag bei Berücksichtigung auch der Aufwendungen nach Ziffer 4 nicht übersteigt, gemäß Abs. 1 Ziffer 2 von dem Mehrbetrage.

5. B. Erläuterungen zu Ziff. 3 Satz 1 im einzelnen S. 113. — 6. Zu Ziff. 3 Satz 2 S. 116. — 7. Zu Ziff. 4 S. 117.

1. Entstehungsgeschichte. Der Inhalt der vorliegenden Bestimmungen ist aus den Vorschriften der §§ 10 und 15 des Entw. zusammengesetzt, jedoch in einer durch die folgenden Darlegungen klargestellten Art. Der Unterschied gegenüber der ursprünglichen Fassung ist für die Auslegung des geltenden Rechts wichtig und deshalb die Wiedergabe jener beiden Bestimmungen unerläßlich. § 10 des Entw. bestimmte: „Dem Erwerbspreis sind hinzuzurechnen:

1. die vom Veräußerer nachweislich aufgewendeten Kosten des Erwerbes einschließlich der für die Vermittlung gezahlten ortsüblichen Gebühr, sofern nicht an Stelle des Erwerbspreises der Wert maßgebend ist:
2. falls der Erwerb im Wege der Zwangsversteigerung erfolgt ist und der Veräußerer zur Zeit der Einleitung der Zwangsversteigerung Hypotheken- oder Grundschuldgläubiger war, der nachweisliche Betrag seiner ausgefallenen Forderungen, soweit dadurch der Wert des Gegenstandes zur Zeit der Zwangsversteigerung nicht überschritten wird. Die Forderungen kommen, wenn sie durch entgeltliches Rechtsgeschäft erworben sind, nur in Höhe des geleisteten Entgelts in Anrechnung. Sie bleiben unberücksichtigt, falls ihr Erwerb im Wege der Schenkung erfolgt ist, oder wenn sie innerhalb kürzerer Zeit als sechs Monate vor der Einleitung der Zwangsversteigerung eingetragen worden sind".

Der § 15 des Entw. schlug in seinem 1. Absatze vor: „Von dem Veräußerungspreise sind in Abzug zu bringen:

1. die Aufwendungen für Bauten, Umbauten und sonstige dauernde besondere Verbesserungen, die innerhalb des für die Steuerberechnung maßgebenden Zeitraums gemacht sind, soweit sie eine zur Zeit des Eintritts der Steuerpflicht noch fortbestehende Werterhöhung zur Folge haben und weder der laufenden Unterhaltung oder ordnungsmäßigen Bewirtschaftung dienen noch zur Wiederherstellung eines schon zur Zeit des Erwerbes mit dem Grund und Boden verbunden gewesenen Gebäudes oder anderen Werkes bestimmt sind,
2. die Leistungen und Beiträge für die Anlage von Straßen, für die Kanalisierung sowie für sonstige öffentliche Arbeiten und Aufwendungen, die innerhalb des für die Steuerberechnung maßgebenden Zeitraums gemacht sind,

3. die dem bisherigen Eigentümer oder Berechtigten nachweislich zur Last fallenden Kosten der Übertragung einschließlich der für die Vermittelung gezahlten ortsüblichen Gebühr, sofern nicht an Stelle des Veräußerungspreises der Wert maßgebend ist,

4. vier vom Hundert von dem Erwerbspreis unbebauter Grundstücke, die vom Veräußerer vor der Veräußerung bebaut worden sind, für einen Zeitraum von nicht mehr als sechs Jahren vor der behördlichen Gebrauchsabnahme oder wo eine solche nicht besteht, vor der gebrauchsfertigen Herstellung mit der Maßgabe, daß auf den Zinsabzug der während der Zeit aus dem Grundstück erzielte Ertrag anzurechnen ist".

(Bezügl. des Abs. 2 des § 15 Entw. siehe oben zu § 1 Abs. 2 des G.). — Eine Vergleichung des Gesetzestextes mit den Vorschriften beider vorgeschlagenen Paragraphen ergibt: Der § 10 hatte 2 Ziffern, die den ersten beiden Ziffern des vorliegenden Paragraphen entsprechen. Die im § 15 Abs. 1 und 2 Entw. enthaltenen Ziffern des 1. Absatzes sind unter zum Teil erheblicher Abänderung als Ziff. 3 und 4 des jetzigen § 14 eingestellt worden. § 15 Ziff. 3 bildet jetzt § 22 Ziff. 1; an Stelle des § 15 Ziff. 4 steht jetzt § 22 Ziff. 2. — Der innere Zusammenhang der teilweise zusammengezogenen §§ 10 und 15 des Entw. ist in der Tat sehr eng, wie sich auch daraus ergibt, daß die Begr. S. 36 ff. beide gemeinsam rechtfertigt. Hierauf wird bei den einzelnen Ziffern einzugehen sein, ebenso auf die Änderung der Fassung im Laufe der gesetzgeberischen Arbeiten.

Hauptsächlich in vorliegendem Paragraphen hat das Gesetz neben den §§ 15 und 16 das Mittel gefunden, in rein praktischer Weise eine Scheidung zwischen Wertzuwachs und steuerpflichtigem (unverdientem) Wertzuwachs vorzunehmen. Es geschah dies durch die Bestimmungen über die Hinzurechnung der Kosten des Erwerbs, der Kosten für die Anlagen und Straßen, Kanalisation und gewisser Aufwendungen.

2. Zu Ziff. 1. Der Gedanke war ursprünglich der, dem Erwerbspreise die Anschaffungskosten einschließlich der Vermittelungsgebühr hinzuzurechnen (§ 10 Ziff. 1 des Entw.) und außerdem von dem Veräußerungspreise die Kosten der Veräußerung abzurechnen (§ 15 Ziff. 3 des Entw.). Die Vermittlergebühr ist zur Vermeidung von Umgehungen auf den bezahlten und ortsüblichen Betrag beschränkt. Wenn an die Stelle des Preises der Wert tritt, liegt für die Berücksichtigung der Erwerbs- und Übertragungskosten kein Anlaß vor.

Schon in der 1. Komm.-Les. wurde der Zusatz „sofern nicht an Stelle des Erwerbspreises der Wert maßgebend ist" gestrichen, im übrigen ein dem jetzigen Gesetzestext entsprechender Antrag mit Rücksicht darauf eingebracht und angenommen, daß es für den Veräußerer überaus schwierig sein werde, die Kosten des unter Umständen lange Zeit zurückliegenden Erwerbs nachzuweisen, und daß auch für die Behörden eine große Anzahl von Weiterungen und Schwierigkeiten durch eine solche Regelung aus dem Wege geräumt wird. In der 2. Les. wurde jener gestrichene Zusatz wieder hergestellt; der dadurch entstandene Text ist dann unverändert geblieben. Nach dem G. handelt es sich aber nur um die Kosten des Erwerbs, nicht um die Kosten der Veräußerung. Es handelt sich nur um eine Hinzurechnung der ersteren und nicht um eine Abrechnung der Kosten der Veräußerung.

3. Zu Ziff. 2. Bei der Schaffung dieser Bestimmung ging man davon aus, daß die Berechnung des Preises beim Zuschlage im Wege der Zwangsversteigerung (§ 9) unbillig wäre, wenn der Ersteher als Hypothekengläubiger das Grundstück erwerbe und mit einem Teile seiner Forderung ausgefallen war. Er soll in solchen Fällen berechtigt sein, den nachweislichen Betrag seiner ausgefallenen Forderung dem Erwerbspreise hinzuzurechnen, soweit dadurch der Wert des Gegenstandes zur Zeit der Zwangsversteigerung oder, wenn der Wert zur Zeit der Eintragung der Forderung höher war, zu diesem Zeitpunkte nicht überschritten wird. Hierbei kommen, um eine ungerechtfertigte Ausnutzung dieser Ausnahmevorschrift zu verhüten, gegen entgeltliches Rechtsgeschäft erworbene Forderungen nur in Höhe des geleisteten Entgelts in Anrechnung. Schenkungsweise erworbene Forderungen, sowie solche, die innerhalb kürzerer Zeit als sechs Monate vor der Einleitung der Zwangsversteigerung eingetragen sind, sollen nach dem Entw. überhaupt nicht in Betracht kommen; nach dem Gesetz werden sie aber dann berücksichtigt, wenn nach den Umständen Schenkung oder Eintragung keine Steuerersparung bezwecken. Diese Vergünstigungen haben ihren Grund darin, daß sowohl Schenkungen durchaus gesetzlich sein, vielleicht lange Zeit zurückliegen können, und weil die vor kurzem eingetragenen Forderungen vielfach solche von Bauhandwerkern sind, die sich zu dieser Eintragung meist erst dann entschließen, wenn die Zwangsversteigerung nahe bevorsteht.

Unter „Meistgebot" im Sinne des ZStG. ist das Bargebot, für das der Zuschlag erteilt wird, einschließlich der nach den Versteigerungsbedingungen oder nach den gesetzlichen Vorschriften bestehen bleibenden Rechte zu verstehen (Begr. S. 35).

4. Zu Ziff. 3.

A. Grundsätzliches. Die Bestimmung entspricht dem § 15 Ziff. 1 des Entw. Der Unterschied zwischen der Wertsteigerung und der steuerpflichtigen Wertsteigerung ergibt sich auch bei den Anrechnungen und zwar aus den folgenden Nummern 3 und 4. In beiden Fällen wollte der Entw. diese Beträge nicht dem Erwerbspreise zurechnen, sondern von dem Veräußerungspreise abziehen, weil der Zuwachs erfahrungsgemäß wesentlich auf dem Werte des Grund und Bodens beruht, während der Wert einer Aufwendung, z. B. der Errichtung eines Gebäudes sich nicht selten mit der Zeit verringert und so den Unterschied zwischen dem Erwerbs- und Veräußerungspreis eher mindert als vergrößert. Ist demnach für ein Grundstück einschließlich der Erwerbskosten ein Preis von 100 000 Mk. gezahlt, und wird auf dem Grundstücke alsdann ein Gebäude im Werte von 100 000 Mk. errichtet, so ist, falls das Grundstück zu einer Zeit, zu der das Gebäude noch 100 000 Mk. wert ist, für 250 000 Mk. veräußert wird, der Zuwachs (50 000 Mk.) nach Maßgabe eines Erwerbspreises von 100 000 Mk., also zu 50 Proz. zu berechnen. Würden die Baukosten dem Erwerbspreise zugeschlagen, dieser also zu 200 000 Mk. angesetzt werden, so würde bei demselben Gewinne von 50 000 Mk. nur ein Zuwachs von 25 Proz. zu versteuern sein und bei der Gestaltung des Tarifs überdies ein erheblich geringerer Steuersatz zur Anwendung kommen (Begr, S. 21). Der Standpunkt der Regierung ist aber noch weiter genauer dahin formuliert worden: Derjenige Wertzuwachs, der erfaßt werden solle, beruht auf der Wertsteigerung des Grund und Bodens. Der Wert der Gebäude und der sonstigen auf dem Grundstück errichteten Anlagen pflege nicht oder doch nicht annähernd in dem gleichen Maße zu steigern, sondern eher infolge der Abnutzung zu fallen. Deshalb sei es richtiger, die hierfür gemachten Aufwendungen von dem Veräußerungspreise abzuziehen; denn erst durch Vergleichung des danach verbleibenden Restes des Veräußerungspreises mit dem Erwerbspreise werde diejenige Wertsteigerung ermittelt, die der Grund und Boden als solcher erfahren habe. Das Verfahren, lediglich den Wert des reinen Grund und Bodens nach Abzug aller Gebäudewerte zur Zeit des Erwerbs und der Veräußerung miteinander zu vergleichen, sei geeignet, Gewinne bei Spekulationsgrundstücken schärfer zu fassen. Die Komm. hat jedoch bereits in der 1. Les. für den entgegengesetzten Standpunkt entschieden, nachdem sie folgendes erwogen hatte: Man müsse, um den dem Veräußerer an dem Grundstück erwachsenden Gewinn zu erfassen, denjenigen Betrag von dem Veräußerungspreis absetzen, welcher von dem Besitzer für das Grundstück aufgewendet worden sei. Dazu gehöre einerseits der Erwerbspreis, anderseits aber ebenso der Betrag der in § 15 Ziff. 1 und 2 des Entw. bezeichneten Aufwendungen. Diese bedingten mit dem Erwerbspreise zusammen die Gestehungskosten des Grundstücks. Im übrigen sei es auch praktisch und durchaus erwünscht, daß diesen Beträgen der erweiterte Einfluß auf die Bemessung der Steuer eingeräumt werde, der mit ihrer Hinzurechnung zum Erwerbspreis verbunden sei. Es könne ein Wertzuwachs, bei dem lediglich Veräußerungs- und Erwerbspreis einander gegenüberstehen, schärfer erfaßt werden, als ein gleich hoher Zuwachs in solchen Fällen, in denen in der Zwischenzeit die Tätigkeit und die Aufwendungen des Besitzers darauf gerichtet gewesen sind, das Grundstück zu verändern und dadurch im Werte zu erhöhen. Denn in den ersteren Fällen handele es sich der Wahrscheinlichkeit nach in höherem Maße um reine Spekulationsgewinne als in den letzteren. Ein typisches Beispiel zeigt den Unterschied zwischen der beabsichtigten und der jetzigen Regelung (Drucks. 515 S. 33). Der Erwerbspreis beträgt 100 000 Mk., die anrechnungsfähigen Aufwendungen 100 000 Mk. und der Veräußerungspreis 300 000 Mk. Der steuerpflichtige Zuwachs in Höhe von 100 000 Mk. wird bei Hinzurechnung der Aufwendungen zu dem Erwerbspreis mit einem solchen von 200 000 Mk., bei Abrechnung der Aufwendungen vom Veräußerungspreis dagegen mit einem Erwerbspreis von 100 000 Mk. verglichen. Er beträgt also im ersteren Falle nur 50 Proz. des Erwerbspreises, im zweiten Falle 100 Proz. desselben. — Jene Begründung des Abzugs vom Veräußerungspreis ist jedoch noch heute wichtig für die Bestimmungen des § 22, dessen Ziff. 1 und 2 den Ziff. 3 und 4 des § 15 des Entw. entsprechen.

Von Bedeutung ist dann die Frage, ob die Aufwendungen in dem ursprünglichen Betrage oder nur insoweit anzurechnen sind, als sie zur Zeit des Eintritts der Steuerpflicht den Wert des Grundstücks erhöhen. Die Vorlage entschied sich für das letztere (§ 15 Ziff. 1 Entw.). Wenn als Wertzuwachs ohne Rücksicht auf Schwankungen der Zwischenzeit lediglich der zur Zeit des Eintritts der Steuerpflicht vorhandene Zuwachs anzusehen sei, so könne als steuerfreier Zuwachs nur der Betrag gelten, der in diesem Augenblick als die Folgewirkung von Maßnahmen des Eigentümers noch vorhanden ist. Andernfalls erhielten — was der Veranlagung jede sichere Grundlage entzöge — solche Aufwendungen Anspruch auf Berücksichtigung, deren Veranstaltungen während der Besitzdauer wiederum beseitigt worden sind. Als unbillig könne diese Regelung nicht erscheinen, weil bei ordnungsmäßiger Verwaltung die mit der Zeit eintretende Wertminderung durch einen entsprechenden Tilgungsbetrag ausgeglichen zu sein pflege (Begr. S. 20). Der Entw. wollte demnach die Aufwendungen nur für steuerfrei erklären, „soweit sie eine zur Zeit des Eintritts der Steuerpflicht noch fortbestehende Werterhöhung zur Folge haben". Diese Fassung hätte aber zu großen Schwierigkeiten für den Steuerpflichtigen führen müssen, denn sie hätte die Auffassung gestützt, daß zu dem Nachweis der Höhe der gemachten Aufwendungen und dem Nachweis, daß die dadurch hergestellten baulichen und sonstigen Anlagen noch vorhanden sind, noch der weitere Nachweis hinzukommen müsse, daß die Höhe des Veräußerungspreises oder des an seine Stelle gesetzten Wertes auch ursächlich durch diese Anlagen beeinflußt sei. Wenn z. B. ein Gutsbesitzer ein Wirtschaftsgebäude oder ein industrieller Unternehmer ein Fabrikgebäude oder einen Lagerschuppen errichtet habe, so würde er bei dieser Auslegung haben nachweisen müssen, daß der erzielte Veräußerungspreis gerade mit Rücksicht auf dieses Gebäude die erzielte Höhe erreicht habe. Dieser Nachweis ist so gut wie unmöglich. Es würden die Behörden, Sachverständigen und Steuerpflichtigen die allerverschiedensten Ansichten über diesen Kausalzusammenhang haben (Drucks. 515 S. 34). Die Komm. hat deshalb mit Recht für ausreichend erklärt, wenn die Bauten und Verbesserungen beim Zeitpunkte der Steuerpflicht „noch vorhanden sind". Diese Ansicht drang durch und findet ihren Ausdruck im G.

5. B. Erläuterungen zu Ziff. 3 im einzelnen.

Zu Satz 1. a) Dem Erwerbspreise sind zuzurechnen „die Aufwendungen für Bauten, Umbauten und für sonstige dauernde, besondere Verbesserungen, auch solche land- und forstwirtschaftlicher Art". Der Begriff der Bauten fällt mit Neubau i. S. des § 1 Abs. 2 zusammen (vgl. oben S. 49). — Daneben ist Umbau jede auf Erweiterung, auf Verringerung, jedenfalls auf Verbesserung gerichtete bauliche Tätigkeit hinsichtlich eines schon vorhandenen Gebäudes. — Des weiteren haben sich die Verbesserungen zu vollziehen an Grundstücken, soweit jene dauernde und besondere sind. Es hängt dies zusammen mit dem unter f) erwähnten Punkte (vgl. unten S. 116). Es handelt sich um die dauernde Ertragsfähigkeit des Grundstücks, die durch persönliches Verdienst und Aufwendungen entstanden ist im Gegensatz zu dem zeitweiligen Ertrage. Man hat mit Unrecht bezweifelt, daß es möglich sein werde, solche Aufwendungen, die der laufenden Bewirtschaftung und der Erzielung der Jahreserträge gedient haben, zu sondern von denjenigen, die eine Werterhöhung des Grundstücks zur Folge gehabt haben. Die Steigerung der Ertragsfähigkeit dieser Grundstücke kann allerdings zu einem Teile auf der Art der landwirtschaftlichen Wirtschaftsführung beruhen. Neben dem Erfordernis einer dauernden, steht das einer besonderen Verbesserung eines Grundstücks. Verbesserungen, die in allgemeinen wirtschaftlichen Verhältnissen ihren Grund haben, wie z. B. allgemeine Steigerung der Bodenpreise, kommen nicht in Frage. Sie sind also nicht zum Erwerbspreise hinzuzurechnen. Es soll grundsätzlich nur die eigene Arbeit, Tüchtigkeit, Bemühung die Bevorzugung erhalten. So z. B., wenn ein Unland oder eine ganz geringwertige Acker-, Weide- oder Wiesenfläche im Grundsteuerkataster verzeichnet ist, dieser Zustand zur Zeit des Erwerbs noch der gleiche war, dagegen zur Zeit der Veräußerung dieser Teil des Grundstücks eine ertragreiche Acker-, Weide- oder Wiesenfläche geworden ist. Dann trifft § 14 Ziff. 3 zu. Beim Nachweis einer solchen Steigerung der Ertragsfähigkeit ist ohne weiteres davon auszugehen, daß diese Werterhöhung durch die eigene Tätigkeit des Eigentümers geschaffen worden ist.

Die Worte „Verbesserungen, auch solche land- und forstwirtschaftlicher Art" wurden mit der Absicht begründet, zum Ausdrucke zu bringen, daß bei landwirtschaftlich benutzten Grundstücken neben denjenigen Verbesserungen die, wie etwa Drainagen, einen bautenähnlichen Charakter haben, Verbesserungen anderer Art auch dann berücksichtigt werden sollten, wenn sie nicht als sichtbare Anlagen in die Erscheinung treten. Man wollte hierbei auch die kleinen Leute, Arbeiter, kleine Landwirte getroffen haben, welche die Bauten oder die landwirtschaftlichen Verbesserungen wesentlich mit ihrer und ihrer Familien eigenen körperlichen Arbeit ausführten.

b) Dem Erwerbspreise sind zuzurechnen bergmännische Versuchs- und Ausrichtungsarbeiten. Das Erfordernis des Vorhandenseins bezieht sich nur auf die in Ziff. 3 bezeichneten Bauten und Ausbesserungen, nicht auf die bergmännischen Versuchs- und Ausrichtungsarbeiten (siehe im folgenden zu d). Dies ergibt sich aus dem Wortlaut des 1. Satzes und aus den Gesetzgebungsarbeiten. In der 3. Les. wurde von dem Antragsteller, auf dessen Veranlassung die Worte „sowie für bergmännische Versuchs- und Ausrichtungsarbeiten" eingefügt wurden, ausgeführt, daß die Anrechnung sich nicht nur auf die bestehenden und noch sichtbaren Grubenbaue beschränken könne, sondern die gesamten Versuchs- und Ausrichtungsarbeiten umfassen müsse, so daß also für diese Arbeiten die für Bauten und Verbesserungen vorgeschriebene Erfordernis, wonach sie noch vorhanden sein müssen, zu beseitigen sei. Wenn auf Grund eines Fundes Bergwerkseigentum zur Verleihung gelange, so sei damit die Erstreckung der in Betracht kommenden Lagerstätte keineswegs nachgewiesen. Vielmehr bedürfe es noch ausgedehnter Arbeiten, z. B. Schürfungen, Bohrarbeiten, Versuchsschächten oder Versuchsstollen, Versuchsstrecken und anderer Arbeiten, um das Bild soweit zu ergänzen, daß sich ein Betriebsplan aufstellen lasse. Diese gesamten Arbeiten seien als Versuchsarbeiten, Aufwendungen zur Einleitung und Vorbereitung des Bergbaues anzusehen und müßten deshalb notwendigerweise auch beim Verkauf eines Bergwerks oder eines untersuchten Feldes berücksichtigt werden. Ferner seien die Ausrichtungsarbeiten in der Grube den anrechnungsfähigen Aufwendungen hinzuzurechnen. Diese bezweckten die Auffsuchung, die Zugänglichmachung und die Feststellung des Verhaltens der Lagerstätte in den verschiedenen Teilen und Tiefen des Grubenfeldes. Die Erschließung von verliehenen Mineralien sei oft sehr schwierig. Ganze Reihen von Schächten, Stollen und Strecken würden ergebnislos getrieben. In Erzgruben träten die Mineralien oft nesterweise und ganz zerstreut auf. Der Nachweis der Forterstreckung der Erze unterliege in derartigen Fällen besonderen Schwierigkeiten und es würden gerade dort Querschläge, Grundstrecken, Überbauungen und Gesenke in zahlreichen Fällen ohne Erfolg ausgeführt, bis es endlich gelinge, die Lagerstätte anzutreffen. Solche wiederholten Ansätze zur schließlichen Erreichung des Zwecks seien und blieben doch immer Aufwendungen zur Erschließung der Lagerstätte. Sie müßten deshalb zur Anrechnung gelangen, auch wenn die ausgeführten Grubenbaue später wieder verwühlt oder gar verbrochen sein sollten. Der Vertreter des Reichsschatzamts erhob gegen den Antrag und seine Begründung keinen Widerspruch und die Komm. schien sich derselben Ansicht anzuschließen.

In allen Fällen (a und b) ist erforderlich positiv:

c) daß die Aufwendungen gemacht sind innerhalb des für die Steuerberechnung maßgebenden Zeitraums (vgl. §§ 17, 62 ff.);

d) daß die Bauten und Verbesserungen noch vorhanden sind. Weil bei der Steigerung der Ertragsfähigkeit davon auszugehen ist, daß die Werterhöhung durch die eigene Tätigkeit des

Besitzers geschaffen worden sei, ist es richtig, die Werterhöhung nach ihrem vorhandenen Betrage einzustellen, ohne den Nachweis der dafür gemachten Aufwendungen zu verlangen (Drucks. 515 S. 36). Dort ist auch das allseitige Einverständnis in der Komm. festgestellt, daß zu den Aufwendungen i. S. dieser Bestimmungen nicht nur die vom Eigentümer bar gezahlten Beträge, sondern auch der Barwert der aus der eigenen Wirtschaft entnommenen Erzeugnisse, wie etwa Bauholz, Steine, Naturallöhne für die verwendeten Arbeiten und dergl. zu rechnen seien. Der Begriff des Vorhandenseins ist im weiten Sinne zu fassen, so daß als nicht vorhanden auch solche Anlagen gelten müssen, die nicht mehr benutzt werden, wie etwa ein verfallener Bergwerksschacht oder ein Gebäude, das gar nicht mehr unterhalten und benutzt wird, sondern dem Verfall preisgegeben oder dessen Benutzung zu seinem ursprünglichen Zwecke wesentlich beeinträchtigt sei. Die Forderung, daß nur die vorhandenen Verbesserungen angerechnet werden sollen, kann zweifellos zu Härten führen. So liegt das Beispiel nahe, daß für ein am Wasser gelegenes Grundstück erhebliche Kosten für Uferbauten oder sonstige Befestigungen aufgewendet seien, die später durch das Wasser wieder vernichtet würden. Auch bei landwirtschaftlich benutzten Grundstücken erweisen sich häufig eine Drainage oder sonstige mit erheblichen Kosten verknüpfte Melioration als verfehlt und müssen aufgegeben werden. Es entspricht jedoch die gesetzlich gewählte Form schließlich dem Grundsatze, daß die Wertsteigerung lediglich insoweit steuerlich erfaßt werde, als sie in dem Veräußerungspreise zum Ausdruck kommt. Überdies ist es ja möglich, daß der Eigentümer während der Zeit des Bestehens der Bauten oder Verbesserungen aus dem erhöhten Ertrage vollen Ersatz für die gehabten Aufwendungen erhalten hat (Drucks. Nr. 596 S. 21—23).

Negativ wird vorausgesetzt, daß die Aufwendungen

e) nicht die nach § 10 abzugsfähigen Gegenstände betreffen und

f) nicht der laufenden Unterhaltung von Baulichkeiten oder der laufenden Bewirtschaftung von Grundstücken dienen.

6. Zu Ziff. 3 Satz 2. In der Komm.-Beratung wurde vorgeschlagen, hinter das Wort „Aufwendungen" einzufügen: „einschließlich eines angemessenen Wertes der eigenen Arbeit". Diese Worte fanden keine Annahme und kamen nicht in das G. Der ihnen zugrunde liegende Gedanke durchzieht jedoch die Bestimmungen der Ziff. 3 und kommt insbesondere in dem zweiten Satze zum Ausdruck, wonach, abgesehen von der

Hinzurechnung der in Satz 1 bezeichneten Aufwendungen 5 vom Hundert oder, wenn der Veräußerer Baugewerbetreibender oder Bauhandwerker und selbst der Bauunternehmer ist, 15 vom Hundert des anrechnungsfähigen Wertes den Aufwendungen hinzuzurechnen sind. Man ging hierbei insbesondere davon aus, daß es gerecht sei, eine angemessene Vergütung der eigenen Arbeit, soweit diese in Bauten, Umbauten und sonstigen dauernden Verbesserungen verwendet worden sei, zuzulassen. Wenn ein Bauherr sich einen Architekten zur Ausführung des Baues annehme, so werde ihm das Architektenhonorar zugebilligt werden müssen; es liege aber kein Grund vor, ihm dann einen entsprechenden Abzug zu versagen, wenn er die Bauleitung selbst ausführe. Wie unbillig das sein würde, ergibt sich besonders aus den Fällen, in denen der Veräußerer selbst das Gewerbe als Bauunternehmer betreibt. Die Regelung sollte so getroffen werden, daß die verwendete eigene Arbeit auch dann hinzugerechnet wird, wenn der Veräußerer sie nicht im Hauptberuf geleistet hat, z. B. wenn ein Landwirt einen Bau selbst geleitet oder eine Entwässerungsanlage ohne Hinzuziehung eines Technikers selbst durchgeführt hat. Auch an diejenigen Fälle wurde gedacht, in denen kleine Leute einen Weinberg oder Obstgarten durch jahrelange, mühsame eigene Arbeit angelegt hätten. Satz 3 und 4 geben zu besonderen Erläuterungen keinen Anlaß.

7. Zu Ziff. 4. Sie entspricht § 15 Ziff. 2 des Entw., der folgendermaßen lautete: „Von dem Veräußerungspreise sind in Abzug zu bringen die Leistungen und Beiträge für die Anlagen von Straßen, für die Kanalisierung sowie für sonstige öffentliche Arbeiten und Aufwendungen, die innerhalb des für die Steuerberechnung maßgebenden Zeitraums gemacht sind". Abgesehen davon, daß im Gegensatz zur Regierungsvorlage jetzt die Zurechnung zum Erwerbspreise bestimmt worden ist, ergibt sich, daß der jetzige Gesetzestext eine erhebliche Erweiterung darstellt. Zur Erläuterung des ersten Satzes sei bemerkt, daß das Wort „Straßenbauten" im Gegensatz zum Ausdruck „Anlage von Straßen" sagen will, daß nicht nur die Neuanlage einer Straße, sondern auch die Pflasterung oder Chaussierung eines bestehenden Weges von der Bestimmung getroffen werden solle. Unter den neben Straßenbauten und anderen Verkehrsanlagen erwähnten „öffentlichen Einrichtungen" i. S. des G. sind zu verstehen Beleuchtung, Wasserleitung, Plätze, Einrichtungen für Zwecke der Kirche und Schule.

Zu Satz 2. Die Zubilligung von Zinsen kann auch der baulichen Entwicklung der Städte Vorteil bringen. Würden diese Zinsen nicht zugebilligt, so würde dadurch die Neigung der

Unternehmer, das Baugelände durch Straßenbauten, Kanalisierung usw. zu erschließen, wesentlich eingeschränkt werden. Die zeitliche Grenze der Zinsenanrechnung auf 15 Jahre gibt auch Anreiz, das Gelände wieder loszuschlagen, d. h. früher zu erschließen.

Der Satz 3 zu Ziff. 4 ist aus § 20 Abs. 3 Satz 2 des Entw. (§ 10c 3. Les.) übernommen. Dem letzterwähnten Paragraphen entspricht jetzt § 16 des G. Eine Fassungsänderung ist insofern vorgenommen, als dem Besitzer in den Fällen, in welchen die Preisgrenze erst durch Hinzurechnung der bezeichneten Aufwendungen überschritten wird, das Wahlrecht zwar zustehen soll, daß aber der Betrag dieser Aufwendungen für die Frage, ob die Hinzurechnung nur nach der Ziff. 1 oder auch nach Ziff. 2 des § 16 Abs. 1 erfolgt, mitzuberücksichtigen ist.

§ 15.

Soweit es sich um die Verbesserung von Flächen handelt, die aus Moorland, Sumpfland, Öd- oder Heideland bestehen, ist auf Antrag des Veräußerers an Stelle der in § 14 Ziffer 3 bezeichneten Aufwendungen dem Erwerbspreis die Erhöhung des Ertragswerts hinzuzurechnen.

Die Vorschrift verdankt ihre Entstehung einem in der dritten Kommissionslesung gestellten Antrage. Der dem Wesen der landwirtschaftlichen Grundstücke entsprechende Gedanke ist nicht allgemein durchgedrungen, daß man die während der Besitzzeit entstandene Erhöhung des Ertragswertes steuerfrei lasse. In den Fällen der besonders wirksamen landwirtschaftlichen Meliorationen, welche in dem vorliegenden Paragraphen bezeichnet sind, hat aber ausnahmsweise eine gesetzliche Durchsetzung jenes Gedankens stattgefunden. Jene Verbesserungen bewirken in wenigen Jahren eine Wertsteigerung auf das Mehrfache des ursprünglichen Wertes infolge Erhöhung der Ertragsfähigkeit ohne jede Einwirkung der Konjunktur. § 14 Ziff. 3 allein würde nicht genügt haben, weil nach Auskunft von Landwirtschaftskammern und andern Sachverständigen, wie in der dritten Komm.-Les. (Druck. Nr. 596 S. 25) festgestellt wurde, die hier fraglichen Meliorationen zu einem großen Teile nicht sowohl bare Aufwendungen, als Arbeit verursachen. Dabei habe sich nun herausgestellt, daß sie bei den heutigen Leuteverhältnissen für Großbetriebe vielfach nicht rentabel erscheinen, daß sie vielmehr zweckmäßigerweise so durchzuführen seien, daß der Besitzer und seine Familie die Arbeit selbst leiten. Dann sei der Wert dieser Arbeit weder nachweisbar, noch genüge für dessen Berücksichtigung die Anrechnung der in § 14 Ziff. 3 vorgesehenen 5 Proz. der Aufwendungen. Insbesondere wurde doch auf das hohe kulturelle Interesse hingewiesen, das mit niesen Arbeiten und Meliorationen verknüpft sei. Es handle sich um die Kultivierung von etwa 3,5 Millionen Hektar unkultivierten Landes, die im Interesse der Volksernährung und der Seßhaftmachung ländlicher Bevölkerung zu fördern sei, in den Einzelstaaten mit öffentlichen und privaten Mitteln energisch gefördert werde und deshalb durch die Zuwachssteuer nicht behindert oder einer Sondersteuer unterworfen werden dürfe. Die Bestimmung betrifft a) solche Verbesserungen, bei denen es sich um die Schaffung von Neuland handelt, also um eine wesentliche Umänderung der ganzen Beschaffenheit des Grundstücks, durch welche dessen Ertragsfähigkeit erheblich gesteigert wird. b) Aber auch um solche Fälle, bei denen das Grundstück auch vor der Melioration einigen, wenn auch geringen Ertrag gehabt hat, der sich jedoch nach der Verbesserung wesentlich erhöhte. Unter welcher Bezeichnung das Grundstück eingetragen ist, ist ohne rechtliche Bedeutung. In d i e s e m Sinne ist es zutreffend, daß auf die Benennungen Moorland, Sumpfland, Öd- oder Heideland nicht entscheidender Wert zu legen sei. Diese Bezeichnungen seien vielmehr beispielsweise gewählt und dürften vor allen Dingen nicht dahin verstanden werden, daß die Anwendung der Bestimmung davon abhängig sei, daß das Grundstück unter einer dieser Bezeichnungen in den amtlichen Grundsteuerlisten eingetragen stehe. In Frage steht aber immer nur die durch Verbesserungsarbeiten unmittelbar betroffene Fläche.

§ 16.

Dem Erwerbspreis werden für jedes Jahr des für die Steuerberechnung maßgebenden Zeitraums hinzugerechnet:

1. von dem Betrage des Erwerbspreises und der Anrechnungen nach § 14 Ziffer 1 bis 3, § 15, der zusammen einhundert Mark, bei Weinbergen dreihundert Mark für das Ar nicht übersteigt, zweieinhalb vom Hundert;
2. von dem Mehrbetrage bei unbebauten Grundstücken zwei, bei bebauten Grundstücken eineinhalb vom Hundert.

Beträgt der für die Steuerberechnung maßgebende Zeitraum nicht mehr als fünf Jahre, so ermäßigen sich die Hinzurechnungen bei unbebaut gebliebenen Grundstücken auf die Hälfte.

Die Hinzurechnung erfolgt für jedes volle Kalenderjahr nach Schluß des Jahres, in dem der für die Steuerberechnung maßgebende Zeitraum beginnt, oder die Aufwendung gemacht, oder in dem bei Bauten und Umbauten die behördliche Gebrauchsabnahme und soweit eine solche nicht besteht, die gebrauchsfertige Herstellung erfolgt ist.

Der Paragraph ist aus den erheblich umgestalteten Vorschlägen entstanden, die im Entw. § 20 Abs. 3 Satz 1, 3 und Abs. 4, schließlich in § 10c der Beschlüsse dritter Lesung der Komm. enthalten waren. Auf die wechselvollen und zahlreiche Einzelheiten betreffenden Schicksale dieser Vorschriften kann nicht eingegangen werden. Ob die bei der Komm.-Beratung angeführten Zwecke des Paragraphen, die ungesunde Spekulation einzudämmen, dagegen die Baulust zu fördern, erreicht werden, kann hier als eine nicht juristische Frage dahingestellt bleiben. Der Sinn der Bestimmung, dem Erwerbspreise für jedes Jahr der Besitzdauer bei einer gewissen Preislage $2^1/_2$ Proz., bei einer höheren Preislage 2 oder $1^1/_2$ Proz. von dem Mehrbetrage hinzuzurechnen, war der, daß einmal die Entwertung des Geldes berücksichtigt werden mußte, weil ein höherer Preis unter Umständen keinen Wertzuwachs darstellt, und sodann der, daß durch diese Anrechnung der Tatsache Rechnung getragen werden sollte, daß diejenigen Aufwendungen, die werterhöhend und preissteigernd auf das Grundstück eingewirkt haben, z. T. schwer nachweisbar sind. Die durch die eigene Arbeit des Eigentümers hervorgerufene Preissteigerung beruht nicht nur auf baren Aufwendungen, sondern auf der ganzen Art, wie er gewirtschaftet hat. Die Anrechnung bedeutet also eine pauschale Festsetzung der auf der eigenen Tätigkeit des Eigentümers beruhenden Preissteigerung (ReichstDrucks. 12. Legislaturperiode II. Session 1909/11 S. 3895 D). Man erwartete, daß diejenigen Preissteigerungen, die im gewöhnlichen Verlaufe der Dinge vorkommen, ohne daß besondere Konjunkturverhältnisse preissteigernd gewirkt haben, zum großen Teile frei bleiben. Soweit bebaute Grundstücke in Frage kommen, ist die Bestimmung auch getroffen worden, um die Belastung des Hausbesitzes, besonders in den städtischen Gemeinden, durch Grund- und Gebäudesteuern, Kanal- und Kehrgebühren zu erleichtern.

§ 17.

Beruht der Erwerb des Grundstücks auf einem steuerfreien Rechtsvorgange (§ 7), so ist für die Bemessung des Wertzuwachses von dem Preise zur Zeit des letzten steuerpflichtigen Rechtsvorganges auszugehen.

Ob im Sinne dieser Vorschrift Rechtsvorgänge steuerfrei oder steuerpflichtig sind, ist auch für die Zeit vor dem Inkrafttreten dieses Gesetzes nach ihm zu bestimmen. Rechtsgeschäfte der im § 5 bezeichneten Art stehen einem steuerfreien Erwerbsvorgange gleich, sofern sie vor dem 1. Januar 1911 abgeschlossen worden sind.

Wenn der letzte steuerpflichtige Rechtsvorgang mehr als vierzig Jahre vor dem Eintritt der Steuerpflicht liegt, so ist als Erwerbspreis der Wert anzusehen, den das Grundstück vierzig Jahre vor dem Eintritt der Steuerpflicht hatte, sofern der Steuerpflichtige nicht nachweist, daß er oder sein Rechtsvorgänger vor jener Zeit bei einem steuerfreien oder steuerpflichtigen Erwerb einen höheren Erwerbspreis gezahlt hat.

Liegt der für die Bemessung des Wertzuwachses maßgebende Erwerbsvorgang vor dem 1. Januar 1885, so tritt an die Stelle des Preises der Wert, den das Grundstück an diesem Tage gehabt hat, wenn der Steuerpflichtige nicht nachweist, daß er oder sein Rechtsvorgänger vor jener Zeit bei einem steuerfreien oder steuerpflichtigen Erwerb einen höheren Erwerbspreis gezahlt hat.

Als für die Steuerberechnung maßgebender Zeitraum gilt im Falle des Abs. 3 der vierzigjährige Zeitraum, im Falle des Abs. 4 die Zeit seit dem 1. Januar 1885.

1. Allgemeines S. 122. — 2. Zu Abs. 1 S. 122. — 3. Zu Abs. 2 S. 122. — 4. Zu Abs. 3 und 4 S. 122. — 5. Abs. 5 S. 123.

1. Allgemeines. Der Paragraph hat sein Vorbild in § 11 des Entw. Von seinem Zweck und seinen Wirkungen war schon bei den Erläuterungen des § 7 des G. die Rede (vgl. oben S. 68—72). Mit Ausnahme des Abs. 5 waren die Bestimmungen bereits in der Regierungsvorlage enthalten, wenn auch in anderer Reihenfolge und geringen Abänderungen im einzelnen. Abs. 2 und 3 des Entw. ist umgestellt worden; während sich vorher der jetzige Abs. 2 auf die Vorschriften des Abs. 1 und (jetzigen) Abs. 3 bezog, bezieht er sich nunmehr bloß auf die Bestimmung des Abs. 1.

2. Zu Abs. 1. Vgl. die Darlegungen zu § 7 oben S. 68—72. — Im Gegensatze zum Entw. ist bestimmt, daß bei Bemessung des Wertzuwachses von dem Preise und nicht auch wahlweise von dem Werte zur Zeit des letzten steuerpflichtigen Rechtsvorganges auszugehen ist. Hinter das Wort „Rechtsvorgang" ist in der dritten Komm.-Les. eingeschaltet worden „§ 4" (jetzt § 7).

3. Zu Abs. 2. Vgl. die Anm. 1. — Während die Gleichstellung der im § 5 bezeichneten Rechtsgeschäfte mit einem steuerfreien Erwerbsvorgang im Entw. für den Fall ausgesprochen war, daß sie vor dem Inkrafttreten dieses Gesetzes abgeschlossen sind, ist jetzt an Stelle dieses Zeitpunktes der 1. Januar 1911 gesetzt worden. Eine Ausnahme von dem Satze bilden die Fälle des zweiten Satzes. Den Grund für die steuerliche Erfassung der Rechtsgeschäfte der in § 5 bezeichneten Art bildet die Möglichkeit, mit ihrer Hilfe die Steuerpflicht hinauszuschieben. Weil kein Anlaß vorliegt, die Rückwirkung des § 62 auf sie zu erstrecken, so ist es nicht angebracht, sie für die Zeit vor dem Inkrafttreten des G. als steuerpflichtige Vorgänge gelten zu lassen.

4. Zu Abs. 3 und 4. Es ist zu beachten, daß hier dem Steuerpflichtigen gestattet wird, an Stelle des Wertes, den das Grundstück vor 40 Jahren oder am 1. Januar 1885 hatte, einen vor diesem Zeitpunkt etwa bezahlten höheren Erwerbspreis zugrunde zu legen. Damit wollte man Unbilligkeiten vorbeugen, die vorliegen können bei dem Käufer, der den höheren Erwerbspreis tatsächlich bezahlt hat und der den Vergleich der wirklich gezahlten Preise veranlassen will. Dagegen kann nach dem G. derjenige, der das Grundstück ererbt hat, die Einsetzung eines in früherer Zeit einmal nachweisbar vorhanden gewesenen höheren gemeinen Werts nicht fordern. Gewiß kann es vorkommen, daß ganze Straßen oder Stadtgegenden im Werte zurückgegangen sind und daß dann die Besitzer solcher

Häuser nach dem niedrigeren gemeinen Werte besteuert werden, auf den die Häuser zufälligerweise in dem maßgebenden Zeitpunkte herabgesunken sind. Aber eine nennenswerte Unbilligkeit liegt infolge der getroffenen Bestimmung nicht vor, wenn jemand in solchen Fällen tatsächlich keinen höheren Preis gezahlt hat und nur nachweisen kann, daß der Wert früher einmal höher gewesen ist. Würde man auch die Berücksichtigung des etwaigen früheren höheren gemeinen Werts gestattet haben, so könnte der Steuerpflichtige sich jeden beliebigen für ihn besonders günstigen Zeitpunkt aussuchen, indem er nur zu Zeiten verkaufte, die 40 Jahre nach Zeiten mit günstiger Konjunktur liegen. Die Worte in beiden Absätzen: „vor jener Zeit bei einem steuerfreien oder steuerpflichtigen Erwerbe einen höheren Erwerbspreis gezahlt hat" sind in der dritten Komm.-Les. eingefügt worden. Man wollte sicherstellen, daß, wenn der Steuerpflichtige vor dem bezeichneten Stichtage einen Preis gezahlt hat, der höher ist, als der Wert zur Zeit des Stichtages, dieser Preis auf seinen Antrag auch dann einzusetzen ist, wenn er gelegentlich eines nach § 7 steuerfreien Rechtsvorganges bezahlt wurde. „Leitend war hierbei die Absicht, den im Wege der Erbauseinandersetzung oder Überlassung erworbenen Besitz nicht schlechter zu stellen, als den in gewöhnlicher entgeltlicher Übertragung erhaltenen. Übereinstimmung herrschte darüber, daß es sich auch in den durch die Anträge eingefügten Fällen um die Zahlung eines Entgelts handeln müsse und daß mithin nicht etwa der Erbfall selbst in Frage kommen könne" (Drucks. Nr. 596 S. 28).

5. Abs. 5 ist in der dritten Lesung neu hinzugekommen.

§ 18.

Bei Grundstücken in Festungsrayons, die vor dem Erlasse des Rayongesetzes vom 21. Dezember 1871 erworben sind und für die eine Rayonentschädigung nicht gewährt worden ist, ist dem für den 1. Januar 1885 ermittelten Werte der Betrag hinzuzurechnen, um den das Grundstück durch Einführung der Rayonbeschränkung an Wert gemindert worden ist.

Der Paragraph verdankt seine Entstehung einem Vorschlage, der bei der dritten Komm.-Les. gemacht worden ist. Man hatte beantragt, dem § 15 (jetzt § 22 des G.) folgende Ziff. 3 hinzuzusetzen: „Für Grundstücke in Festungsrayons, welche vor Erlaß des Rayongesetzes vom 21. Dezember 1871 entstanden sind, soweit für diese Grundstücke eine Rayonentschädigung nicht gewährt worden ist, bei Wegfall der Rayonbeschränkungen der bisher durch diese bedingte Minderwert." Der Antrag bezweckte die Beseitigung von Ungerechtigkeiten, welche dadurch hervorgerufen werden, daß die Rayonbeschränkungen in ganz verschiedenartiger Weise auf die einzelnen Grundstücke einwirken. Die Besitzer der in dem Antrag bezeichneten Grundstücke haben ohne jede Entschädigung den Schaden tragen müssen, der durch die Wertverminderung des Grundstücks infolge der Rayonbeschränkungen entstanden ist, und es wäre unbillig, wenn sie nach Fortfall der Beschränkung den dadurch entstandenen Mehrwert versteuern müßten, der ihnen nur einen Ersatz für den früher erlittenen Verlust bietet. Der Vertreter des Reichsschatzamts widersprach dem Antrage, der nach Lage des Falles ganz verschieden wirken werde und sachlich durchaus ungerechtfertigt erscheinen müsse, weil von der Steuer nur die seit dem Erwerb eingetretene Wertsteigerung erfaßt und somit auch nur der Teil eines infolge Aufhebung der Rayonbeschränkung hervorgerufenen Zuwachses getroffen werde, der für den Besitzer gegenüber dem gezahlten Erwerbspreis einen Gewinn bedeute. Ähnliche Erscheinungen, wie sie im Antrage vorausgesetzt würden, fänden sich auch sonst in Fällen der Ausbreitung der Bebauungszone und vor allem bei Aufhebung von Baubeschränkungen. Der Antrag wurde in der Kommission abgelehnt, kam jedoch infolge der Beschlüsse des Reichstages in dritter Beratung in das G.

§ 19.

Bei einem aus Anlaß einer Flurbereinigung, Grenzregelung oder Umlegung (§ 7 Ziffer 7) empfangenen Grundstück ist als Erwerbspreis das Entgelt anzusehen, das der Eigentümer oder sein Rechtsvorgänger für das in die Flurbereinigung, Grenzregelung oder Umlegung gegebene Grundstück gezahlt hat. Ausgleichszahlungen, die bei der Flurbereinigung, Grenzregelung oder Umlegung stattgefunden haben, sind entsprechend anzurechnen.

Hat der Eigentümer oder sein Rechtsvorgänger bei der Flurbereinigung, Grenzregelung oder Umlegung mehrere Grundstücke empfangen, so werden deren Erwerbspreise aus dem im

Abs. 1 bezeichneten Entgelt nach dem Verhältnis berechnet, in welchem die Werte der empfangenen Grundstücke im Zeitpunkt der Flurbereinigung, Grenzregelung oder Umlegung zueinander gestanden haben.

Der Paragraph entspricht dem § 13 des Entw. und ist in allen Stadien der gesetzgeberischen Arbeiten unverändert angenommen worden. Nur ist die „Grenzregelung" in beiden Absätzen, ebenso wie im § 7 Ziff. 7, neu aufgenommen worden.

§ 20.

Beschränkt sich der steuerpflichtige Rechtsvorgang auf einen Teil eines Grundstücks, so wird der Erwerbspreis dieses Teiles nach dem Verhältnis seines Wertes zum Werte des Gesamtgrundstücks berechnet.

Unentgeltliche dauernde Überlassung von Grundstücken für Verkehrszwecke, für öffentliche oder gemeinnützige Zwecke wird in der Weise berücksichtigt, daß der Gesamterwerbspreis nicht auf die ursprüngliche, sondern auf die nach der Abtretung verbleibende Fläche verteilt wird. Hierzu ist nicht erforderlich, daß eine Eigentumsübertragung erfolgt ist.

Werden Teile eines örtlich und wirtschaftlich zusammenhängenden Grundbesitzes durch verschiedene Rechtsvorgänge von demselben Veräußerer oder von dessen Erben innerhalb dreier Jahre übertragen, so ist der Steuerpflichtige berechtigt, von dem Wertzuwachse des einen Teils des Grundstücks einen bei der Veräußerung anderer Teile eingetretenen Verlust abzuziehen. Die Zuwachssteuer wird bei den einzelnen Rechtsvorgängen fällig; etwa zuviel gezahlte Steuer wird nach dem letzten Rechtsvorgang erstattet.

1. Entstehungsgeschichte S. 125. — 2. Zu Abs. 1 S. 126. — 3. Zu Abs. 2 S. 126. — 4. Zu Abs. 3 S. 127.

1. Entstehungsgeschichte. Der 1. Abs. war schon in § 14 des Entw. enthalten; nur war hier von einem Teile eines „früher erworbenen" Grundstücks die Rede. Diese Worte

wurden als überflüssig gestrichen. Der 2. Abs. lautete im Entw.: „Unentgeltliche Landabtretungen zu öffentlichen Straßen und Plätzen werden in der Weise berücksichtigt, daß der Gesamterwerbspreis nicht auf die ursprüngliche, sondern auf die nach der Abtretung verbleibende Fläche verteilt wird." Der ganze Paragraph regelt nach Absicht der Vorlage sowohl den Fall der Abveräußerung des Teiles eines Grundstücks, wie der Parzellenveräußerung bei Teilung einer Grundstücksgesamtheit, die zu einem Einheitspreis erworben ist. Die Bedeutung der Vorschrift will die Begr. S. 39 aus folgendem Beispiel ersichtlich machen: Ist eine Grundstücksgesamtheit von 2000 qm für 300 000 Mk. erworben und werden demnächst 500 qm für Straßenland unentgeltlich abgetreten, so verteilt sich der Gesamterwerbspreis von 300 000 Mk. nunmehr gemäß Abs. 2 auf 1500 qm, sodaß der Erwerbspreis für jedes qm 200 Mk. beträgt. Wird demnächst eine Parzelle von 500 qm für 200 000 Mk. veräußert, so würde bei Zugrundelegung des Durchschnittserwerbspreises, und, falls Anrechnungen nicht in Betracht kommen, ein Wertzuwachs von 100 000 Mk. oder 100 Proz. des Erwerbspreises zu versteuern sein. Der Steuerpflichtige würde durch diese Berechnungsart stark geschädigt werden, wenn die verkaufte Parzelle ein besonders wertvolles Eckgrundstück oder einen Acker von besonders hoher Kulturart darstellt, während der ihm verbleibende Rest aus minderwertigem Grund und Boden besteht. Diese Umstände sollen deshalb bei der Verteilung des Gesamterwerbspreises auf die verkauften und zurückbleibenden Grundstücksteile und bei Bemessung des Zuwachses der ersteren Berücksichtigung finden, so daß, wenn im vorliegenden Falle jedes der veräußerten 500 qm beim Erwerbe doppelt soviel wert gewesen sein würde, wie jedes von den übrigen 1000 qm, der Erwerbspreis des Teilgrundstücks auf 150 000 Mk. zu veranschlagen und bei einem Veräußerungspreise von 200 000 Mk. nur ein Wertzuwachs von 50 000 Mk. oder $33^1/_3$ vom Hundert des Erwerbspreises für die Besteuerung in Betracht kommt. In den Komm.-Les. ist der Abs. 2 mehrfach und schließlich in der aus dem Texte ersichtlichen Weise geändert und ein neuer Abs. 3 hinzugefügt worden.

2. Zu Abs. 1. Der Zweck des Abs. 1 ergibt sich aus den zur Entstehungsgeschichte (1) gemachten Ausführungen. Zugrunde gelegt wird auch bei Grundstücken mit höherem Preise nicht der Maßstab der Fläche, sondern das Verhältnis des Wertes der Parzelle zu dem Werte des ganzen Grundstücks.

3. Zu Abs. 2. Unter zu Verkehrszwecken erfolgender „unentgeltlicher dauernder Überlassung" versteht man Landab-

tretungen zu Straßen und Plätzen oder sonstigen Verkehrseinrichtungen. Es überläßt z. B. eine Industrieterraingesellschaft zur Aufschließung ihres Baugeländes dem Fiskus den Grund und Boden für Eisenbahngeleise ohne Eigentumsübertragung. Beispiele für Überlassungen zu gemeinnützigen Zwecken: bei Aufschließung von städtischem Baugelände oder bei ländlichen Kolonisationsunternehmungen wird ohne Eigentumsübertragung eine Überlassung von Grundstücken vorgenommen zu Zwecken der Kirche, der Schule, der politischen Gemeinde, der Entwässerung oder sonstigen Meliorationen. Es handelt sich überall um Landabtretungen im wirtschaftlichen nicht im formaljuristischen Sinne. Deshalb ist auch das Wort, das der Entw. enthielt, gestrichen worden und im Gesetzestexte nicht vorhanden.

4. Zu Abs. 3. Es wurde bei der ersten Komm.-Les. beantragt, den folgenden Abs. 3 einzuschalten, der dann mit den aus dem Texte ersichtlichen Änderungen in das G. Aufnahme fand. Der Sinn dieser Vorschrift ist, zu vermeiden, daß bei größeren Parzellierungsgeschäften, die einheitlich vorgenommen würden, lediglich die gewinnbringenden Verkäufe besteuert würden, ohne auf die Verlustgeschäfte Rücksicht zu nehmen. Die Vorschrift ist freilich prinzipwidrig, denn die Berücksichtigung der Verlustgeschäfte würde wohl bei einer Personalsteuer, wie der Einkommensteuer, angebracht sein, nicht bei der Wertzuwachssteuer, bei der es sich um eine Bruttobesteuerung des Gewinns handelt. — Die Landabtretungen können nicht etwa daneben noch als anrechnungsfähige Aufwendungen im Sinne des § 14 angesehen werden.

§ 21.

Bei Teilveräußerungen sind nur diejenigen Aufwendungen (§ 14 Ziffern 3, 4) anzurechnen, welche diesen Teil ausschließlich oder gemeinschaftlich mit anderen Teilen betreffen. Im letzteren Falle erfolgt die Anrechnung nach dem Verhältnis des Wertes, den die Grundstücksteile zur Zeit der Veräußerung haben.

Die Bestimmung verdankt ihre Entstehung einem übrigens nicht wörtlich übernommenen Antrage der ersten Komm.-Les. Das G. will für die Verteilung der Aufwendungen auf die einzelnen Parzellen die großen Schwierigkeiten erleichtern und glaubt den Weg in § 21 gefunden zu haben.

§ 22.

Von dem Veräußerungspreise sind in Abzug zu bringen:

1. die dem bisherigen Eigentümer nachweislich zur Last fallenden Kosten der Veräußerung und Übertragung einschließlich der für die Vermittelung gezahlten ortsüblichen Gebühr, sofern nicht an Stelle des Veräußerungspreises der Wert maßgebend ist:

2. auf Antrag des Veräußerers der Betrag, um den nachweislich während des für die Steuerberechnung maßgebenden Zeitraums, jedoch nicht länger als für fünfzehn zusammenhängende Jahre, der aus dem Grundstück erzielte Jahresertrag hinter drei vom Hundert des Erwerbspreises zuzüglich der nach § 14 Ziffer 1 bis 3 zulässigen Anrechnungen zurückbleibt. Ist statt des Erwerbspreises der Wert zu einer späteren Zeit als der des Erwerbes maßgebend (§ 17 Abs. 3 und 4), so sind die drei vom Hundert nicht von diesem Werte, sondern von dem Erwerbspreise zu berechnen, den der Steuerpflichtige oder sein Rechtsvorgänger vor jener Zeit bei einem steuerfreien oder steuerpflichtigen Erwerbe gezahlt hat.

1. Ziff. 1 entspricht dem § 15 Abs. 3 des Entw.; § 22 Abs. 2 ist aus § 15 Abs. 4 des Entw. hervorgegangen, jedoch handelt es sich um eine wesentlich verschiedene Ausgestaltung (vgl. die geschichtliche Entwicklung bei § 14 oben S. 108, 109).

2. Während Ziff. 1 keinen Anlaß zu Zweifeln gegeben hat und geben dürfte, bedarf es für Ziff. 2 eines kurzen Eingehens. Es war hier im Interesse der Vermeidung von Ungerechtigkeiten und Unbilligkeiten das Prinzip des Gesetzes durchbrochen worden der Art, daß man sich einer Vermögenszuwachsbesteuerung genähert und nicht ausschließlich eine Bruttogewinnbesteuerung, eine Preissteigerungsbesteuerung durchgeführt hat. Es war im übrigen zweifelhaft, ob der Abzug von Zinsen nur für den Erwerbspreis ohne Aufwendungen oder auch für die nach § 14 zugelassenen Aufwendungen möglich sein soll. Infolge der Zufügung der Worte: „zuzüglich der nach § 14 Ziff. 1—3 zulässigen Anrechnungen" ist der Zweifel beseitigt worden. Es

ist auch richtig, daß man die Bautätigkeit lähmen würde, wenn man für die Baukosten keine Zinsen gewährte. Während der Zeit, in der die Aufwendungen gemacht werden, z. B. während der Errichtung eines Hauses, bleiben natürlich die Erträge aus. — Die Beweislast dafür, daß der Jahresertrag des Grundstücks hinter 3 Proz. des Erwerbspreises, zuzüglich der zulässigen Anrechnungen zurückgeblieben sei, trifft den Steuerpflichtigen. Das Recht auf Zinsenabzug gilt nicht nur für eine Übergangszeit, sondern dauernd.

§ 23.

Dem Veräußerungspreise sind hinzuzurechnen Entschädigungen für eine Wertminderung des Grundstücks, soweit der Anspruch während des für die Steuerberechnung maßgebenden Zeitraums nach dem 1. Januar 1911 entstanden und der Betrag nicht nachweislich zur Beseitigung des Schadens verwendet worden ist.

Dieser Paragraph ist neu durch die Beschlüsse des Reichstages in dritter Beratung aufgenommen worden.

§ 24.

Wird die Zahlung der Zuwachssteuer nach dem Vertrage von dem Erwerber übernommen, so ist ein nach den sonstigen Vorschriften dieses Gesetzes berechneter Steuerbetrag dem Veräußerungspreise hinzuzuzählen und hiernach die Steuer festzusetzen.

Die Bestimmung entsprach dem § 16 des Entw., der dahin lautete: „Wird die Zahlung der Zuwachssteuer nach dem Vertrage von dem Erwerber übernommen, so ist die Steuer nach dem Veräußerungspreise zuzüglich des Steuerbetrages zu berechnen.“ Es wird hier bezweckt, der Möglichkeit vorzubeugen, den Betrag der Abgabe dadurch herabzumindern, daß nach der Parteiabrede die Steuer vom Erwerber übernommen und der Veräußerungspreis entsprechend niedriger bemessen wird. In der dritten Komm.-Les. wurde ein Antrag angenommen, den letzten Hauptsatz dahin zu ändern: „so ist ein nach den sonstigen

Vorschriften dieses G. berechneter Steuerbetrag dem Veräußerungspreise hinzuzurechnen und hiernach die Steuer zu berechnen." Dieser Absatz darf aber infolge seiner Stellung hinter §§ 22 bezw. 23 nicht zu der irrtümlichen Annahme führen, daß die übernommene Zuwachssteuer nur dem Veräußerungspreise, nicht aber bei einer späteren Veranlagung auch dem Erwerbspreise hinzugerechnet werden dürfe.

§ 25.

Im Falle der steuerpflichtigen Überlassung eines gemeinschaftlichen Grundstücks an einen Mitberechtigten oder Gesellschafter bleibt für die Bemessung des Wertzuwachses der Anteil des Erwerbers außer Betracht. Beim Eintritt des nächsten Steuerfalls ist der Wertzuwachs, der für den Anteil des Erwerbers seit dem letzten vor der Auseinandersetzung gelegenen steuerpflichtigen Rechtsvorgang entstanden ist, und der für die Anteile der früheren Mitberechtigten oder Gesellschafter seit der Auseinandersetzung eingetretene Wertzuwachs gesondert zu versteuern.

Die Vorschrift entspricht dem § 17 des Entw., der folgendermaßen lautete: „Im Falle der steuerpflichtigen Überlassung eines gemeinschaftlichen Gegenstandes an einen Mitberechtigten oder Gesellschafter bleibt für die Bemessung der Zuwachssteuer der Anteil des Erwerbers außer Betracht. Für die nächste Versteuerung gilt als Erwerbspreis der bei der Auseinandersetzung für die Anteile der Mitberechtigten oder Gesellschafter gezahlte Preis zuzüglich des Betrags, der beim Übergange des Gegenstandes auf die Gemeinschaft für den Anteil des Erwerbers zu entrichten war. An die Stelle dieses Betrags tritt, sofern vor der Überlassung des Gegenstandes an einen Mitberechtigten oder Gesellschafter ein steuerpflichtiger Rechtsvorgang stattgefunden hat, der auf den Anteil dieses Mitberechtigten oder Gesellschafters entfallende Preis des Gegenstandes zu diesem Zeitpunkte." Diese Fassung war jedoch wenig klar und gab auch insofern zu Zweifeln Anlaß, als der letzte Satz offen ließ, welcher Prozentsatz denn für den zusammengerechneten Preis zur Anwendung gelangen sollte. Der Vertreter des Reichsschatzamtes stellte klar, daß der letzte Satz an Fälle denke, in denen zwischen dem Einbringen des Gegenstandes in die

Gesellschaft und dem Übergange von der Gesellschaft auf den Veräußerer ein steuerpflichtiger Rechtsvorgang ohne Aufhebung der Gesellschaft stattgefunden habe, wie dies besonders in den Fällen des § 2 (jetzt § 5) denkbar sei. Es wurde die jetzige Fassung gewählt, die aber sachlich gegenüber dem Entw. nichts Neues besagen will; deshalb ist es auch möglich, das Beispiel und die Berechnungsart der Begr. (S. 39) als maßgebend hinzustellen. Danach hat die Vorschrift ihre Unterlage in dem Grundsatz der Steuererhebung zur Zeit der Gewinnverwirklichung. Ist ein Grundstück von der Gemeinschaft A und B und C für 60 000 Mk. gekauft und wird es späterhin, nachdem es einen Wert von 90 000 Mk. erlangt hat, von C erworben, so findet eine Realisierung dieses Zuwachses durch Zahlung des Kaufpreises an A und B nur soweit statt, als er auf deren Anteile entfällt. Deshalb soll auch nur dieser Teil des Zuwachses — in vorliegendem Falle der Unterschied zwischen 40 000 und 60 000 Mk. — versteuert werden. Der Anteil des C an der bis zur Auseinandersetzung eingetretenen Wertsteigerung von insgesamt 30 000 Mk. mit 10 000 Mk. soll dagegen erst zur Versteuerung kommen, wenn das Grundstück von ihm weiterveräußert und dabei außer der während seiner Besitzdauer entstandenen Steigerung auch der Zuwachs verwirklicht wird, der für den Anteil des C seit dem Erwerbe des Grundstücks durch die Gemeinschaft bis zur Auseinandersetzung eingetreten war. Hat vor der Übertragung des Grundstücks an den C (etwa durch Abschluß eines Veräußerungsgeschäfts gemäß § 5) ein steuerpflichtiger Vorgang stattgefunden, so tritt der Preis des Gegenstandes (Grundstücks) zu diesem Zeitpunkte, sobald er auf den Anteil des C entfällt, an die Stelle der 10 000 Mk. Eine gleiche Berechnungsweise sollte zur Vermeidung von Härten gemäß § 54 des Entw. Platz greifen, wenn ein Grundstück bei Gelegenheit einer Erbauseinandersetzung oder infolge testamentarischer Zuweisung an einen von mehreren Miterben erworben ist und ersterenfalls die Auseinandersetzung, letzterenfalls der Erbfall vor dem 1. April 1910, also zu einer Zeit erfolgt ist, zu der die Art der reichsrechtlichen Regelung noch nicht bekannt war und demnach für die Zurückhaltung des auf den Zuwachs bis zur Erbauseinandersetzung entfallenden Steuerbetrags oder für eine entsprechende Berücksichtigung der Steuerlast im Testament keine Vorsorge getroffen werden konnte. Nach dem entsprechenden § 65 Abs. 1 des jetzigen Gesetzestextes ist die erwähnte Frist auf den 1. Januar 1911 festgesetzt worden. Zur Klarstellung der keineswegs einfachen Vorschriften kann auf das folgende Beispiel verwiesen werden.

1. Preis zur Zeit des Erwerbes seitens der zu gleichen Anteilen berechtigten Gemeinschaft A + B + C (Satz 1) oder zur Zeit des letzten der Auseinandersetzung vorhergehenden steuerpflichtigen Vorganges — im Sinne des § 5 — (Satz 3)

	A	B	C
60 000 ℳ =	20 000 ℳ +	20 000 ℳ +	20 000 ℳ

2. Preis, den C für die Überlassung des Grundstücks seitens der Gemeinschaft an ihn den Mitgesellschaftern oder Miterben A und B zu zahlen hat, 60 000 ℳ = 30 000 ℳ + 30 000 ℳ

3. Wertzuwachs . . . . 10 000 ℳ + 10 000 ℳ = 20 000 ℳ oder 50 v. H. des Erwerbspreises.

4. Erwerbspreis für die Bemessung des Zuwachses bei Veräußerung des Grundstücks seitens des C an X (Satz 2)

	A	B	C
80 000 ℳ =	30 000 ℳ +	30 000 ℳ +	20 000 ℳ

5. Veräußerungspreis 120 000 ℳ

6. Wertzuwachs . . . 40 000 ℳ oder 50 v. H. des Erwerbspreises.

§ 26.

Bei der Vertauschung ist die Zuwachssteuer für jeden Tauschgegenstand gesondert zu berechnen und zu erheben.

Der § 18 des Entw. wurde unverändert in das G. übernommen. Der Satz bringt den Gedanken zum Ausdruck, daß jede der beiden Eigentumsübertragungen als Veräußerung i. S. des G. zu gelten hat. Ein Antrag, hinzuzufügen: „§ 1 Abs. 1 Satz 2 findet entsprechende Anwendung" wurde abgelehnt, weil dies zu einer Auslegung hätte führen können, daß andere für jede Veräußerung gültige Bestimmungen des G. hier nicht anwendbar seien.

§ 27.

Erfolgt der Erwerb auf Grund mehrerer aufeinanderfolgender Rechtsgeschäfte von dem bisherigen Berechtigten an den letzten Erwerber, so gilt der von dem ersteren gezahlte Preis als Erwerbspreis und die Gesamtheit der Beträge, um die sich der Preis des Grundstücks zwischen je zwei Rechtsgeschäften erhöht hat, als Wertzuwachs. Das Gleiche gilt, falls vor dem Übergang an den letzten Erwerber die Steuerpflicht gemäß § 5 eingetreten ist, mit der Maßgabe, daß für den Übergang an den letzten Erwerber als Erwerbspreis das Entgelt bestimmend ist, das bei der früheren Versteuerung als Veräußerungspreis zugrunde gelegt worden ist.

Als Rechtsgeschäfte im Sinne des Abs. 1 sind auch Vorgänge der im § 5 Abs. 3 bezeichneten Art anzusehen.

Die Vorschrift war im Entw. als § 19 enthalten. Die hier vorgesehene Zusammenziehung mehrerer aufeinander folgender obligatorischer Veräußerungsgeschäfte will verhindern, daß durch Zwischengeschäfte das Verhältnis der Wertsteigerung zum Erwerbspreise und damit der Betrag der Steuer herabgemindert werden kann.

§ 28.

Die Steuer beträgt

10 v. H. bei einer Wertsteigerung von nicht mehr als 10 v. H. des Betrags, der sich aus dem Erwerbspreis und den Zu- und Abrechnungen (§§ 14 bis 16, 21) zusammensetzt,

11 v. H. bei einer Wertsteigerung von mehr als 10 v. H. bis einschließlich 30 v. H. dieses Betrags,

12 v. H. bei einer Wertsteigerung von mehr als 30 v. H. bis einschließlich 50 v. H. dieses Betrags,

13 v. H. bei einer Wertsteigerung von mehr als 50 v. H. bis einschließlich 70 v. H. dieses Betrags,

14 v. H. bei einer Wertsteigerung von mehr als 70 v. H. bis einschließlich 90 v. H. dieses Betrags,

15 v. H. bei einer Wertsteigerung von mehr als 90 v. H. bis einschließlich 110 v. H. dieses Betrags,

16 v. H. bei einer Wertsteigerung von mehr als 110 v. H. bis einschließlich 130 v. H. dieses Betrags,

17 v. H. bei einer Wertsteigerung von mehr als 130 v. H. bis einschließlich 150 v. H. dieses Betrags,

18 v. H. bei einer Wertsteigerung von mehr als 150 v. H. bis einschließlich 170 v. H. dieses Betrags,

19 v. H. bei einer Wertsteigerung von mehr als 170 v. H. bis einschließlich 190 v. H. dieses Betrags,

20 v. H. bei einer Wertsteigerung von mehr als 190 v. H. bis einschließlich 200 v. H. dieses Betrags,

21 v. H. bei einer Wertsteigerung von mehr als 200 v. H. bis einschließlich 210 v. H. dieses Betrags,

22 v. H. bei einer Wertsteigerung von mehr als 210 v. H. bis einschließlich 220 v. H. dieses Betrags,

23 v. H. bei einer Wertsteigerung von mehr als 220 v. H. bis einschließlich 230 v. H. dieses Betrags,

24 v. H. bei einer Wertsteigerung von mehr als 230 v. H. bis einschließlich 240 v. H. dieses Betrags,

25 v. H. bei einer Wertsteigerung von mehr als 240 v. H. bis einschließlich 250 v. H. dieses Betrags,

26 v. H. bei einer Wertsteigerung von mehr als 250 v. H. bis einschließlich 260 v. H. dieses Betrags,

27 v. H. bei einer Wertsteigerung von mehr als 260 v. H. bis einschließlich 270 v. H. dieses Betrags,

28 v. H. bei einer Wertsteigerung von mehr als 270 v. H. bis einschließlich 280 v. H. dieses Betrags,

29 v. H. bei einer Wertsteigerung von mehr als 280 v. H. bis einschließlich 290 v. H. dieses Betrags,

30 v. H. bei einer Wertsteigerung von mehr als 290 v. H. dieses Betrags.

Die Steuer ermäßigt sich für jedes vollendete Jahr des für die Steuerberechnung maßgebenden Zeitraums um eins vom Hundert ihres Betrags. Ist das Grundstück vor dem 1. Januar 1900 erworben, so beträgt die Ermäßigung für die Zeit bis zum 1. Januar 1911 einhalb vom Hundert jährlich.

Steuerbeträge, die im ganzen unter zwanzig Mark bleiben, werden nicht erhoben.

1. Die Absichten des Steuertarifes S. 135. — 2. Verhältnis zu § 16 S. 135. — 3. Steuerermäßigung S. 136. — 4. Zu Abs. 3 S. 136.

1. Die Absichten des Steuertarifes. Die Änderungen, die an dem Steuertarife des Entw. (§ 20) vorgenommen worden sind, bezweckten eine Entlastung des soliden Grundstückshandels und Baugewerbes und belegten deshalb die Fälle mit kürzerer Besitzdauer mit geringeren als den ursprünglich vorgeschlagenen Sätzen, da die berufsmäßig bebauten und umgesetzten Grundstücke meist nur einen kurzen für die Steuerberechnung maßgebenden Zeitraum aufweisen können. Anderseits wurden die Sätze höher gestellt, die die sogenannten Urbesitzer, d. h. die Besitzer städtischen Baugeländes mit langer Besitzzeit betreffen, wobei es sich um Fälle handelte, in denen Hunderte von Prozenten des Erwerbspreises ohne jedes Zutun des Besitzers im Laufe der Jahrzehnte zugewachsen sind. Dagegen wurde bei den als Arbeitsinstrument dienenden gewerblichen oder landwirtschaftlichen Grundstücken eine weitgehende Berücksichtigung der Länge der Besitzdauer für angebracht gehalten.

2. Verhältnis zu § 16. Gegenüber der endgültigen Feststellung des Tarifes im G. sind die abweichenden Vorschläge in dem Entw. und die Anträge in der Komm. nicht mehr von rechtlichem Interesse. Der Steuertarif steht in Verbindung mit den Vorschriften des § 16, dessen Bestimmungen während der gesetzgeberischen Arbeiten mit § 28 (damals 20) auch äußerlich zusammenhängen. Die Hinzurechnung der $2^1/_2$ Proz. wirkt in den niedrigeren Stufen des Tarifs in wirksamer Weise ein auf die Herabsetzung des Steuersatzes, während die Wirkung in den höheren Stufen immer geringer wird; die Wirkung in den niedrigeren Stufen ist eine doppelte. Man hat die Tarifsätze nach der Länge der Besitzdauer nicht gleichmäßig, sondern nur für diejenigen Fälle, in denen der Wertzuwachs einen niedrigeren Prozentsatz des Erwerbspreises ausmacht, in stärkerem Maße herabzusetzen beabsichtigt, als in denjenigen Fällen, in denen er im Verhältnis zum Erwerbspreis hochsteht. Es wurde auch für berechtigt gefunden, die Steuerpflicht nach einer gewissen Dauer der Besitzzeit aufhören zu lassen. Diesem Gedanken entspricht, wenn auch nicht ganz, die Formulierung des § 16 für diejenigen Fälle, in denen der Zuwachs sich nicht in einem niedrigeren Verhältnisse zum Erwerbspreise hält, in denen die Vermutung

für einen erarbeiteten Zuwachs spricht. Bei Anrechnung von $2^1/_2$ Proz. sind nach 4 Jahren alle Fälle steuerfrei, in denen der Zuwachs nicht mehr als 10 Proz. des Erwerbspreises beträgt, nach 10 Jahren alle Fälle, wo er bis zu 25 Proz., und nach 40 Jahren alle diejenigen, in denen er bis zu 100 Proz. des Erwerbspreises steigt (Drucks. Nr. 515 S. 71 f.).

3. Die Steuerermäßigung ist auch durch Abs. 2 zum Ausdrucke gekommen. Noch in der dritten Lesung standen hinter den Worten: „maßgebenden Zeitraumes" die Worte: „längstens für 30 Jahre". Sie sind erst in der dritten Plenarberatung des Reichstages gestrichen worden. In dieser ist auch der zweite Satz neu aufgenommen worden.

4. Der Abs. 3 entspricht dem Wunsche der Freilassung geringen Wertzuwachses überhaupt.

§ 29.

Die Entrichtung der Zuwachssteuer liegt demjenigen ob, dem das Eigentum an dem Grundstück vor dem die Steuerpflicht begründenden Rechtsvorgange zustand. Mehrere Steuerpflichtige haften als Gesamtschuldner.

Kann die Steuer von dem Veräußerer nicht beigetrieben werden, so haftet der Erwerber für die Steuer bis zum Betrage von zwei vom Hundert des Veräußerungspreises. Diese Bestimmung findet keine Anwendung beim Erwerb im Wege der Zwangsversteigerung.

Die Haftung fällt fort, sobald der Veräußerer einen entsprechenden Betrag gezahlt oder sichergestellt hat.

1. Entstehungsgeschichte und Zweck S. 136. — 2. Positives Recht S. 137.

1. Entstehungsgeschichte und Zweck. Der § 21 Abs. 1 des Entw. stimmt mit dem ersten Satze des vorliegenden Paragraphen überein. Dagegen findet sich Abs. 2 jenes Paragraphen im G. nicht wieder. Er lautete: „Die Auflassung darf von dem Grundbuchamt erst entgegengenommen werden, wenn eine Bescheinigung der Steuerbehörde vorgelegt ist, daß die Steuer nicht geschuldet oder für die Steuer Sicherheit geleistet ist. Die Steuerbehörde bestimmt den Betrag der Sicherheit nach freiem Ermessen. Der Erwerber ist berechtigt,

die Sicherheit zu leisten und bis zur Höhe der Sicherheit den Veräußerungspreis zurückzubehalten." Diese Regelung wurde mit Recht damit bekämpft, daß sie geeignet sei, den ganzen Grundstückshandel lahm zu legen. Wenn die Entgegennahme der Auflassung von der Sicherheitsleistung für den Steuerbetrag und einer Bescheinigung der Steuerbehörde abhängig gemacht werde, so sei sie vollkommen ins Ungewisse gestellt. Eine endgültige Festsetzung des Steuerbetrages vor der Auflassung könne in allen denjenigen Fällen, in denen die Eintragung erst den steuerpflichtigen Rechtsvorgang bilde, nicht in Frage kommen. Die Steuerbehörde sei also auf lediglich vorläufige Schätzungen angewiesen; wolle sie dabei vorsichtig sein, so werde sie häufig viel zu hoch greifen müssen. Vor allen Dingen würden ihre Erhebungen, die sie zur Unterlage der Entscheidung machen müsse, lange Zeit dauern und schon aus diesem Grunde ein unüberwindliches Hindernis für den ganzen Grundstücksverkehr bedeuten. Vielfach sei es Brauch, daß die Parteien, namentlich die kleineren Leute, ohne vorherigen notariellen Vertrag zum Grundbuchrichter kämen, um sofort zur Auflassung zu schreiten; dieses praktische Verfahren würde vollständig unmöglich gemacht werden (Drucks. Nr. 515 S. 84). Dagegen sind in das Gesetz abweichend von der Vorlage die Abs. 2 und 3 hineingekommen. Schon in der ersten Lesung wurde ein Zwischensatz in Abs. 2 des Entw. aufgenommen, wonach die Auflassung von dem Grundbuchamt erst entgegengenommen werden darf, wenn der E r w e r b e r sich bereit erklärt hat, für den Fall, daß die Steuer vom Veräußerer nicht beigetrieben werden kann, die Haftung für die Steuer zu übernehmen. Die jetzige Fassung beruht auf einem in der dritten Komm.-Les. gestellten Antrage. Sie sucht den zwei wichtigen Aufgaben gerecht zu werden, einerseits den Fiskus gegen die bei dieser Steuer besonders dringende Gefahr des Verlustes sicher zu stellen, die dadurch entsteht, daß der steuerpflichtige Veräußerer zahlungsunfähig ist, anderseits die Gefahren einer zu weit gehenden Erschwerung des Grundstücksverkehrs zu vermeiden.

2. P o s i t i v e s R e c h t. Der geltende Gesetzestext ergibt nunmehr: Der Grundbuchverkehr ist unabhängig von jeder Art Sicherstellung der Steuer. Dagegen wird dem Erwerber eine Haftung auferlegt, die aber auf 2 Proz. des Veräußerungspreises begrenzt ist, damit die Parteien von vornherein mit einer bestimmten Maximalhöhe der Haftung rechnen können. Sie sind dadurch in die Lage versetzt, diese Haftung dadurch auszuschließen, daß der Veräußerer einen ihrer Höhe entsprechenden Betrag zahlt oder sicherstellt.

§ 30.

Von der Steuerpflicht (§ 29 Abs. 1) befreit sind:

1. der Landesfürst und die Landesfürstin;
2. das Reich;
3. die Bundesstaaten und Gemeinden (Gemeindeverbände), in deren Bereich das Grundstück sich befindet;
4. Vereinigungen aller Art, welche, ohne Erwerbszwecken zu dienen, satzungsgemäß sich mit innerer Kolonisation, Arbeiteransiedelung, Grundentschuldung oder Errichtung von Wohnungen für die minderbemittelten Klassen befassen, falls sie den zur Verteilung gelangenden Reingewinn auf eine höchstens vierprozentige Verzinsung der Kapitaleinlagen beschränken, den Mitgliedern, Geschäftsführern oder sonstigen Beteiligten auch nicht in anderer Form besondere Vorteile gewähren, bei Auslosung, Austritt eines Mitglieds oder für den Fall der Auflösung nicht mehr als den Nennwert ihrer Anteile zusichern und bei der Auflösung den etwaigen Rest ihres Vermögens für die vorbezeichneten Zwecke bestimmen. Ob diese Voraussetzungen zutreffen, entscheidet der Bundesrat. Er ist auch ermächtigt, solchen Vereinigungen der vorbezeichneten Art Steuerfreiheit zuzubilligen, die eine höchstens fünfprozentige Verzinsung der Kapitaleinlagen gewähren.

1. Entstehungsgeschichte. Von dem Paragraphen fanden sich die ersten drei Ziffern bereits im Entw. (§ 22). Der jetzige dritte Absatz verdankt seine Entstehung einem Antrage, der in der ersten Les. im Interesse der inneren Kolonisation eingebracht worden ist, im übrigen aber mannigfach geändert und erweitert wurde, bis er die jetzige Fassung erhielt. Die subjektiven Steuerbefreiungen sind nunmehr in den §§ 30, 31 festgesetzt.

2. Zu Ziff. 1. Die Befreiung von der Steuer schien für den Landesfürsten und die Landesfürstin, d. h. die Gemahlin des Landesfürsten schon deshalb angezeigt, weil sie nach § 84 des RStempG. von der Grundwechselabgabe der Tarifnummer 11 befreit sind und folgerichtig ein Gleiches für deren Ersatz, die Zuwachssteuer, gelten muß (Begr. S. 24). Auf die Versuche der Komm. und des Plenums, die Befreiungsvorschrift zu streichen, braucht hier angesichts des Wortlautes des G. nicht eingegangen zu werden. Dagegen ist die Frage, ob der Landesfürst und seine Gemahlin die Befreiung nur für die im eigenen Lande gelegenen Grundstücke genießen sollen, nicht zweifelfrei. Mit der bundesstaatlichen Natur des Reiches und der Eigenschaft des ZStG. als eines Reichsgesetzes ist die Bejahung der Frage nicht gut vereinbar; allein man wird sich für die einschränkende Auslegung sowohl mit Rücksicht auf die gleiche Rechtsauffassung beim ErbschStG., als auch deswegen entscheiden müssen, weil sowohl die Reichsregierung, als auch die Volksvertretung die Zweifel in diesem Sinne gelöst wissen wollten. Eine andere Frage ist die, ob die Steuerfreiheit auch für diejenigen Grundstücke gilt, bezüglich deren eine genaue Scheidung zwischen Staatsgut und fürstlichem Privatgut oder Familiengut nicht stattgefunden hat, der Fürst zwar die Nutznießung hat, aber nicht ohne Genehmigung der Stände veräußern darf. Natürlich wird in erster Reihe die rechtliche Natur des Gutes nach Möglichkeit festzustellen und das persönliche Gut des Fürsten freizulassen sein; handelt es sich um Staatsgut, so wird wohl stets die Befreiung der Ziff. 3 dieses Paragraphen in Betracht kommen. Wo lediglich Familiengut vorhanden ist, muß meines Erachtens der auf den Fürsten oder seine Gemahlin persönlich entfallende Anteil Steuerfreiheit genießen.

3. Zu Ziff. 2 und 3. Reich, Bundesstaaten und Gemeinden mußten logischer Weise von der Steuer befreit werden. Da die Zuwachssteuer ihrem Grundgedanken nach ein Entgelt für die werterhöhenden Maßnahmen der Gemeinschaft darstellt, wird die Abgabe für die in ihrem Bereich befindlichen Grundstücke nicht wohl von den Gemeinschaften erhoben werden können, die im wesentlichen den Wertzuwachs geschaffen haben (Begr. S. 24). Die Staaten können schon wegen ihrer Souveränität nicht zum Objekte der Besteuerung gemacht werden. Gemeinsam ist den Staaten und den Gemeinden, daß sie die etwa erzielten Gewinne nur im öffentlichen Interesse verwenden. Die städtische Verwaltung hat auch vielfach erst die Wertsteigerung des Grund und Bodens geschaffen. Die bodenpolitische Tendenz des G. kommt in der Befreiung jedenfalls zum Aus-

druck. Die Kommunen erwerben vielfach aus sozialpolitischen Gründen und um ihren öffentlichrechtlichen Aufgaben besser entsprechen zu können, eine größere Anzahl von Grundstücken: sie versuchen, auf den Grundstücks- und Wohnungsmarkt, auf die Verhältnisse des Grund und Bodens Einfluß zu gewinnen. Wenn sie hierbei gute Ergebnisse erzielen, so muß dieser Betrag dem Grundstücksfonds zugeführt, nicht aber durch Steuern gekappt werden. Die Aufsichtsbehörden begünstigen und veranlassen auch vielfach den kommunalen Bodenerwerb. Einzelne Regierungen wirken darauf hin, daß die Gemeinden durch Anlegung von Grundstücksfonds eine planmäßige Bodenpolitik treiben. — Unter „Gemeindeverbänden", die steuerfrei geblieben sind, müssen auch die Kreise und Provinzen verstanden werden, nicht aber der Besitzer eines selbständigen Gutsbezirkes. — Unbegründet sind die Bedenken, die in der Richtung geltend gemacht wurden, es werde die Möglichkeit eröffnet, daß Privatunternehmer, die irgendwie mit der Gemeinde zusammenarbeiteten, sich der Steuer entziehen könnten. Steuerumgehungen zu verhindern ist das G. durchaus in der Lage, insbesondere bieten die Bestimmungen des § 5 die Handhaben, auch den Güterhandel zu erfassen, der sich durch Vermittlung der Gemeinden deren Steuerfreiheit zu nutzen machen wollte.

4. Zu Ziff. 4. Zur Begründung dieser Vorschrift wurde in der ersten und dritten Komm.-Les. auseinandergesetzt, daß die Steuerfreiheit im Interesse der inneren Kolonisation und der gemeinnützigen Besiedlungsgesellschaften, sowie im Interesse des gemeinnützigen Wohnungsbaues notwendig sei. Das ursprünglich vorgeschlagene Wort „gemeinnützig" wurde durch die Worte ersetzt: „welche ohne Erwerbszwecken zu dienen, satzungsgemäß sich .... befassen". Der Vertreter des Reichsschatzamtes hatte (Drucks. Nr. 596 S. 44) großes Gewicht darauf gelegt, daß das Wort „gemeinnützig" beibehalten werde, um einem Mißbrauch der Bestimmung zum Zwecke von Umgehungen des G. entgegentreten zu können. Es sei z. B. möglich, daß eine Gesellschaft sich der in der Vorschrift vorgesehenen Einschränkung der Verzinsung unterwirft, gleichwohl aber einen erheblichen Gewinn in Form von Gehältern, Tantièmen oder dadurch verteilt, daß sie ihren Teilhabern auf deren Anteile Obligationen zuweist. Die Aufnahme des Wortes „gemeinnützig" ermögliche es zu prüfen, ob die Gesellschaft nach ihrer ganzen wirtschaftlichen Konstruktion gemeinnützige oder Gewinnzwecke verfolgt. Trotz der Streichung jenes Wortes ist es aber m. E. nicht zweifelhaft, daß nur gemeinnützige Vereinigungen in Frage kommen. Die Zwecke, die die Gesellschaft verfolgt, die Einschränkung der

Verzinsung und Gewinnverteilung geben die nötigen Anhaltspunkte. Entscheidend ist aber, ob der Bundesrat diesen gemeinnützigen Charakter anerkennt (Satz 2 der Ziff.). Die Befürchtung, daß der gemeinnützige Charakter von vornherein Veranstaltungen bestimmter politischer Richtung, insbesondere auch polnischen Besiedlungsgesellschaften, abgesprochen werden könne, ist regierungsseitig als nicht berechtigt bezeichnet worden. Auch die Entscheidungen des Bundesrats über Befreiungen vom Aktienstempel gemäß Tarifnummer 1 des RStempG. hätten bislang zu irgendwelchen Beanstandungen politischer Art keinerlei Anlaß gegeben. Freilich ist der richterlichen und verwaltungsrichterlichen Judikatur m. E. die Frage, ob es sich um eine steuerfreie Vereinigung der bezeichneten Art handelt, entzogen, denn es heißt im zweiten Satze ausdrücklich, daß der Bundesrat entscheidet, ob die Voraussetzungen des ersten Satzes vorliegen. — Unter „minder bemittelten Klassen" sind nicht nur die ganz unbemittelten Personen zu verstehen, sondern auch diejenigen, die von der Fürsorge im Rahmen und im Sinne unserer sozialpolitischen G. nicht ausgeschlossen werden. Auch gering besoldete Beamte können hierher gerechnet werden.

§ 31.

Durch die Landesgesetzgebung können Ausnahmen von der Bestimmung der Ziffer 1 des § 30 zugunsten der Gemeinden (Gemeindeverbände) gemacht werden. Wo solche landesgesetzlichen Bestimmungen bereits bestehen, behält es dabei sein Bewenden.

Die Vorschrift war nicht im Entw. Erst in der zweiten Komm.-Les. wurde ein entsprechender Antrag gestellt. Hierbei wurde festgestellt, daß in einem Einzelstaate nach dem Landesgesetz die Domäne, die 20 Proz. der Gesamtfläche des Landes betrage, zur Zuwachssteuer der Gemeinden herangezogen werden konnte. Man wollte bei einem so hohen Objekte nicht in „wohlerworbene" Rechte eingreifen.

§ 32.

Gehen dem Eintritt der Steuerpflicht mehrere aufeinanderfolgende Rechtsgeschäfte der im § 5 bezeichneten Art voraus (§ 27), so haften die an einem dieser Rechtsvorgänge als Veräußerer Beteiligten für die Steuer neben dem Steuerpflichtigen als Gesamtschuldner. Im Verhältnis der Beteiligten zueinander haftet jeder Veräußerer für die Steuer nur in der Höhe, in der er haften würde, wenn der Übergang auf Grund des von ihm geschlossenen Veräußerungsgeschäfts erfolgt wäre.

Ist die Vornahme des steuerpflichtigen Rechtsvorganges unter Mitwirkung eines Bevollmächtigten oder durch die Tätigkeit eines Vermittlers mit der Maßgabe erfolgt, daß diesen der einen gewissen Betrag übersteigende Teil des Preises verbleibt, so haftet für den auf den Mehrerlös entfallenden Teil der Steuer neben dem Veräußerer als Gesamtschuldner derjenige, dem der Mehrerlös zukommt.

Liegt der die Haftung begründende Rechtsvorgang vor dem Inkrafttreten dieses Gesetzes, so finden die Vorschriften der Abs. 1, 2 keine Anwendung.

Abs. 1 war schon in § 23 Abs. 1 des Entw. enthalten; Abs. 2 entspricht dem Abs. 3 des Entw. Dagegen ist Abs. 2 des Entw. in § 32 nicht aufgenommen worden. Es lautete diese Vorschrift folgendermaßen: „Hat der Steuerpflichtige den Gegenstand bei der Auseinandersetzung eines Nachlasses oder des Gesamtgutes einer Gütergemeinschaft als Miterbe oder Anteilberechtigter erworben (§ 4, jetzt § 7, Ziff. 3), so haften die anderen Miterben oder Mitberechtigten nach Maßgabe ihres Anteils für die Abgabe von dem bis zur Auseinandersetzung eingetretenen Wertzuwachse neben dem Steuerpflichtigen als Gesamtschuldner." Die Haftung der Mitberechtigten und Zwischenbeteiligten sollte hier ausgesprochen werden, um in Fällen, in denen der Veräußerer das Grundstück auf Grund einer Erb- oder Gesamtgutsauseinandersetzung oder mehrerer aufeinanderfolgender Veräußerungsgeschäfte erworben und in seiner Leistung die bis dahin entstandene Wertsteigerung ganz oder teilweise abgegolten hat, Unbilligkeiten zu vermeiden. Gegen die Bestimmung wurde geltend gemacht, daß die vorgesehene Haftung der Miterben zu großen Schwierigkeiten führen könne (Drucks. Nr. 515 S. 90). Es könne die Zahl der haftenden Miterben eine sehr große sein und sich im Laufe der Zeit dadurch, daß einzelne dieser Miterben ihrerseits unter Hinterlassung von Erben sterben, immer größer werden. Stelle man sich dann weiter vor, daß ein Grundstück mehrere Male hintereinander im Wege des Erbgangs den Besitzer gewechselt habe, und daß kein steuerpflichtiger Rechtsvorgang dazwischen trete oder daß Miterben ihrerseits auch Grundstücke hinterließen, so würde eine vollständige Schachtelung von haftenden Personen in Frage kommen, obwohl vielleicht gar keine Steuerpflicht entstehe. Dann sei es schon das Richtigere, daß der Übernehmer des Grundstücks allein die ganze Haftung übernehme. Das sei in vielen Fällen auch nicht ungerechtfertigt. Denn wenn einem Miterben das Grundstück unter besonderen günstigen Bedingungen zu dem Zwecke übertragen werde, daß es in der Familie bleiben solle, so handle dieser, wenn er es dann veräußere, gegen die Tendenz der Übertragung und möge dann auch die Haftung für die Steuer übernehmen. — Abs. 3 dieses Paragraphen fand sich in dem Entw. nicht.

§ 33.

Jeder, der nach den Vorschriften des § 32 Abs. 1 für die Entrichtung der Abgabe haftet, ist berechtigt, innerhalb eines Monats nach Vornahme des die Haftpflicht begründenden Rechtsvorganges die Festsetzung und Erhebung der Abgabe von dem Wertzuwachse zu beantragen, der bis zu dem die Haftpflicht begründenden Rechtsvorgang entstanden ist.

Bei der nächsten Versteuerung bemißt sich die Abgabe nach dem Steuersatze, der bei Einrechnung dieses Wertzuwachses anzuwenden wäre.

Der Paragraph fand sich in dem Entw. und kam unverändert in das G. Von besonderer Bedeutung wird diese Vorschrift für die Miterben werden. Soll diesen aus der Haftung nicht in Fällen, in denen das Grundstück lange Zeit in der Hand desjenigen bleibt, der das Grundstück bei der Auseinandersetzung erhalten hat, eine unbillige Härte erwachsen, so muß ihnen die Möglichkeit geboten werden, sich von der Haftpflicht zu befreien. Dieser Notwendigkeit trägt der Abs. 1 des Paragraphen Rechnung. Bei Festsetzung und Erhebung der Abgabe ist die Zeit zwischen dem letzten steuerpflichtigen Rechtsvorgang und der Auseinandersetzung sowie der bis dahin eingetretene Wertzuwachs maßgebend. Durch die Entrichtung des hiernach fälligen Abgabebetrages erlischt die Mithaft im vollen Umfang selbst dann, wenn etwa die weitere bis zum nächsten Steuerfall eintretende Werterhöhung auch von dem bis zur Auseinandersetzung entstandenen Wertzuwachs einen höheren Steuersatz rechtfertigen würde (Begr. S. 44).

§ 34.

Ist im Falle des § 5 das steuerpflichtige Rechtsgeschäft nichtig oder aufgehoben, so ist nach näherer Bestimmung des Bundesrats die Abgabe auf Antrag zu erlassen. Dasselbe gilt, wenn wegen Nichterfüllung der Vertragsbedingungen das Rechtsgeschäft rückgängig gemacht oder das Eigentum zurückübertragen wird. Ferner ist in den Fällen der Preisminderung nach §§ 459, 460 des Bürgerlichen Gesetzbuchs der Veräußerungspreis entsprechend zu ermäßigen und die Steuer entsprechend zurückzuzahlen.

Wird das Grundstück auf den bisherigen Eigentümer wieder übertragen, so kann nach näherer Bestimmung des Bundesrats die Abgabe erlassen werden. Die Abgabe muß erlassen werden, wenn die Rückübertragung innerhalb zweier Jahre seit der Veräußerung erfolgt.

Wird die Steuer erlassen, so gilt die Veräußerung im Sinne dieses Gesetzes als nicht erfolgt.

Abs. 1 Satz 1 entspricht dem Abs. 1 Satz 1 in § 25 des Entw.; Abs. 2 Satz 1 dem Abs. 1 Satz 2 des Entw.; Abs. 3 dem Abs. 2 des Entw. Dagegen ist in letzterem nicht enthalten Abs. 1 Satz 2 und 3 und Abs. 2 Satz 2 des Gesetzestextes. Zu dem ersten Satze dieses Paragraphen ist noch zu bemerken, daß der „Erlaß" der Steuer auch die Zurückzahlung umfaßt.

§ 35.

Für die Verwaltung und Erhebung der Zuwachssteuer ist der Bundesstaat zuständig, in welchem sich das Grundstück befindet.

Die Verwaltung der Zuwachssteuer erfolgt durch die von der Landesregierung hierzu bestimmten Stellen.

Mit dem § 35 beginnen die Vorschriften, welche die Erhebung und Verwaltung, die Rechtsmittel und das Strafverfahren betreffen.

Der Paragraph faßt die Vorschriften der §§ 26 und 27 des Entw. zusammen. Eine Änderung gegenüber diesem war nicht vorgeschlagen worden. — Dadurch, daß die Bestimmung die Steuerstellen in das freie Ermessen der Landesregierungen stellt, ist jenen damit überlassen, ob und inwieweit Gemeindebehörden mit der Verwaltung zu betrauen sein werden. Die Versuche in der Kommission, die Gemeinden unmittelbar mit der Verwaltung der Steuern zu betrauen, sind nicht erfolgreich gewesen und nicht in das G. aufgenommen worden.

§ 36.

Die Reichsbevollmächtigten für Zölle und Steuern üben in Ansehung der Ausführung dieses Gesetzes dieselben Rechte und Pflichten aus, die ihnen bezüglich der Zölle und Verbrauchssteuern beigelegt sind.

In Staaten, in denen die Geschäfte der Oberbehörde für die Zuwachssteuer anderen Behörden als den Zolldirektivbehörden übertragen sind, werden der Umfang und die Art der Tätigkeit der Reichsbevollmächtigten vom Reichskanzler im Einvernehmen mit der beteiligten Bundesregierung geregelt.

Unter Zustimmung des Bundesrats kann der Reichskanzler die Wahrnehmung der Geschäfte der Reichsbevollmächtigten, soweit die Ausführung dieses Gesetzes in Betracht kommt, anderen Beamten übertragen.

§ 37.

Jeder steuerpflichtige Rechtsvorgang und, sofern eine Preiserhöhung eintritt, jedes Rechtsgeschäft der im § 5 bezeichneten Art ist binnen einer Frist von einem Monat der zuständigen Steuerbehörde (§ 35 Abs. 2) anzumelden. Die Verpflichtung hierzu trifft den Veräußerer und den Erwerber. Sind mehrere Veräußerer oder Erwerber vorhanden, so trifft die Verpflichtung jeden von ihnen. Sie gilt in gleicher Weise für die gesetzlichen Vertreter.

Die Frist beginnt mit dem Zeitpunkt, in welchem der Verpflichtete von dem steuerpflichtigen Rechtsvorgang oder von dem Rechtsgeschäfte Kenntnis erhält.

Einer Anmeldung bedarf es nicht, wenn vor Ablauf der Frist die Auflassung oder Eintragung stattgefunden hat.

Sind mehrere Personen zur Erstattung der Anmeldung verpflichtet, so wird durch die von einem Verpflichteten bewirkte Anmeldung der Anzeigepflicht der übrigen genügt.

1. Entstehungsgeschichte. Der Paragraph entspricht dem § 39 ErbschStG. und § 29 des Entw., nur daß in letzterem im 1. Abs. die Worte: „sofern eine Preiserhöhung eintritt" fehlten.

2. Anzeigepflicht. Mit § 37 beginnen die das Veranlagungsverfahren betreffenden Vorschriften, die im allgemeinen denen in Erbschaftssteuersachen gleich geordnet sind. Die hier vorgesehene Anzeigepflicht, die sich in allen bisherigen Steuerordnungen und dem ErbschStG. vorfindet und keine Mißstände erzeugt hat, wurde eingeführt, weil durch die Mitteilungen der Grundbuchämter allein (§ 38) die nötige Sicherheit für den Eingang der Steuer nicht gegeben ist. Die Anzeige ist unter anderem auch nötig, weil bei dem Handel mit Kuxen in der Praxis vielfach keine Mitwirkung von Behörden stattfindet. Die Pflicht bezieht sich nicht nur auf die im § 5, sondern auch auf die in den §§ 1—3 bezeichneten Rechtsgeschäfte. Um eine Erleichterung der Anzeigepflicht in den Fällen des § 5 herbeizuführen, wurde der Zusatz eingefügt: „sofern eine Preiserhöhung eintritt". Die Weitergabe von Anstellungen und Kaufangeboten soll demnach nicht anzeigepflichtig sein, wenn bei diesen Geschäften eine Erhöhung des Preises nicht stattfindet. „Dann handle es sich keinesfalls um Umgehungsversuche, sondern um Formen des Geschäftsverkehrs, zu denen ein praktisches Bedürfnis vorliege" (Drucks. Nr. 515 S. 93). Diese Einschränkung der Anzeigepflicht bezieht sich aber nicht auf die Rechtsvorgänge der §§ 1—3.

§ 38.

Den Steuerbehörden haben nach näherer Bestimmung des Bundesrats Mitteilung zu machen

1. die Grundbuchämter
   von den Eintragungen des Eigentumsüberganges von Grundstücken in das Grundbuch;
2. die Registergerichte und -behörden
   von Eintragungen in das Handels- und Genossenschaftsregister und von Einreichungen zum Handelsregister, soweit sie in Verfolg eines steuerpflichtigen Rechtsvorganges vorgenommen werden:
3. allgemein die Behörden und Beamten des Reichs, Staates und der Gemeinde sowie die Notare
   a) von allen von ihnen beurkundeten Rechtsvorgängen, die den Übergang des Eigentums an inländischen Grundstücken zum Gegenstande haben oder zu den im § 5 bezeichneten Rechtsgeschäften gehören:
   b) von allen Fällen der Erhebung der Abgabe auf Grund der Tarifnummer 11 des Reichsstempelgesetzes.

Die Landesregierungen sind ermächtigt, im Einverständnisse mit dem Reichskanzler die Mitteilungspflicht anderen als den in Ziff. 1 und 2 genannten Stellen zu übertragen.

Der Paragraph handelt von der Mitteilungspflicht der genauer bezeichneten Behörden an die Steuerbehörden. Er hat sein Vorbild in § 40 des ErbschStG. und entspricht § 30 des Entw. Abweichend war in diesem die Ziff. 1 gefaßt, dahin: „Von den Eintragungen einer Eigentumsänderung in das Grundbuch und auf den Übergang grundstücksgleicher Berechtigungen sich beziehenden Eintragungen"; unter Ziff. 3 war noch hinzugefügt: „c) Von den zu ihrer Kenntnis gelangenden Zuwiderhandlungen gegen die Vorschriften dieses Gesetzes." Dagegen wurde in derselben Ziffer das Wort „Reichs" vor dem Worte „Staates" eingefügt.

§ 39.

Auf Verlangen der Steuerbehörde und innerhalb einer von ihr zu bestimmenden angemessenen Frist hat der gemäß § 37 zur Anmeldung verpflichtete Veräußerer dem Amte eine Zuwachssteuererklärung einzureichen, welche die für die Steuerpflicht und die Steuerbemessung in Betracht kommenden Umstände ersehen läßt.

Die Steuererklärung ist unter der Versicherung zu erstatten, daß die Angaben nach bestem Wissen und Gewissen gemacht sind.

Der Paragraph, der die Pflicht zur Steuererklärung ausspricht, findet seine Vorbilder in § 42 des Erbsch.-StG. und § 31 des Entw., der jedoch die Worte „angemessenen" vor „Frist" nicht enthielt, anderseits nur von dem zur Anmeldung Verpflichteten sprach, nicht von dem zur Anmeldung verpflichteten **Veräußerer.** Die Deklarationspflicht ist allgemein ausgesprochen. Eine Ausnahme, wie beim preußischen Einkommensteuergesetz für die Einkommen unter 3000 Mk. ist ebensowenig gegeben, wie für gewisse Klassen von Personen, oder für Fälle mit niedrigerem Zuwachs. Die Steuererklärung kann schriftlich, aber auch mündlich zu Protokoll erklärt werden.

§ 40.

Trägt die Steuerbehörde Bedenken, die Angaben in der Steuererklärung als richtig anzunehmen, so teilt sie dem Steuerpflichtigen die beanstandeten Punkte unter Bestimmung einer angemessenen Frist zur Gegenerklärung mit. Erfolgt innerhalb der gesetzten Frist keine Gegenerklärung oder führen die Verhandlungen nicht zu einer Einigung, so ist die Steuerbehörde befugt, nach näherer Bestimmung der Landesregierung die erforderlichen Ermittelungen selbständig vorzunehmen und danach die Steuer zu erheben.

Die Kosten der Ermittelungen fallen dem Steuerpflichtigen zur Last, wenn sie zu einer endgültigen Steuerfestsetzung führen, die den nach den Angaben des Steuerpflichtigen veranlagten Abgabebetrag um mehr als ein Drittel übersteigt.

1. Prüfung durch die Steuerbehörde. — 2. Zu Abs. 1 S. 1 — 3. Zu Abs. 1 S. 2 „Werteinigung". — 4. Zu Abs. 2 Kosten der Ermittelungen.

1. Hier ist übereinstimmend mit § 32 des Entw. die Prüfung der Steuererklärung durch die Steuerbehörde, die Frage der Ermittelungen und deren Kosten geregelt.

2. Zu Abs. 1 Satz 1. Der Steuerpflichtige soll, muß aber nicht Wertangaben machen. Unrichtige Wertangaben sind an sich nicht strafbar, da die Vorschrift die Richtigkeit der Wertangabe mittels der amtlichen Handlungen gewährleistet wissen will. Die Steuerbehörde hat die Pflicht, die Angaben der Steuererklärung auf ihre Richtigkeit zu prüfen. Sie hat nicht nur die beanstandeten Punkte, sondern gegebenenfalls auch mitzuteilen, auf wie hoch sie die Einschätzung annimmt.

3. Zu Abs. 1 Satz 2. „Werteinigung". Der Versuch der Einigung muß stets gemacht werden, bevor die Steuerbehörde die Ermittelung selbständig vornimmt, wenn Angaben gemacht worden sind. Trifft letzteres nicht zu, dann kann ein Einigungsversuch gemacht werden. Diese Einigung ist eine Vereinbarung, durch welche die Wertermittelung betreffs der zu einer steuerpflichtigen Masse gehörigen Gegenstände zwischen der Steuerbehörde und dem Steuerpflichtigen nach Art eines Vergleiches, also im Wege gegenseitigen Nachgebens (§ 779 BGB.) zum Abschlusse gebracht wird. Eine solche Werteinigung gilt für den Fiskus als rechtlich bindend, so daß er nicht auf Grund einer von ihm vorgenommenen Werterhöhung Steuer nachfordern kann. Die Einigung wird mit Rechtswirksamkeit für den Fiskus durch das Amt vorgenommen (RG. vom 21. Oktober 1892, JW. 493[45] und vom 20. Dezember 1894, a. a. O. 1895 78[33-34]; Entsch. i. ZS. Bd. 34 S. 280). Wiewohl diese Entscheidungen zum ErbschStG. ergangen sind, so treffen sie auch, bei der Übereinstimmung des Wortlautes des § 43 desselben mit dem Texte, zu. In Preußen sind die Erbschaftssteuerämter angewiesen worden, Werteinigungen mit den Steuerpflichtigen nur unter Vorbehalt der Abänderung durch die vorgesetzten Dienstbehörden zu treffen (Erl. des FinMin. vom 19. Februar 1895, III 2981). Auch diese Vorschrift dürfte entsprechende Anwendung zu finden haben.

4. Zu Abs. 2. Die Kosten der Ermittelungen fallen dem Landesfiskus zur Last, es sei denn, daß

die endgültige Steuerfestsetzung erfolgt und eine Wertangabe gemacht, eine Einigung über den Wert mit dem Steuerpflichtigen selbst versucht worden war, aber nicht gelungen und alsdann ein Wert amtlich ermittelt ist, der den angegebenen Wert um mehr als ein Drittel übersteigt.

§ 41.

Die Behörden, Beamten und Notare haben den Steuerbehörden jede zur Ermittelung der Abgabe dienliche Hilfe zu leisten und insbesondere auf Verlangen die Einsicht in die Verhandlungen zu gestatten, die sich auf die für die Steuerbemessung maßgebenden Vorgänge beziehen.

Der Entw. hatte im § 33 hinter das Wort „Beamten" noch „des Staates oder der Gemeinde" gestellt. Die Vorschrift findet sich in § 41 ErbschStG. in der Form, daß Gerichte und Notare den Erbschaftssteuerämtern auf Verlangen die Einsicht in die den Nachlaß betreffenden Verhandlungen zu gestatten haben. Unter „Verhandlungen" sind Eingaben, Verfügungen und Urkunden zu verstehen. Nötigenfalls sind die Verhandlungen auch zu übersenden oder, wenn es angängig oder zweckmäßig ist, in Abschrift oder Auszug mitzuteilen.

§ 42.

Personen, die als Veräußerer oder Erwerber oder als Vertreter eines von diesen an dem steuerpflichtigen Rechtsvorgange teilhaben, sind verpflichtet, auf Verlangen der Steuerbehörde über die Tatsachen, die für die Veranlagung der Abgabe von Bedeutung sind, Auskunft zu geben und die hierüber in ihrem Besitze befindlichen Urkunden vorzulegen.

Das Gleiche gilt von den an früheren steuerpflichtigen Vorgängen beteiligten Personen.

Die Vorschriften entsprechen denen des § 34 im Entw.

§ 43.

Ist die Zuwachssteuer berechnet, so erteilt die Steuerbehörde einen Steuerbescheid, der die Person des Steuerpflichtigen, den Betrag der Zuwachssteuer, deren Berechnungsgrundlagen und die von der Steuererklärung abweichenden Punkte, ferner die zulässigen Rechtsmittel, die für diese festgesetzten Fristen sowie die Behörden, bei denen sie anzubringen sind, angibt und zugleich die Anweisung zur Entrichtung der Steuer innerhalb einer zu bestimmenden Frist enthält. Die Frist muß mindestens einen Monat betragen.

Der Paragraph handelt von dem Steuerbescheid, der zuzustellen ist. § 35 des Entw. stimmte überein bis zu dem Worte „Rechtsmittel"; der Teil, der von da ab bis zu dem Worte „angibt" reicht, ist neu in den Gesetzestext hineingekommen.

§ 44.

Gegen den Steuerbescheid sind als Rechtsmittel zulässig:

1. die Beschwerde, soweit sie nicht landesrechtlich ausgeschlossen wird;
2. das Verwaltungsstreitverfahren oder ein durch die Landesgesetzgebung geordnetes anderweites Verfahren vor den Verwaltungsgerichten, und wenn ein verwaltungsgerichtliches Verfahren nicht besteht oder landesrechtlich ausgeschlossen wird, der Rechtsweg.

Ob durch die Erhebung der Beschwerde seitens des Steuerpflichtigen das Verwaltungsstreitverfahren oder der Rechtsweg für ihn ausgeschlossen wird, oder ob das Verwaltungsstreitverfahren oder das anderweite Verfahren vor den Verwaltungsgerichten oder der Rechtsweg erst nach Erledigung der Beschwerde und der weiteren Beschwerde zulässig ist, richtet sich nach den landesrechtlichen Vorschriften.

1. Rechtsmittel S. 151. — 2. Zu Abs. 1 insbesondere S. 152.

1. Rechtsmittel. Der Entw. (§§ 36, 37) hatte als Rechtsmittel gegenüber dem Steuerbescheide dem Steuerpflichtigen wahlweise die Beschwerde oder das Verwaltungsstreitverfahren und in Ermangelung eines solchen den ordentlichen Rechtsweg eröffnen wollen. Den letzteren allein zuzulassen,

erschien bei der Eigenart der Abgabe, insbesondere im Hinblick auf das Vorherrschen von Streitfragen tatsächlicher Art, nicht angezeigt. Die ausschließliche Übertragung an Verwaltungsgerichte wiederum war nicht angängig, weil solche nicht in allen Bundesstaaten vorhanden sind. Ebensowenig kann das Verwaltungsstreitverfahren als ein vollwertiger Ersatz für die Beschwerde angesehen werden, da diese es dem Pflichtigen ermöglicht, in kürzerer Zeit und kostenlos seinen Anspruch zur Geltung zu bringen. Aus diesen Erwägungen sind beide Wege zugelassen, wobei als Beschwerde nicht auch der als Einspruch oder Einsprache bezeichnete Vorgang gelten soll, der vielfach nach Landesrecht dem Verwaltungsstreitverfahren im engeren Sinne voranzugehen hat (Begr. S. 30). In der Komm. hatte man beschlossen, die Beschwerde nur insoweit zuzulassen, als sie nicht landesrechtlich ausgeschlossen wird. Es erschien unzweckmäßig, in allen Bundesstaaten eine Beschwerde neben dem Verwaltungsstreitverfahren oder Gerichtsverfahren zuzulassen. Würde z. B. in Preußen die Veranlagung Gemeindebehörden übertragen, so wäre das einzig zweckmäßige, den Rechtsmittelweg genau ebenso zu regeln, wie er im übrigen für die Kommunalabgaben geregelt ist, d. h. das Verwaltungsstreitverfahren mit vorhergehendem Einspruch wäre zuzulassen. Das Beschwerdeverfahren sei bei bureaukratisch gestalteten Behörden, wie den indirekten Steuerbehörden am Platze. Die Kommunalaufsichtsbehörden seien dagegen nicht die geeigneten Organe, um Beschwerden über einzelne Veranlagungen zu entscheiden (Drucks. Nr. 515 S. 94 f.).

2. Zu Abs. 1 insbesondere. Es ergibt sich folgende positivrechtliche Regelung: Als Regelfall ist gegeben die Beschwerde und daneben das Verwaltungsstreitverfahren oder ein entsprechendes Verfahren oder die ordentliche Klage. Ausnahmsweise kann aber die Beschwerde landesrechtlich ausgeschlossen werden. Dann bleibt das Verwaltungsstreitverfahren oder ein durch die Landesgesetzgebung geordnetes anderweites Verfahren, aber auch vor den Verwaltungsgerichten, oder, wenn ein verwaltungsgerichtliches Verfahren nicht besteht oder landesrechtlich ausgeschlossen wird, der Rechtsweg. Ist die Beschwerde nicht ausgeschlossen, dann kann die Klage ausgeschlossen werden, d. h. es kann demjenigen, der einmal im Beschwerdewege vorgegangen ist, der Klageweg verwehrt werden. Dagegen können die Einzelstaaten nicht generell die Zulässigkeit der Klage ausschließen, indem sie die Beschwerde gewähren. Jedenfalls hat der Steuerpflichtige von vornherein die Wahl zwischen Beschwerde und Klage. Unter

Beschwerde ist nicht schon jedes Gesuch um Änderung der Steuerveranlagung zu verstehen. Insbesondere darf dahin nicht der „Einspruch" oder die „Einsprache" gerechnet werden, die nach den landesrechtlichen Vorschriften vielfach die Voraussetzung für die Verfolgung eines Anspruches im Verwaltungsstreitverfahren bildet" (Begr. S. 45). Die Zulassung der Beschwerde ist für zweckmäßig gehalten worden, um einfachere Fälle zu einer schleunigen, vielleicht gütlichen Entscheidung zu bringen und dadurch die Verwaltungsgerichte oder ordentlichen Gerichte zu entlasten. An dem Einspruchsverfahren in Preußen sollte übrigens nichts geändert werden (Drucks. Nr. 515 S. 95).

§ 45.

Die Beschwerde ist binnen einer Frist von einem Monat seit der Zustellung des Bescheids bei der Steuerbehörde anzubringen.

Verspätete Beschwerden sind zuzulassen, wenn die Steuerbehörde zu der Annahme gelangt, daß der Beschwerdeführer ohne sein Verschulden verhindert war, die Frist einzuhalten.

Der Beschwerdebescheid hat anzugeben, bei welcher Behörde und innerhalb welcher Frist die weitere Beschwerde einzulegen ist.

Die Beschwerde und die weitere Beschwerde haben keine aufschiebende Wirkung.

Das Beschwerdeverfahren regelt der Bundesrat.

1. Zur Entstehung. — 2. Zu Abs. 2. — 3. Zu Abs. 4.

1. Zur Entstehung. § 36 des Entw., dessen erster Satz, wonach gegen den Steuerbescheid die Beschwerde zulässig ist, ist in § 44 übernommen worden; jener entspricht im übrigen dem vorliegenden § 45.

2. Zu Abs. 2. Dieser entspricht der Wiedereinsetzung in den vorigen Stand im Zivilprozeß (§ 233 ZPO.). Der Beschwerdeführer hat den Nachweis zu führen, daß er ohne sein Verschulden an der Innehaltung der Frist verhindert worden ist. Die verspätete Beschwerde muß in dem im G. vorgesehenen Falle zugelassen werden. Die Behörde kann aber eine verspätete Beschwerde auch dann annehmen, wenn die Voraussetzungen des Abs. 2 nicht gegeben sind.

3. Zu Abs. 4. Die festgestellte Steuer ist ungeachtet der Beschwerdeeinlegung innerhalb der bestimmten Frist zu zahlen. Die Verwaltung kann aber die Einziehung der Steuer aussetzen, d. h. diese stunden, wenn sie es für angezeigt hält.

§ 46.

Für die Fristen des verwaltungsgerichtlichen Verfahrens sowie für die Frist, in der die gerichtliche Klage zu erheben ist, sind die landesrechtlichen Vorschriften maßgebend. Sind für die Frist zur Erhebung der gerichtlichen Klage landesrechtliche Vorschriften nicht getroffen, so muß die Klage binnen einer Frist von einem Monat erhoben werden; die Frist beginnt mit der Zahlung oder Stundung der Steuer.

Über die Frage, ob Stundung gemäß § 48 eintreten soll, entscheidet endgültig die Steuerbehörde.

Auf den Lauf der im Abs. 1 bezeichneten Fristen finden die für die Verjährung geltenden Vorschriften der §§ 203, 206, 207 des Bürgerlichen Gesetzbuchs entsprechende Anwendung.

Für die gerichtliche Klage sind ohne Rücksicht auf den Wert des Streitgegenstandes ausschließlich die Landgerichte zuständig. Für die Verhandlung und Entscheidung letzter Instanz ist das Reichsgericht zuständig.

Der Paragraph (Abs. 2—4 in § 37 des Entw.) enthält die Bestimmungen über die Fristen. Die im Abs. 3 inbezug genommenen Paragraphen des BGB. lauten:

§ 203. Die Verjährung ist gehemmt, solange der Berechtigte durch Stillstand der Rechtspflege innerhalb der letzten sechs Monate der Verjährungsfrist an der Rechtsverfolgung verhindert ist.

Das Gleiche gilt, wenn eine solche Verhinderung in anderer Weise durch höhere Gewalt herbeigeführt wird.

§ 206. Ist eine geschäftsunfähige oder in der Geschäftsfähigkeit beschränkte Person ohne gesetzlichen Vertreter, so wird die gegen sie laufende Verjährung nicht vor dem Ablaufe von sechs Monaten nach dem Zeitpunkte vollendet, in welchem die Person unbeschränkt geschäftsfähig wird oder der Mangel der Vertretung aufhört. Ist die Verjährungsfrist kürzer als sechs

Monate, so tritt der für die Verjährung bestimmte Zeitraum an die Stelle der sechs Monate.

Diese Vorschriften finden keine Anwendung, soweit eine, in der Geschäftsfähigkeit beschränkte Person prozeßfähig ist.

§ 207. Die Verjährung eines Anspruchs, der zu einem Nachlasse gehört oder sich gegen einen Nachlaß richtet, wird nicht vor dem Ablaufe von sechs Monaten nach dem Zeitpunkte vollendet, in welchem die Erbschaft von den Erben angenommen oder der Konkurs über den Nachlaß eröffnet wird oder von welchem an der Anspruch von einem Vertreter oder gegen einen Vertreter geltend gemacht werden kann. Ist die Verjährungsfrist kürzer als sechs Monate, so tritt der für die Verjährung bestimmte Zeitraum an die Stelle der sechs Monate.

§ 47.

Dem Grundstückseigentümer ist auf Antrag für sein Grundstück oder für Grundstücksteile von der Steuerbehörde ein Bescheid über die bis dahin feststellbaren Berechnungsgrundlagen zu erteilen. Der Bescheid unterliegt den gegen den Steuerbescheid gegebenen Rechtsmitteln. Die in dem Bescheide getroffenen Festsetzungen sind für die spätere Veranlagung maßgebend.

Für die Erteilung des Bescheides ist eine Gebühr von $1/2$ vom Tausend des Erwerbspreises, mindestens aber von 20 Mk. zu entrichten; außerdem fallen dem Antragsteller die Kosten des Rechtsmittelverfahrens zur Last.

Vorläufige Veranlagung. Dieser Paragraph verdankt seine Entstehung einem in der dritten Komm.-Les. gestellten Antrage, der damit begründet wurde, daß die Grundstücksinteressenten mit Recht eine Hauptschwierigkeit der Anwendung des G. darin erblicken, daß sie bei Veräußerungsgeschäften meist auch nicht annähernd in der Lage sein würden, vorauszusehen, wie hoch sich die Zuwachssteuer stellen werde. Bei der großen Höhe, die diese Steuer unter Umständen haben könne, sei diese Frage aber für den Entschluß des Besitzers, ob und zu welchem Preise er verkaufen wolle, bei den Verhandlungen zwischen Besitzer und Erwerber und für die Ausgestaltung des Vertrages von der weittragendsten Bedeutung. Die vielfachen Schwierigkeiten werden etwas vermindert werden, wenn man sich über die bis zu der Auseinandersetzung feststellbaren Elemente der Veranlagung Sicherheit verschaffen könne. Im übrigen aber werde jeder Besitzer, der verkaufen wolle, infolge einer solchen Feststellung sicherer und besser kalkulieren können und das werde namentlich auch dem gewerbsmäßigen soliden Grundstückshandel zugute kommen. Dabei komme in Betracht, daß die Schwierigkeiten der Veranlagung weniger in der Feststellung des Veräußerungspreises als vielmehr hauptsächlich in der Ermittelung des in der Vergangenheit liegenden Erwerbspreises oder des an seine Stelle tretenden Wertes, in dem Nachweise der Aufwendungen usw. liegen. — Der dritte Satz bestimmt, daß die in solchem Bescheide getroffenen Festsetzungen für die spätere Veranlagung maßgebend sein sollen. Diese Vorschrift kann natürlich nur insoweit Platz greifen, als die Verhältnisse sich inzwischen nicht geändert haben. Z. B. können Bauten und Verbesserungen, die in dem Bescheid als noch vorhanden bezeichnet werden, infolge einer später eingetretenen Änderung der tatsächlichen Verhältnisse bei der Veranlagung als „nicht mehr vorhanden" angesehen werden; es können zu den durch den Bescheid als anrechnungsfähig festgestellten Aufwendungen später neue Aufwendungen und zu den Jahren, für welche eine Zinsanrechnung zugelassen wird, neue Jahre hinzutreten. — Immerhin ist festzustellen, daß eine derartige Probeveranlagung für die noch dazu der Rechtsmittelweg zugelassen wird, ein vollständiges Novum für die Behörden und das Publikum bedeutet. Daß eine große Belästigung damit verbunden sein müsse, wie dies in der Komm.-Beratung befürchtet wurde, kann allerdings nicht zugegeben werden, da der Antrag freiwillig gestellt werden müßte.

§ 48.

In Fällen, in denen die sofortige Einziehung der Steuer mit erheblichen Härten verbunden sein würde, ist die Steuer nach näherer Bestimmung des Bundesrats, nötigenfalls gegen Sicherheitsleistung, zu stunden, auch die Entrichtung in Teilbeträgen zu gestatten. Die Bewilligung kann zurückgenommen werden, insoweit deren Voraussetzungen wegfallen.

Die Vorschrift entspricht dem § 38 des Entw., jedoch mit dem Unterschiede, daß dort im ersten Satze „kann", im zweiten Satze „ist" stand. Jetzt ist es gerade umgekehrt: es „ist", d. h.

es muß eine Stundung oder Teilzahlung gestattet werden, wenn die sofortige Einziehung erhebliche Härten mit sich führen würde, und die Bewilligung „kann", sie muß nicht zurückgenommen werden, wenn deren Voraussetzungen fortfallen. Immerhin bleibt für die Frage, ob erhebliche Härten mit der Einziehung verbunden sein würden, dem freien Ermessen genügender Spielraum. Bei der Annahme einer Sicherheit ist die Steuerbehörde an die Vorschriften des BGB. §§ 232 ff. nicht gebunden.

§ 49.

Ist der Steuerpflichtige ein Deutscher, so ist zum Zwecke der Einziehung der Zuwachssteuer die Zwangsversteigerung eines Grundstücks ohne seine Zustimmung nicht zulässig.

Die Zwangsvollstreckung erfolgt im übrigen nach den Landesgesetzen, in Preußen nach der Verordnung vom 15. November 1899, geändert durch Verordnung vom 18. März 1904. — Zulässig ist aber Zwangsverwaltung und Eintragung einer Sicherheitshypothek (vgl. auch § 866 Abs. 3 ZPO.). — Die Zustimmung bedarf keiner Form, aber sie muß ausdrücklich erfolgen, ist daher in der Bestellung einer Sicherheitshypothek nicht zu finden und muß dem Vollstreckungsgerichte nachgewiesen werden.

§ 50.

Die Nichterfüllung der gesetzlichen Pflicht zur Einreichung der Zuwachssteueranmeldung oder -erklärung (§§ 37, 39) unterliegt einer Geldstrafe bis zum vierfachen Betrage der Zuwachssteuer.

Die gleiche Strafe trifft denjenigen, der wissentlich unrichtige Angaben macht, die geeignet sind, zu einer Verkürzung der Steuer zu führen.

Eine Bestrafung findet jedoch nicht statt, wenn der Verpflichtete vor erfolgter Strafanzeige oder bevor eine Untersuchung gegen ihn eingeleitet worden ist, aus freien Stücken die Erfüllung der im Abs. 1 erwähnten Verpflichtungen nachholt oder seine Angaben berichtigt.

Gleichlautend mit § 40 des Entw. Als Muster dienten die §§ 49, 50 des ErbschStG. Die Anwendung des gemeinen

Strafrechtes wird ausgeschlossen, insoweit Bestimmungen des Steuerstrafrechtes in Betracht kommen. Eine Handlung, die den Tatbestand des Steuerstrafrechtes überschreitet und zugleich das gemeine Strafrecht verletzt, ist nach dem G. zu bestrafen, das die schwerste Strafart androht (§ 73 StGB.). Bei Vorlegung gefälschter Urkunden zum Beweise unrichtiger Angaben erfolgt daher auch Bestrafung nach § 267 StGB. An dem Ertrage der Strafen haben nur die Bundesstaaten, nicht das Reich oder die Gemeinden teil.

§ 51.

Ist nach den obwaltenden Umständen anzunehmen, daß die rechtzeitige Erfüllung der Verpflichtung nicht in der Absicht unterlassen worden ist, die Zuwachssteuer zu hinterziehen, oder daß die unrichtigen Angaben nicht in dieser Absicht gemacht worden sind, so tritt an die Stelle der im § 50 vorgesehenen Strafe eine Ordnungsstrafe bis zu sechshundert Mark.

Für andere als die im § 50 und im Abs. 1 bezeichneten Zuwiderhandlungen gegen die Vorschriften dieses G. oder die zu seiner Ausführung erlassenen Bestimmungen tritt eine Ordnungsstrafe bis zu einhundertfünfzig Mark ein.

Ordnungsstrafrecht. Dieses ist fakultativ und unterliegt nicht, wie das Strafrecht den Polizeibehörden bei Übertretungen, dem Legalitätsprinzip. Die Vorschrift stimmt überein mit § 41 des Entw. bis auf die Worte: „oder daß die unrichtigen Angaben nicht in dieser Absicht gemacht worden sind", die neu in die Bestimmung hineingekommen sind. Die Vorschriften sind nachgebildet dem § 49 Abs. 2 und 3 des ErbschStG. Für jene Vorschrift gilt der Satz, daß die Anwendung schon dann ausgeschlossen ist, wenn der Verpflichtete sich seiner Pflicht möglicherweise bewußt war (Entsch. des RG. vom 29. Mai 1899 Preuß. ZBl. für das Abgabenwesen S. 297). Diese Ansicht kann auch hier ohne weiteres Anwendung finden. Die Strafen fließen auch lediglich dem Landesfiskus zu.

§ 52.

Die Einziehung der Zuwachssteuer erfolgt unabhängig von der Bestrafung.

§ 53.

Die Strafe trifft jeden, der eine der in den §§ 50, 51 vorgesehenen Zuwiderhandlungen begeht.

Die Strafe ist bei offenen Handelsgesellschaften, Kommanditgesellschaften und Kommanditgesellschaften auf Aktien gegen die zur Vertretung berechtigten Gesellschafter, bei Gesellschaften mit beschränkter Haftung gegen die Geschäftsführer, bei Genossenschaften, Aktiengesellschaften und sonstigen rechtsfähigen Vereinen gegen die Vorstandsmitglieder nur im einmaligen Betrage, jedoch unter Haftung jedes einzelnen als Gesamtschuldner festzusetzen. Ebenso ist in anderen Fällen zu verfahren, in denen mehrere Personen gemeinschaftlich oder als Vertreter eines Beteiligten sich strafbar gemacht haben.

Die Vorschrift des Abs. 2 Satz 1 findet entsprechende Anwendung im Verhältnis des Vollmachtgebers zum Bevollmächtigten, der innerhalb der ihm zustehenden Vertretungsmacht im Namen des Vollmachtgebers eine Handlung vornimmt, die eine strafbare Zuwiderhandlung enthält.

Der Paragraph setzt sich zusammen aus den §§ 43 und 44 des Entw. In jenem waren noch die Worte: „besonders und zum vollen Betrage" vor dem Worte „jeden" des jetzigen Abs. 1 enthalten. Diese Ausdrucksweise ergab sich aus dem Gegensatze zu der in § 44 des Entw. vorgesehenen Strafbemessung gegen die Vertreter bestimmter Gesellschaftsformen und wurde, weil materiell unerheblich, gestrichen.

§ 54.

Hinsichtlich des Verwaltungsstrafverfahrens, der Strafmilderung und des Erlasses der Strafe im Gnadenwege sowie hinsichtlich der Strafvollstreckung und der Verjährung der Strafverfolgung kommen, auch für die Gebietsteile außerhalb der Zollgrenze, die sich auf die Zollstrafen beziehenden Vorschriften zur Anwendung. Die Landesregierung ist ermächtigt, zu bestimmen, daß an die Stelle der Hauptzollämter und Zoll-

Direktivbehörden andere Staatsbehörden treten. Die Steuerbehörden haben in den Fällen der §§ 50, 51 den für die Strafverfolgung zuständigen Behörden Mitteilung zu machen.

Die festgesetzten Geldstrafen fallen der Staatskasse des Bundesstaats zu, von dessen Behörden die Strafentscheidung getroffen ist.

Übereinstimmend mit § 45 des Entw., nachgebildet § 51 des ErbschStG. — Was das Verwaltungsstrafverfahren angeht, so ist zu vergleichen § 165 des Zollvereinsgesetzes vom 1. Juli 1869 (BGBl. S. 317): „Hinsichtlich des Strafverfahrens verbleibt es bei den Bestimmungen der Landesgesetze" und § 6 Abs. 2 Ziff. 3 des EG. z. StrPO.: „Unberührt bleiben die landesgesetzlichen Bestimmungen über das Verfahren im Verwaltungswege bei Zuwiderhandlungen gegen die Vorschriften über die Erhebung öffentlicher Abgaben und Gefälle, insoweit nicht die §§ 459—463 StrPO. abändernde Bestimmungen treffen" (vgl. für Preußen Verwaltungsstrafgesetz vom 26. Juli 1897 (GSS. 237) nebst Ausführungsvorschriften vom 15. September 1897, AbZBl. S. 334). — Wegen des Begnadigungsrechts siehe Art. 40 der Reichsverfassung, Art. 18 des Zollvereinigungsvertrages vom 8. Juli 1867, für Preußen Königl. Erlaß vom 26. September 1897 (GSS. 402), sowie die Allgemeine Verfügung des Finanzministers, betr. die Weiterübertragung von Strafniederschlagungs- und Strafmilderungsbefugnissen in Zoll- und Steuersachen vom 6. Oktober 1897, III 12757 (AbZBl. 408). Was die Strafvollstreckung angeht, so vgl. für Preußen §§ 52—57 VerwStG. Die Strafvollstreckung verjährt, wenn auf Geldstrafe erkannt ist von mehr als 6000 Mk. in 10 Jahren, von mehr als 150 Mk. bis zu 6000 Mk. in 5 Jahren und bis zu 150 Mk. in 2 Jahren (§ 70 Abs. 1 Ziff. 4—6 StGB.). Die Verjährung beginnt mit dem Tage der Rechtskraft des Strafbescheides bezw. des Urteils (§ 70 Abs. 2 a. a. O.). — Was die Verjährung der Strafverfolgung angeht, so beträgt die Verjährungsfrist drei Jahre, für Ordnungswidrigkeiten ein Jahr, von dem Tage an gerechnet, an welchem sie begangen sind (§ 164 Abs. 1 des Zollvereinsgesetzes vom 1. Juli 1869), d. h. bei Unterlassungen mit dem Ablaufe des letzten Tages der Frist für die Vornahme der Handlung, bei der Abgabe von Erklärungen mit dem Ablaufe des Tages, an dem die Erklärung bei der Steuerbehörde eingegangen ist. Die Unterbrechung der Verjährung erfolgt nach §§ 68, 69 StGB., im Verwaltungsverfahren nach § 459 Abs. 3 StPO. erst mit dem Erlasse des Strafbescheides, d. h. mit der Vollendung, dem Tage des Erlasses, ohne daß es auf die Zustellung ankommt (Entsch. des KG. bei Johow Bd. 15 S. 272). Die Verjährung der Strafverfolgung wird durch den Erlaß eines Strafbescheides der Verwaltungsbehörde unterbrochen. Auf den Tag der Zustellung kommt es nicht an. Das Datum des Strafbescheides entscheidet darüber, ob die Verjährung rechtzeitig unterbrochen ist. Die Entscheidungen zu § 51 ErbschStG. sind auch hier anwendbar: Entsch. des KG. vom 29. März 1894 (AbZBl. 375); Entsch. des RG. vom 5. Juli 1902 (daselbst 254) und Erl. des Preuß. Finanzmin. vom 6. November 1902 III 12760 (ebenda 293).

§ 55.

Die Umwandlung einer nicht beizutreibenden Geldstrafe in eine Freiheitsstrafe findet nicht statt. Auch ist, wenn der Verurteilte ein Deutscher ist, die Zwangsversteigerung eines Grundstücks ohne seine Zustimmung nicht zulässig.

Vgl. § 49. Stimmt mit § 46 Entw. und § 52 ErbschStG. überein.

§ 56.

Das Verwaltungsverfahren in Zuwachssteuerangelegenheiten ist — abgesehen von dem Rechtsmittel- und Strafverfahren — kosten-, gebühren- und stempelfrei, soweit nicht in den §§ 40 Abs. 2, 47 Abs. 2 etwas Abweichendes bestimmt ist.

Die Vorschrift stimmt mit § 47 des Entw. und § 53 des ErbschStG. überein. Auch die Sendungen an die Steuerpflichtigen sind portofrei, dagegen haben die Steuerpflichtigen das Porto für ihre Sendungen an die Steuerbehörden zu tragen. Ausgenommen sind die Kosten der Ermittelungen im Falle des § 40 Abs. 2 dieses G. Bezüglich der Kosten des Verwaltungsstreitverfahrens in Preußen siehe §§ 45—51 des Verwaltungsstrafgesetzes und Ziff. 44 bis 47 der Ausführungsvorschriften dazu. Die Kosten-, Gebühren- und Stempelfreiheit trifft nur auf das Verwaltungsverfahren, nicht auf das Rechtsmittel- und Strafverfahren zu.

§ 57.

Der Anspruch auf die Zuwachssteuer verjährt in zehn Jahren. Die Frist beginnt mit dem Schlusse des Jahres, in welchem der Anspruch auf die Steuer entstanden ist; im Falle der Sicherheitsleistung (§ 48) nicht vor Ablauf des Jahres, in welchem die Sicherheit erlischt.

Der Paragraph stimmt mit § 48 des Entw. und § 54 des ErbschStG. überein. Es entsteht für das vorliegende G. dieselbe Streitfrage, wie für das letztgenannte G., ob die allgemeinen Verjährungsvorschriften des bürgerlichen Reichsrechtes Anwendung zu finden haben, ob die Wirkungen der Verjährung insbesondere auch die Unterbrechung nach §§ 194 ff. BGB. zu beurteilen sind. Bejaht wird sie von Wunsch (ErbschStG. 1907 S. 100 Anm. 3), dagegen verneint von Ulrich Hoffmann (a. a. O. S. 443, 2. Aufl.), da sie für öffentlichrechtliche Ansprüche, die anders geltend gemacht würden als privatrechtliche, wenig geeignet seien. Dieser Verfasser nimmt vielmehr an, daß stillschweigend zunächst auf die Landesgesetze über die Verjährung der Abgaben im allgemeinen und erst dann auf das BGB. verwiesen ist. A. R. Hoffmann (ErbschStG. 1907 Anm. 4 zu § 54) will für das Reich allgemeingültige öffentlichrechtliche Grundsätze anerkannt wissen. Da es ein Naturrecht über Verjährung nicht gibt, muß auch hierbei das öffentliche und bürgerliche Recht zugrunde gelegt werden. Es wird nicht nur das einzelne Recht in seinem Geltungsgebiete angewendet, sondern aus den verschiedenen Rechten eine Auswahl von Rechtssätzen getroffen. Mit Recht bemerkt Ulrich Hoffmann a. a. O., daß ein solches Verfahren notwendigerweise zur Rechtsunsicherheit führen müsse, und daher nicht beabsichtigt sein werde. Er nimmt an, daß wie für das Einziehungsverfahren, so auch für die Unterbrechung und Hemmung der Verjährung zunächst Landesrecht maßgebend sein soll. Dies sei in Geltung, soweit es nicht durch reichsrechtliche Bestimmungen aufgehoben sei. Diese Argumentation beruht aber darauf, daß die Bundesstaaten ihre Finanzhoheit bei der Ergebung der Reichsabgaben gewahrt haben, besonders bei der Erbschaftssteuer, die sogar als Staatssteuer geregelt sei. Dieser Beweisgrund trifft aber m. E. nicht für die Reichswertzuwachssteuer zu. Ich bin deshalb der Ansicht, daß die Vorschriften des BGB. Anwendung finden, soweit nicht ausdrücklich das Gegenteil, insbesondere durch Ausführungsbestimmungen festgesetzt wird. — Im übrigen verjährt der Anspruch der Staatskasse in 10 Jahren ohne Rücksicht darauf, ob die Steuerbeträge bereits zur Hebung gestellt sind. Der Beginn der Frist ist unabhängig davon, ob der Fiskus Kenntnis von dem Zuwachs hatte.

§ 58.

Von dem Ertrage der Zuwachssteuer erhält das Reich fünfzig vom Hundert. Weitere zehn vom Hundert erhalten, sofern nicht die Landesgesetzgebung eine andere Bestimmung trifft, die Bundesstaaten als Entschädigung für die Verwaltung und Erhebung der Steuer. Vierzig vom Hundert fließen den Gemeinden oder Gemeindeverbänden zu, in deren Bereiche das Grundstück sich befindet. Die Regelung zwischen Gemeinden und Gemeindeverbänden, soweit diesen nach den Bestimmungen der Landesgesetzgebung ein Besteuerungsrecht zusteht, sowie in Ansehung von Grundstücken, die keiner Gemeinde angehören, erfolgt durch die Landesgesetzgebung. Bis zum Erlasse des Landesgesetzes fließen die vierzig vom Hundert den Gemeinden zu, in deren Bereiche das Grundstück sich befindet; in Ansehung von Grundstücken, die keiner Gemeinde angehören und in den Fällen, in denen bisher ein Gemeindeverband Zuwachssteuer erhoben hat, erfolgt bis dahin die Regelung durch die Landesregierung.

1. Träger des Steueranspruchs S. 163. — 2. § 58 im einzelnen S. 164.

1. Von den Trägern des Steueranspruches handeln die §§ 58—61. Den Gemeinschaften, die den Wertzuwachs geschaffen haben, muß die Steuer zufließen. Dies ist der Grundgedanke des G. Neben dem Reich und dem Staate sind es die Gemeinden und Gemeindeverbände, von denen die werterhöhenden Maßnahmen ausgegangen sind. Sie haben einen Anspruch darauf, an der Einnahmequelle beteiligt, aber auch darauf, bei Art und Maß dieser Beteiligung ihre Interessen und ihre bisherigen Einnahmen aus dieser Steuer möglichst gewahrt zu sehen. Wenn die Begr. (S. 24) auch das Streben nach Festigung der Gemeindefinanzen durch das G. als Ziel

bezeichnet, so wird vielfach bezweifelt, ob es durch die jetzige Fassung erreicht worden ist. Für das Reich ist die Zuwachssteuer auch in der Richtung der Folgerung aus § 90 des RStemp.-StG. wichtig, da dem Reiche ein Ersatz zunächst für den Zuschlag zur Grundwechselabgabe (Tarifnummer 11) und späterhin für diese selbst zugedacht war (vgl. aber auch § 69 Abs. 2 ZStG.). Die Beteiligung der Bundesstaaten sollte auf einen Betrag beschränkt bleiben, der den aus der Verwaltung der Abgabe ihnen erwachsenden Auslagen voraussichtlich entspricht. Da vielerorts in Gemeinden zwar das Bedürfnis nach Erhebung der Zuwachssteuer vorhanden ist, ihm aber aus lokalen Ursachen nicht genügt werden kann, ist die zwangsweise Einführung von Reichs wegen beschlossen worden, ohne hierbei Rücksicht auf das örtliche Bedürfnis zu nehmen, oder den Gemeinden zu gestatten, die Vorschriften des Reichsgesetzes für sich außer Kraft zu setzen oder abzuändern. Auch die bedingungslose Zulassung verschärfender Abänderungen ist nicht erfolgt, wohl aber ist die Bindung der Gemeinden an das Reichsgesetz zum Zwecke der besseren Ausnutzung der Steuermöglichkeit etwas gelockert worden (vgl. § 59 und dessen Erläuterungen). Bezüglich des Maßes der Beteiligung ist zunächst eine gewisse Rücksicht auf die Übergangszeit genommen (§ 60), sodann den Gemeinden ein Anteil von 40 Proz. gesetzlich zugesichert (§ 58 Satz 2). Die Bundesstaaten erhalten 10 Proz, dem Reiche verbleiben 50 Proz. des Gesamtertrages.

2. § 58 im einzelnen. Er hat in seinen drei ersten Sätzen § 49 Abs. 1 des Entw. zum Vorbild. Der erste Satz stimmt in beiden Fassungen überein: „Von dem Ertrage der Zuwachssteuer erhält das Reich 50 vom Hundert." Daß, wie der Satz erklärt, weitere 10 vom Hundert die Bundesstaaten erhalten, ist ebenfalls von vornherein beabsichtigt gewesen, doch fehlte im Entw. die jetzt im G. enthaltene Einschränkung, es gelte dies nur „sofern nicht die Landesgesetzgebung eine andere Bestimmung trifft". — Auch der Zweck, daß sie als Entschädigung für die Verwaltung und Erhebung der Steuer dienen soll, war in der Vorlage ausdrücklich ausgesprochen gewesen. Daß er jetzt, das Motiv der Vorschrift hervorhebend, gesetzliche Formulierung findet, hat aber nicht die Bedeutung, als ob die Bundesstaaten die 10 Proz. nur dann erhalten sollten, wenn sie nachweisen könnten, daß sie ausschließlich die Verwaltung und Erhebung der Steuer besorgten. Immerhin ist durch die Einfügung des Motivs eine Auslegung geboten, daß nicht etwa das Reich noch an der Kostentragung beteiligt wird. Der Staat ist an der Verwaltung der Steuer übrigens auch durch die

Aufsichtsführung und das gerichtliche, verwaltungsgerichtliche und Beschwerdeverfahren beteiligt. — Auch der dritte Satz im Gesetzestext weicht insofern vom Entw. ab, als dieser hier der Landesgesetzgebung die Möglichkeit offen halten wollte, eine andere Bestimmung zu treffen als die, daß 40 vom Hundert den Gemeinden oder Gemeindeverbänden zufließen, in deren Bereich das Grundstück sich befindet. Das G. gewährt dagegen den Anteil unbedingt. Auch der fürsorgliche Gedanke fand Ausdruck, die den Gemeinden zugesagten 40 Proz. ganz oder teilweise nicht nur diesen, sondern auch Gemeindeverbänden (zusammengesetzten Gemeinden usw.) zuzuweisen, da in einzelnen Bundesstaaten auch die letzteren berechtigt sind, die Zuwachssteuer zu erheben. Der Entw. hatte deshalb den § 49 Abs. 2 vorgesehen: „Die Regelung zwischen Gemeinden und Gemeindeverbänden erfolgt durch die Landesgesetzgebung." Dem gegenüber hat der vierte Satz des § 58 die Mitwirkung auch des Parlamentes gesetzlich festgelegt und nicht nur in Fällen der Regelung zwischen Gemeinden und Gemeindeverbänden, soweit ihnen nach den Bestimmungen der Landesgesetzgebung ein Besteuerungsrecht zusteht, sondern auch in Ansehung von Grundstücken, die keiner Gemeinde angehören. In einer Reihe von Einzelstaaten, z. B. in Bayern, Sachsen-Weimar und Baden gibt es Grundstücke, die weder zu einer Gemeinde gehören, noch selbständige Gutsbezirke im Sinne des preußischen Rechtes sind. Die Landesgesetzgebung ist dagegen nicht befugt, auch von den für die Gemeinden vorgesehenen 40 Proz. einen Anteil dem Staate zu überweisen. — Zu den Gemeindeverbänden gehören nicht die Gutsbezirke, weil sie nach geltendem Rechte nicht Steuergläubiger sind und auch keine Zuwachssteuer erheben können. — Nicht im Entw. enthalten war der letzte, fünfte Satz, der für eine Übergangszeit Vorsorge trifft.

§ 59.

Die Gemeinden (Gemeindeverbände) sind berechtigt, mit Genehmigung der Landesregierung durch Satzung zu bestimmen, daß zu dem Anteil, der ihnen nach § 58 von dem Ertrage der Steuer zufließt, für ihre Rechnung Zuschläge erhoben werden.

Die Zuschläge sind nach Hundertteilen zu berechnen; sie dürfen im einzelnen Falle einhundert vom Hundert des der Gemeinde (Gemeindeverbande) zufließenden Betrags nicht übersteigen. Die Zuschläge dürfen für die verschiedenen Grundstücksarten und nach der Dauer des für die Steuererhebung maßgebenden Zeitraums verschieden festgesetzt werden.

Reichssteuer und Zuschlag dürfen zusammen dreißig vom Hundert der Wertsteigerung nicht übersteigen.

1. Zuwachssteuerzuschläge. — Zu Abs. 2. — Zu Abs. 3.

1. Der Paragraph begründet das Recht zu gemeindlichen Zuwachssteuerzuschlägen. Das Vorbild des ersten Abs. stellt § 49 Abs. 2 des Entw. dar, der folgendermaßen lautete: „Die Gemeinden (Gemeindeverbände) sind berechtigt, mit Genehmigung der Landesregierung durch Satzung zu bestimmen, daß zu den nach den Vorschriften dieses G. zu erhebenden Steuersätzen (§ 20) für ihre Rechnung Zuschläge erhoben werden." Danach hat die Erhebung von Zuschlägen die Beschlußfassung der Gemeindeorgane und die Genehmigung der Landesbehörden zur Voraussetzung und untersteht in gleicher Weise wie die nach § 20 (jetzt § 28) zu erhebende Abgabe den Vorschriften des ZStG. Der Mehrertrag soll ausschließlich der Gemeinde oder dem Gemeindeverbande zufließen (Begr. S. 45).

2. Zu Abs. 2. Er entsprang Anregungen der Kommission. Es mußte vorgebeugt werden, daß die Gemeinden die Freiheit zum Ausbau der Steuerart nicht zu einer konfiskatorischen Maßnahme benutzen, dadurch Mindereinnahmen für das Reich bei der Zuwachssteuer selbst und beim Umsatzstempel herbeiführen und den Grundstücksmarkt beunruhigen. Die Rechtslage ist nunmehr die, daß die Gemeinden zu den Steuersätzen der einzelnen Steuerstufen Zuschläge von verschiedener Höhe beschließen, daß diese nach Grundstücksart und Dauer des für die Erhebung maßgebenden Zeitraumes — progressiv und degressiv — verschieden festgesetzt werden können, daß aber die Zuschläge im einzelnen Falle 100 Proz. des der Gemeinde zufließenden Betrages nicht übersteigen dürfen.

3. Abs. 3 wurde schon in der dritten Komm.-Les. beantragt und angenommen.

§ 60.

Erreicht in Gemeinden (Gemeindeverbänden), in denen eine Zuwachssteuer vor dem 1. April 1909 beschlossen und vor dem 1. Januar 1911 in Kraft getreten war, deren Anteil am Ertrage der Zuwachssteuer gemäß § 58 nicht den auf Grund der vor dem 1. April 1909 beschlossenen Satzung erzielten jährlichen Durchschnittsertrag, so ist ihnen bis zum 1. April 1915 der Unterschied aus dem auf das Reich entfallenden Anteil an dem in der Gemeinde (dem Gemeindeverband) aufkommenden Ertrage zuzuweisen: von dem überschießenden Betrage fallen dem Reiche fünf Sechstel, dem Bundesstaat ein Sechstel zu. Das Gleiche gilt für Gemeinden (Gemeindeverbände), in denen die Satzung vor dem 1. Januar 1911 mit Wirkung über den 1. April 1909 zurück in Kraft getreten ist.

Statt der Zuweisung des Unterschieds kann den Gemeinden (Gemeindeverbänden) auf Antrag nach Bestimmung des Reichskanzlers für die Dauer des bezeichneten Zeitraums an Stelle der Vorschriften dieses Gesetzes die bisherige Satzung weiterhin mit der Maßgabe belassen werden, daß der Ertrag den Gemeinden (Gemeindeverbänden) in Höhe des vor dem 1. April 1911 erzielten Durchschnittsertrags zufließt und der überschießende Betrag an das Reich abzuführen ist.

Die Festsetzung des Durchschnittsertrags erfolgt durch den Bundesrat.

1. Entschädigung der Gemeinden. — 2. Zu Abs. 2. — 3. Zu Abs. 3.

1. Entschädigung der Gemeinden, insbesondere Abs. 2. Die hier gegebenen Vorschriften stellen eine Erweiterung des knappen Abs. 3 § 49 des Entw. dar. Dieser lautete: „Erreicht der Anteil der Gemeinden oder Gemeindeverbände, in denen eine Zuwachssteuer am 1. April 1909 in Geltung war, nicht den bis zu diesem Zeitpunkt erzielten jährlichen Durchschnittsertrag, so ist ihnen für einen Zeitraum von fünf Jahren nach dem Inkrafttreten dieses G. der Unterschied aus dem auf das Reich entfallenden Anteil am Ertrage zuzuweisen.“ Zwar ging man davon aus, daß es nicht gerechtfertigt sei, eine vorzugsweise Beteiligung der Gemeinden vorzusehen, die vor dem Inkrafttreten des G. eine Zuwachssteuer eingeführt haben, weil vielfach nur unter dem Zwange der in der Gemeinde vorhandenen Widerstände von der Einführung der Abgabe hat Abstand genommen werden müssen. Aber es sollte doch, entsprechend der Vorschrift des § 90 des RStempStG., soweit die Zuwachssteuer bereits am 1. April 1909 in Geltung

war, der bis zu diesem Zeitpunkt erreichte (nicht etwa später erzielte) jährliche Durchschnittsbetrag dieser Abgabe für einen Zeitraum von fünf Jahren nach dem Inkrafttreten des ZStG. gewährleistet werden (Begr. S. 27 und 45). Man meinte, es dürfte sich nach dem Ablaufe jener fünf Jahre die Reichsabgabe soweit entwickelt haben, daß ihre Einnahmen auch in den Fällen keine Einbuße erleiden, in denen von der Möglichkeit einer Erweiterung der Steuerpflicht kein Gebrauch gemacht wird. In welcher Weise gegenüber jenem Vorschlage die Entschädigungspflicht geregelt worden ist, ergibt der keine Schwierigkeiten bietende Gesetzestext im einzelnen. Von besonderem Interesse ist, daß unter Umständen auch das Reich und der Bundesstaat Vorteile haben können und ferner, daß eine Berücksichtigung solcher kommunaler Steuerordnungen stattgefunden hat, die vor dem 1. Januar 1911 die Steuer mit rückwirkender Kraft über den 1. April 1909 zurück in Wirksamkeit gesetzt haben.

2. Zu Abs. 2. Die dritte Plenarberatung des Reichstages ergab die jetzige Fassung; die danach infolge der Komm.-Beratung hinzugefügten Worte sind gestrichen worden: „Auf Antrag ist den Gemeinden zu gestatten, daß die Satzung außer Kraft tritt und die Zuwachssteuer nach den Vorschriften dieses G. erhoben wird. In diesem Falle erhalten die Gemeinden (Gemeindeverbände) die im Abs. 1 vorgesehene Ausgleichung nicht."

3. Abs. 3 sichert den Einfluß des Reiches auf die Ausführung des den Gemeinden in den ersten zwei Absätzen gewährten Entschädigungsanspruches.

§ 61.

Für diejenigen Gebietsteile eines Bundesstaats, in denen eine besondere Gemeindeverfassung nicht vorhanden ist, finden die in den §§ 58 bis 60 für Gemeinden getroffenen Vorschriften auf den Bundesstaat Anwendung.

Die Vorschriften des § 60 erstrecken sich auch auf die Bundesstaaten mit der Maßgabe, daß überall an die Stelle der Satzung das Landesgesetz tritt.

Der erste Absatz entspricht dem § 50 des Entw. Die Begründung hatte die Vorschrift auf diejenigen Bundesstaaten für anwendbar erklärt, in denen am 1. April 1909 eine Zuwachssteuer als staatliche Steuer erhoben wurde, mit der Maßgabe, daß der nach dem Inkrafttreten des ZStG. dem Bundesstaat und seinen Gemeinden zufallende Gesamtanteil in dem Ertrage der Zuwachssteuer auf den Durchschnittsertrag in Anrechnung zu bringen sei. Jetzt ist aber der Gedanke des Abs. 2 zum Durchbruch gelangt.

§ 62.

Die Steuerpflicht nach Maßgabe dieses Gesetzes erstreckt sich auch auf Rechtsvorgänge, die nach dem 31. Dezember 1910 bis zum Inkrafttreten dieses Gesetzes stattgefunden haben. Die Vorschriften des § 29 Abs. 2, 3 finden keine Anwendung.

Als Zeitpunkt des Eintritts der Steuerpflicht und als Beginn der Anmeldepflicht (§ 37) gilt der Tag des Inkrafttretens dieses Gesetzes.

Ist auf Grund der im § 72 Abs. 2 mit Wirkung vom 1. Januar 1911 aufgehobenen Vorschriften eine Zuwachssteuer bereits entrichtet, so wird sie dem Steuerpflichtigen erstattet oder, soweit für denselben Rechtsvorgang Zuwachssteuer nach diesem Gesetze zu erheben ist, auf deren Betrag angerechnet.

Der § 51 des Entw. wollte die Rückwirkung auf die in §§ 1, 3 (jetzt §§ 1, 2 und 3) bezeichneten Rechtsvorgänge beschränken, mit der Begründung, daß die Steuerpflicht der Rechtsgeschäfte des § 2 (jetzt § 5) lediglich dem Hinausschieben des Steuerfalles durch Unterlassung der förmlichen Eigentumsübertragung vorbeugen soll und dazu erst durch Einführung der Reichsabgabe ein Anlaß gegeben wird. Als Termin ist der 31. März 1910 vorgesehen gewesen. Der Abs. 1 des § 62 legt einen anderen Termin, den 31. Dezember 1910, fest, fügt auch den zweiten Satz hinzu. Abs. 2 war schon im Entw. vorgesehen, ist aber durch Bezugnahme auf die Anmeldefrist erweitert worden. — Abs. 3 hat eine von der Fassung des Entw. abweichende Gestalt erhalten. § 51 Abs. 3 lautete: „Ist in den vorstehenden Fällen eine Zuwachssteuer bereits entrichtet, so wird deren Betrag auf die nach diesem Gesetze zu entrichtende Abgabe angerechnet und von dem Anteil am Ertrage in Abzug gebracht, der gemäß § 49 Abs. 1 (§ 58 des G.) den Gemeinden zugewiesen ist." Es hätte zweifelhaft werden können, wie die Fälle von Veräußerungen zu handhaben seien, die in der vom

Beginn der rückwirkenden Kraft des G., also vom 12. April 1910 (jetzt nach dem G. 1. Januar 1911) bis zum Inkrafttreten dieses G. also bis zum 1. April 1911 vorgenommen und gemäß einem Landesgesetze oder einem Gemeindestatute zu einer bisher schon bestehenden Zuwachssteuer herangezogen worden sind oder hätten herangezogen werden können. Nach § 72 Abs. 2 sind alle Vorschriften der Landesgesetze und die Satzungen der Gemeinden und Gemeindeverbände mit Wirkung vom 1. Januar 1911 aufgehoben (soweit sie nicht gemäß § 60 aufrecht erhalten werden). Es war zu folgern, daß alle Veranlagungen der in diesen Zeitraum fallenden Veräußerungen, soweit sie in ihrer Wirkung rückgängig gemacht werden mußten und soweit sie noch schwebten, ohne weiteres einzustellen seien. Die infolge solcher Veranlagung gezahlten Beträge mußten dann zurückerstattet werden. Abs. 3 des vorliegenden Paragraphen stellt nun klar, daß die Rückzahlung der auf Grund der aufgehobenen Bestimmungen bereits gezahlten Beträge zwar zu erfolgen hat, aber nicht dann, wenn und insoweit für das gleiche Veräußerungsgeschäft eine Reichszuwachssteuer gezahlt wird. In diesem Falle findet eine Anrechnung statt. Übersteigt der auf Grund der alten Bestimmungen gezahlte Betrag denjenigen der Reichszuwachssteuer, so ist der Überschuß zurückzuerstatten.

§ 63.

Die Besteuerung unterbleibt, wenn die Urkunde über das Veräußerungsgeschäft, das zu dem Eigentumsübergange führte, vor dem 1. Januar 1911 in öffentlich beglaubigter Form errichtet oder bei einer Behörde eingereicht war.

Die Vorschrift verdankt ihre Entstehung einem Antrage in der Komm., zu § 51 Abs. 1 des Entw. (vgl. oben zu § 62) hinzuzufügen: „Doch unterbleibt die Besteuerung, wenn das Veräußerungsgeschäft, das zu dem Eigentumsübergang führt, vor dem 12. April 1910 in öffentlich beglaubigter Form abgeschlossen oder bei einer Behörde eingereicht war." Die jetzige Fassung erhielt der Paragraph in der dritten Beratung des Plenums. Man wollte zunächst die Rückwirkung überall bis auf den 12. April 1910 einschränken, weil die Vorlage dem Reichstage an diesem Tage zugegangen war. Den Ausschluß der Besteuerung auf die Fälle abzustellen, in denen der Eigentumsübergang bis zu einem gewissen Termin „rechtswirksam abgeschlossen war", erwies sich als untunlich, da es zweifelhaft sein kann, was unter einem rechtswirksamen Abschluß im Sinne des G. zu verstehen ist. Auch privatrechtliche Abmachungen könnten dann als rechtswirksam angesehen werden, wenn ihnen die Auflassung folgt. Ferner sind in § 5 Geschäfte für steuerpflichtig erklärt, zu deren Rechtswirksamkeit es einer öffentlichen Form nicht bedarf. Es wäre deshalb bedenklich gewesen, die rückwirkende Kraft auch für diejenigen Fälle auszuschalten, in denen vor Inkrafttreten des G. privatrechtliche Abmachungen getroffen sind. Dagegen schaltet diese Bedenken der Satz aus, der die öffentlich beglaubigte Form oder die Einreichung an eine öffentliche Behörde als äußeres Kennzeichen für die Zeit der Rechtsvorgänge festhält. „Wo eine öffentliche Beglaubigung vorliegt oder wo die Stellung des Antrages bei einer öffentlichen Behörde erfolgt ist, wie das namentlich in Baden bei den Grundbuchämtern ohne sonstige vorherige Abmachung der Fall ist, kann das Bedenken, daß durch Rückdatierungen der privatrechtlichen Abmachungen die Steuer umgangen werden könne, nicht Platz greifen." Auch insofern ist aber die Vorschrift deshalb nötig gewesen, weil jedenfalls die Grundbuchämter die eingegangenen Anträge nicht sofort erledigen könnten und es eine große Härte sein würde, Fälle, in denen der Antrag vor Inkrafttreten des G. gestellt, aber erst nachher erledigt ist, die Rückwirkung Platz greifen zu lassen (Drucks. Nr. 515 S. 109).

§ 64.

Betrifft ein steuerpflichtiger Rechtsvorgang Grundstücke, die von Aktiengesellschaften, Kommanditgesellschaften auf Aktien oder Gesellschaften und Vereinigungen der im § 3 bezeichneten Art nach dem 31. März 1905 erworben sind, so tritt bei Erwerbsvorgängen, die vor dem 1. Januar 1911 erfolgt sind, an die Stelle des Erwerbspreises der Wert, sofern dieser um mehr als fünfundzwanzig vom Hundert hinter dem angegebenen Erwerbspreis zurückbleibt und sich nicht aus den Umständen ergibt, daß die höhere Bemessung des Erwerbspreises keine Steuerersparung bezweckt.

Die Vorschrift stimmt mit § 52 Abs. 1 des Entw. überein, mit Ausnahme der letzten die Frage der Steuerersparnis betreffenden Worte. Auch war statt des jetzigen Termins vom 1. Januar 1911 der 1. April 1910 eingesetzt. Die Bestimmung ist aus der Erwägung heraus geschaffen worden, daß der § 3 insofern nicht ausreichend war, als er nur für künftige Steuerfälle Vorsorge trifft, dagegen die Gesellschaften im Besitze der Vorteile beläßt, die sich durch gewisse Maßnahmen, insbesondere durch Erwerb und Austausch von Grundstücken zu überhohen Preisen gesichert haben. Soweit die Veräußerungen in der Zeit nach dem 1. Januar 1911 stattfinden, werden sie allerdings durch die allgemeine Rückwirkung des G. betroffen. Es hat indessen, wie die Begr. S. 32 ausführt, schon in früheren Jahren die Besorgnis vor der Einführung von Gemeindesteuerordnungen zu den bezeichneten Maßnahmen in weitem Umfang Anlaß gegeben. Dadurch wird eine Minderung des Ertrages der Zuwachssteuer in doppelter Hinsicht herbeigeführt. Es wird verhindert, auf einen weiter zurückliegenden Erwerbspreis zurückzugreifen, und in der überhohen Bemessung des letzten Preises außerdem der Teil der Wertsteigerung der steuerlichen Erfassung entzogen, der ihr bei zutreffender Wertfestsetzung auch dann unterworfen sein würde, wenn nur bis zu der letzten Veräußerung zurückgegangen würde. Nach beiden Richtungen hin soll die nachteilige Wirkung des § 64 ausgeschaltet werden. Die Vorbeugungsversuche reichen bis nahezu an die Einführung der Zuwachssteuer in Frankfurt (1904), etwa bis zum 1. April 1905 zurück. Daß die Veräußerung lediglich zur Entziehung künftigen Zuwachses vorgenommen ist, werde unbedenklich angenommen werden können, wenn der verabredete Preis den Wert um mehr als 25 Proz. übersteigt. Daß nach Absicht der Beteiligten durch die Gesellschaftsbildung ein Rückgriff auf weiter zurückliegende Erwerbspreise verhindert werden soll, wird — abgesehen von den Fällen der Überwertung des Grundstücks — dann gelten dürfen, wenn die Grundstücke von den Gesellschaftern nicht selbst eingebracht und auch seitdem in Gestalt der Geschäftsanteile in ihren Händen verblieben sind. Daß der Verdacht der Umgehung nicht ungerechtfertigt war, ergibt sich aus der Schrift von Dieske, Die Wertzuwachssteuer S. 31, die, im Auftrage der Terraininteressenten geschrieben, direkte Anleitung gibt zur Ersparung der Steuer. Der § 52 des Entw. hatte aber noch folgenden Absatz: „Sind Grundstücke oder grundstücksgleiche Rechte in der Zeit vom 1. April 1905 bis zum 31. März 1910 einschließlich in eine Gemeinschaft der im § 3 bezeichneten Art von einem Gesellschafter eingebracht worden, so ist das Einbringen einem steuerfreien Vorgang im Sinne des § 11 Abs. 1 gleichzuachten." Er fand sich noch in den Beschlüssen der dritten Komm.-Beratung, ist aber in der zweiten Beratung des Reichstagsplenums fallen gelassen worden.

§ 65.

Hat vor dem 1. Januar 1911 eine Auseinandersetzung gemäß § 7 Ziff. 3 stattgefunden, so bleibt die Steuerpflicht für die Zeit vor der Auseinandersetzung auf den Anteil des Erwerbers beschränkt. Diese Vorschrift findet entsprechende Anwendung, wenn die Zuweisung an einen Erben unter Anrechnung auf den Erbteil auf letztwilliger Verfügung von Todes wegen beruht und der Erbfall vor dem 1. Januar 1911 eingetreten ist.

Hat einer von mehreren Abkömmlingen gemäß § 7 Ziffer 4 von seinen Eltern, Großeltern oder Voreltern vor dem 1. Januar 1911 gegen Entgelt ein Grundstück erworben, so bleibt für die Zeit vor dem Erwerb die Steuerpflicht auf den Anteil beschränkt, der dem Erwerber als gesetzliches Erbteil ohnehin angefallen sein würde.

Ist von dem Anteil des Erwerbers für die Zeit vor dem 1. Januar 1911 eine Zuwachssteuer bereits entrichtet, so wird diese Steuer auf die nach diesem Gesetze zu entrichtende Abgabe angerechnet.

Abs. 1 und 3 entsprechen Abs. 1 und 2 des § 54 des Entw., nur daß in diesem der Termin auf den 1. April 1910 festgesetzt war. Vgl. über Sinn und Zweck der Vorschrift die Ausführungen zu § 25 und die folgenden in der Begr. S. 40 enthaltenen Beispiele.

§ 65 Abs. 1 Satz 1.

	A		B		C
1. Preis für den Erwerb eines Grundstücks seitens des Erblassers . 60 000 ℳ					
Dieser Preis verteilt sich auf drei gleichberechtigte Miterben A + B + C:	20 000 ℳ	+	20 000 ℳ	+	20 000 ℳ
2. Betrag, den C für die Überlassung des Grundstücks seitens der Miterben A und B an ihn gezahlt hat,					
60 000 ℳ =	30 000 ℳ	+	30 000 ℳ		

3. Erwerbspreis für die Bemessung des Wertzuwachses bei Veräußerung seitens des C an X
80 000 ℳ = 30 000 ℳ + 30 000 ℳ + 20 000 ℳ

4. Veräußerungspreis 120 000 ℳ

5. Wertzuwachs . . . 40 000 ℳ oder 50 v. H. des Erwerbspreises.

§ 65 Abs. 1 Satz 2.

1. Preis für den Erwerb eines Grundstücks seitens des Erblassers 60 000 ℳ
Verteilung auf drei gleiche Erbanteile . . . . A 20 000 ℳ + B 20 000 ℳ + C 20 000 ℳ

2. Betrag, zu dem das Grundstück im Testament dem C in Anrechnung gebracht ist . . . . 90 000 ℳ
Verteilung auf die Erbteile . . . . 30 000 ℳ + 30 000 ℳ (+ 30 000 ℳ)

3. Erwerbspreis für die Bemessung des Wertzuwachses bei Veräußerung seitens des C an X
80 000 ℳ = 30 000 ℳ + 30 000 ℳ + 20 000 ℳ

4. Veräußerungspreis 120 000 ℳ

5. Wertzuwachs . . . 40 000 ℳ oder 50 v. H. des Erwerbspreises.

Abs. 2 wurde in der ersten Komm.-Les. angeregt, mit der Begründung, daß es unrichtig sei, bei der Erleichterungsvorschrift des Paragraphen nur an die Fälle im § 4 (jetzt 7) Ziff. 3 und nicht an diejenigen in Ziff. 4 zu denken. Wenn beispielsweise die Witwe das Grundstück geerbt habe, sich aber nicht als Eigentümerin habe eintragen lassen, sondern nur, wie dies vor Inkrafttreten des BGB. möglich gewesen, die Eintragung einer Berechtigung in Abteilung 2 des Grundbuchs bewirkt habe, und wenn sie dann das Grundstück einem Sohn im Wege des Überlassungsvertrages gegen Abfindung der anderen Geschwister übergebe, so sei es eine Härte, alsdann dem Sohn nicht den Vorteil des Paragraphen zukommen lassen zu wollen.

§ 66.

Der Bundesrat erläßt die zur Ausführung dieses Gesetzes erforderlichen Bestimmungen und ist berechtigt, die nach diesem Gesetze fällige Abgabe auch über den Anteil des Reichs hinaus aus Billigkeitsgründen zu erlassen.

Er ist auch ermächtigt:

1. Rechtsvorgänge für steuerpflichtig zu erklären, die es — ohne unter §§ 1, 5 zu fallen — einem anderen ermöglichen, über das Grundstück wie der Eigentümer zu verfügen;
2. für solche Fälle über die Berechnung des Wertzuwachses Bestimmungen zu treffen, die von den §§ 8 bis 27 abweichen.

Die vom Bundesrate gemäß Abs. 2 getroffenen Anordnungen sind dem Reichstag, wenn er versammelt ist, sofort, andernfalls bei seinem nächsten Zusammentreten vorzulegen. Sie sind mit Wirkung von ihrem Inkrafttreten ab außer Kraft zu setzen, soweit der Reichstag dies verlangt.

Die Vorschriften sind schon im Entw. § 55 vorgebildet gewesen. Die Abweichungen ergeben sich aus dem folgenden. Im einzelnen enthalten sie folgende Rechte und eine Pflicht des Bundesrats:

1. Der Bundesrat wird ausdrücklich zum Erlaß von Ausführungsbestimmungen ermächtigt. Da im Zweifel dessen Zuständigkeit ohnedies hätte angenommen werden müssen, so ist damit nichts bemerkenswertes ausgesprochen.

2. Der Bundesrat ist berechtigt, die Zuwachssteuer auch über den Anteil des Reiches hinaus aus Billigkeitsgründen zu erlassen. Die Vorschrift steht einmal in enger Verbindung mit derjenigen, die erheblichen Härten der Abgabe vorbeugen will und Stundung sowie Zahlung in Teilbeträgen gestattet (§ 48). Sie gibt sodann dem Bundesrat ein weitergehendes freies Ermessen, das jedoch insofern unbedenklich ist, als es nur zugunsten eines Steuerpflichtigen ausgeübt werden kann. Endlich ist außer Zweifel gestellt, daß die Ermächtigung zum Erlasse der Steuer

sich auch auf den den Gemeinden (Gemeindeverbänden) zufließenden Anteil am Ertrage erstreckt. Hierdurch wird freilich in die Rechte der Gemeinden eingegriffen, die den lokalen Verhältnissen näher stehen, als der Bundesrat und eher in der Lage wären, das Vorliegen von Billigkeitsgründen zu prüfen.

3. Dem Bundesrat wollte der Entw. neben der Ausführung des Reichsgesetzes die Überwachung der Gesetzesanwendung übertragen. Es wäre dies eine Neuerung gewesen, die über die durch Art. 7 Ziff. 2 der Reichsverfassung vorgesehene Zuständigkeit des Bundesrats hinausgegangen wäre. Die Absicht war, durch Feststellung von Auslegungsgrundsätzen mit einer die Gerichte bindenden Weise für eine einheitliche Veranlagung im ganzen Geltungsbereiche des G. Sorge zu tragen, wenn in den Entscheidungen der höchsten Gerichte und Verwaltungsinstanzen abweichende Rechtsmeinungen zutage treten (Begr. S. 46). Dieser Vorschlag ist jedoch nicht G. geworden. Durch Streichung der Worte: „und Anwendung" nach den Worten: „zur Ausführung" haben der Reichstag und seine Komm. zum Ausdrucke gebracht, daß eine Befugnis des Bundesrats zum Erlasse von die Gerichte bindenden Ausführungsvorschriften nicht anerkannt wird. Es kann also eine authentische Interpretation des G. nur durch Bundesrat und Reichstag zusammen erfolgen. Dagegen ist m. E. bei der Flüssigkeit der Grenze zwischen den Vorschriften über die Ausführung und Anwendung des G. kaum zu vermeiden, daß die bundesrätlichen Ausführungsbestimmungen sich auch auf die Anwendung beziehen werden. Nur sind sie, mag ihnen auch in der Praxis entscheidendes Gewicht beigelegt werden, für die Gerichte ohne bindende Kraft. Das ist der Kernpunkt der Frage.

4. Der Bundesrat hat das Recht, die Steuerpflicht auf andere als die in §§ 1, 5 bezeichneten Rechtsvorgänge zu erstrecken. Maßgebend war hierbei der Gedanke, daß neue Umgehungen wahrscheinlich versucht würden, und daß diesen unverzüglich entgegengetreten werden müsse (Abs. 2 Ziff. 1).

5. Der Bundesrat ist befugt, für solche Fälle (zu Ziff. 4) über die Berechnung des Wertzuwachses Bestimmungen zu treffen, die von denen der §§ 8—27 abweichen (Abs. 2 Ziff. 2).

6. Der Bundesrat hat die Pflicht, seine Anordnungen (siehe 4 und 5) dem Reichstage, wenn er versammelt ist, sofort, anderenfalls bei seinem nächsten Zusammentreten vorzulegen (Abs. 3). Der Reichstag ist zur Prüfung berechtigt und verpflichtet. Die Anordnung des Bundesrats soll nicht nur für

den Einzelfall, aus dessen Anlaß sie entstanden ist, sondern für alle künftigen Fälle gleicher Art verbindliche Kraft haben. Deshalb steht sie einer Ergänzung des G. gleich und besitzt die Kraft des letzteren, wenn der Reichstag zustimmt oder nicht widerspricht. Denn nur wenn letzteres der Fall ist, sind die Anordnungen des Bundesrats mit Wirkung von ihrem Inkrafttreten ab außer Kraft zu setzen. Es ist hierbei m. E. zu beachten, daß der Reichstag in seinen Entschlüssen ganz frei ist und sich nicht nur dann für die Zustimmung der bundesrätlichen Anordnungen oder gegen sie entscheiden darf, wenn jene in der Richtung des ZStG. liegen und eine Erläuterung oder Ausführung betreffen, sondern auch dann, wenn ein dem jetzigen G. fremder Rechtsgrundsatz oder selbst wenn ein ihm widersprechender — vielleicht als Ausnahmevorschrift — beabsichtigt ist. Auf diese Weise wird es vielleicht möglich sein, die Bestimmungen des ZStG. den Bedürfnissen des Lebens, insbesondere des Grundstücksverkehrs anzupassen, und dadurch die häufige Novellierung des G. zu vermeiden. -- Im übrigen sind ähnliche Ermächtigungen des Bundesrats auch schon in anderen G. enthalten gewesen. Es braucht nur auf die G. über Tabak, Zucker, Stempelsteuer (Kraftfahrzeuge) und auf das Nahrungsmittelgesetz verwiesen zu werden.

§ 67.

Abs. 3 des § 85 des Reichsstempelgesetzes erhält folgende Fassung:

Die Entgegennahme der Auflassung oder, wenn diese nicht vor dem Grundbuchrichter erfolgt, die Eintragung des neuen Eigentümers im Grundbuch kann nach dem Ermessen des Gerichts von einer vorgängigen Sicherheitsleistung für den Abgabenbetrag abhängig gemacht werden. Über Erinnerungen gegen die Anordnung der Sicherheitsleistung wird im Aufsichtsweg entschieden.

Die §§ 67—71 betreffen Änderungen des RStempStG., die nur im geringsten Maße im Entw. des ZStG. vorgesehen waren. Die Erläuterung dieser Bestimmungen gehört in einen Kommentar des RStempG.

§ 68.

Der § 89 des Reichsstempelgesetzes vom 15. Juli 1909 (Reichs-Gesetzbl. S. 833) erhält mit Wirkung vom 1. Oktober 1909 ab folgende Fassung:

Von Grundstücken, die auf Grund von Vorschriften gebunden sind, die nach den Artikeln 57, 58, 59 des Einführungsgesetzes zum Bürgerlichen Gesetzbuch von den Vorschriften des Bürgerlichen Gesetzbuchs unberührt bleiben, ist an Stelle der Abgabe nach Tarifnummer 11 eine jährliche Abgabe von $^1/_{90}$ vom Hundert des Wertes zu entrichten.

Die Ermittelung des Wertes findet nach den Bestimmungen des § 16 des Erbschaftssteuergesetzes vom 3. Juni 1906 (Reichs-Gesetzbl. S. 620) in dreißigjährigen Zeitabschnitten statt.

Der erste dreißigjährige Abschnitt beginnt mit dem Zeitpunkt, in welchem das Grundstück der Bindung unterworfen wird, und sofern dieser vor dem Inkrafttreten dieses Gesetzes liegt, mit dem 1. Oktober 1909.

Für die Zeit vom 1. Oktober 1909 bis zum 30. Juni 1914 wird zu der im Abs. 1 vorgesehenen Abgabe ein Zuschlag von $^1/_{90}$ vom Hundert des ermittelten Wertes jährlich erhoben.

Die Abgabe ruht auf dem Grundstück und gilt als öffentliche Last im Sinne des § 10 Ziffer 3 des Gesetzes über die Zwangsversteigerung und Zwangsverwaltung.

Grundstücke, zu deren rechtsgültiger Veräußerung weder eine landesherrliche oder sonstige Genehmigung noch die Zustimmung von Familienmitgliedern oder Dritten erforderlich ist und deren Veräußerungserlös nach den gesetzlichen oder hausverfassungsmäßigen oder stiftungsmäßigen Bestimmungen der freien Verwendung des Veräußerers unterliegt, gelten nicht als gebunden im Sinne der Vorschriften dieses Paragraphen.

Von der Abgabe befreit sind der Landesfürst und die Landesfürstin.

§ 69.

An die Stelle des § 90 des Reichsstempelgesetzes treten folgende Vorschriften:

Bei Veräußerungen, die in die Zeit bis zum 30. Juni 1914 fallen, wird zu der in Tarifnummer 11 vorgesehenen Abgabe von 1/2 vom Hundert des Kaufpreises ein Zuschlag von einhundert vom Hundert erhoben.

Nach dem 30. Juni 1914 wird der Steuersatz in Tarifnummer 11 von drei zu drei Jahren durch den Bundesrat einer Nachprüfung unterzogen. Übersteigt innerhalb des dreijährigen Zeitraums der durchschnittliche Jahresanteil des Reichs am Ertrage der Zuwachssteuer den Betrag von fünfundzwanzig Millionen Mark, so ist der Steuersatz in Tarifnummer 11 mit Wirkung vom Beginne des der Feststellung folgenden Rechnungsjahres für die folgenden drei Jahre nach näherer Bestimmung des Bundesrats entsprechend herabzusetzen.

Die Vorschriften des Abs. 2 finden auf die Abgabe nach § 89 Anwendung. Insoweit die Abgabe für eine Zeit bezahlt ist, für welche die Herabsetzung eintritt, ist vom Reiche entsprechender Rückersatz zu leisten.

Der hier in Bezug genommene § 90 lautete bisher folgendermaßen: „Bis zum 1. April 1912 soll eine Reichsabgabe der unverdienten Wertsteigerung bei Grundstücken (Zuwachssteuer) eingeführt werden, welche so zu bemessen ist, daß sie einen Jahresertrag von mindestens 20 Millionen Mk. erwarten läßt.

Über diese ist durch besonderes G. mit der Maßgabe Bestimmung zu treffen, daß denjenigen Gemeinden und Gemeindeverbänden, in denen eine Zuwachssteuer am 1. April 1909 in Geltung war, der bis zu diesem Zeitpunkte erreichte jährliche Durchschnittsertrag dieser Abgabe für einen Zeitraum von mindestens 5 Jahren nach dem Inkrafttreten der Reichsabgabe gelangen wird.

Dieses G. ist dem Reichstage bis zum 1. April 1911 vorzulegen.

Bis zum Inkrafttreten dieses G. wird zu der Tarifnummer 11 vorgesehenen Abgabe ein Zuschlag von 100 Proz. erhoben. Nach dem Inkrafttreten des G. wird der Steuersatz der Tarifnummer 11 von 6 zu 6 Jahren durch den Bundesrat einer Nachprüfung unterzogen. Übersteigt innerhalb des sechsjährigen Zeitraums der durchschnittliche Jahresbetrag der Zuwachssteuer den Betrag von 20 Millionen, so ist der Steuersatz in Tarifnummer 11 mit Wirkung vom Beginne des der Feststellung folgenden Rechnungsjahres für die folgenden 6 Jahre näherer Bestimmung des Bundesrats entsprechend herabzusetzen."

Der Unterschied gegenüber der Neufassung ergibt sich mit Leichtigkeit aus dem Vergleichen der beiden Texte.

§ 70.

Die Befreiungsvorschrift am Schlusse der Tarifnummer 11 des Reichsstempelgesetzes wird dahin abgeändert:

Befreit sind auf Antrag:

1. Grundstücksübertragungen der in a und d dieser Tarifnummer bezeichneten Art, wenn der stempelpflichtige Betrag bei bebauten Grundstücken 20 000 Mk., bei unbebauten Grundstücken 5000 Mk. nicht überschreitet. Erwirbt dieselbe Person von demselben Veräußerer durch verschiedene Rechtsvorgänge mehrere Grundstücke oder Grundstücksteile, so sind die Übertragungen steuerpflichtig, wenn der Wert zusammen die angegebenen Beträge übersteigt, und die Umstände ergeben, daß der Erwerb zum Zwecke der Ersparung der Steuer in mehrere Rechtsvorgänge zerlegt worden ist. Was im Sinne dieser Vorschrift als bebautes

und unbebautes Grundstück anzusehen ist, bestimmt sich nach dem § 1 des Zuwachssteuergesetzes.

Die Steuerfreiheit tritt nur ein, wenn weder der Erwerber und sein Ehegatte im letzten Jahre ein Einkommen von mehr als 2000 Mk. gehabt haben, noch einer von ihnen den Grundstückshandel gewerbsmäßig betreibt. Wird festgestellt, daß der Erwerb für Rechnung eines Dritten erfolgt, so ist die Steuerfreiheit nur zu gewähren, wenn die Voraussetzungen für die Befreiung auch in der Person des Dritten vorliegen.

Beurkundungen von Übertragungen der Rechte eines befreiten Erwerbers werden in betreff der Stempelpflichtigkeit auch dann wie Beurkundungen von Veräußerungen behandelt (a Abs. 2 Satz 1 dieser Tarifnummer), wenn der erste Erwerber das Veräußerungsgeschäft erweislich auf Grund eines Vollmachtsauftrags oder einer Geschäftsführung ohne Auftrag für einen Dritten abgeschlossen hat und die Übertragung der Rechte dieses ersten Erwerbers an den Dritten erfolgt.

2. Eigentumsveränderungen, denen sich die Beteiligten aus Gründen des öffentlichen Wohles zu unterwerfen gesetzlich verpflichtet sind.

§ 71.

Die Anmerkung zu Tarifnummer 11 des Reichsstempelgesetzes erhält in Abs. 1 folgende Fassung:

Stempelabgaben unter fünfzig Pfennig werden nicht erhoben. Höhere Beträge, welche nicht ohne Bruch durch zehn teilbar sind, werden auf den nächst höheren durch zehn teilbaren Betrag abgerundet; Stempelbeträge über fünf Mark, welche nicht ohne Bruch durch fünfzig teilbar sind, werden auf den nächst höheren durch fünfzig teilbaren Betrag abgerundet.

§ 72.

Dieses Gesetz tritt mit dem 1. April 1911 in Kraft.

Die Vorschriften der Landesgesetze und die Satzungen der Gemeinden und Gemeindeverbände, welche die Besteuerung des Zuwachses bei der Veräußerung von Grundstücken betreffen, treten mit Wirkung vom 1. Januar 1911 außer Kraft, soweit sie nicht gemäß § 60 aufrecht erhalten werden. Die vor dem 1. Januar 1911 eingetretenen Rechtsvorgänge und die im § 63 bezeichneten Fälle des Eigentumsüberganges unterliegen auch dann nach diesen Gesetzen und Satzungen der Zuwachssteuer, wenn das Verfahren zur Feststellung der Steuer erst nach dem Inkrafttreten dieses Gesetzes zum Abschluß kommt.

Der Paragraph entspricht dem § 57 des Entw. — In Zukunft können weder die Bundesstaaten Gesetze, noch die Gemeinden Ordnungen über die Wertzuwachsabgabe erlassen. Bestehen Landesgesetze und kommunale Ordnungen, so können sie während einer Übergangszeit in den Fällen des § 60 aufrecht erhalten werden. Dagegen ist es Bundesstaaten und Gemeinden gestattet, eine Einkommensteuer oder eine sonstige Steuer, die nicht an den Akt der Veräußerung des Grundstückes geknüpft ist, zu erheben.

Sachregister.

V.

W.

Z.

FSC
www.fsc.org
MIX
Papier | Fördert
gute Waldnutzung
FSC® C083411

Kolibri 360 GmbH
Ferdinand-Jühlke-Straße 7
99095 Erfurt, Deutschland
produktsicherheit@kolibri360.de